KB117275

**문명은 지금의
자본주의를
견뎌 낼 수 있을까**

문명은 지금의
자본주의를
견뎌 낼 수 있을까

놈 촘스키 지음 | 강주헌 옮김

이 책은 실로 꿰매어 제본하는 정통적인 사철 방식으로 만들어졌습니다.
사철 방식으로 제본된 책은 오랫동안 보관해도 손상되지 않습니다.

그러나 봉건 제도의 모든 강제력으로도 달성할 수 없었던 것이 외국 무역과 제조업의 조용하고 감지할 수 없는 작용에 의해 점차 이루어졌다. 외국 무역과 제조업은 대지주들에게 자기 토지의 총잉여 생산물과 교환할 수 있는 물건, 그리고 소작인이나 하인 들과 나누지 않고 혼자 소비할 수 있는 물건들을 제공했다. 오로지 자신을 위해서만 모든 것을 하고, 다른 사람을 위해서는 아무것도 하지 않는 것, 이것은 세계의 어느 시대에서나 인류의 주인들이 추구한 비열한 좌우명이었던 듯하다. 그러므로 지주들은 지대의 총가치를 혼자 소비할 수 있는 방법을 발견하자마자, 그것을 다른 사람들과 나눌 생각이 전혀 없어졌다.

— 『국부론』, 애덤 스미스[1]

1   Adam Smith, *The Wealth of Nations* (Oxford: Clarendon Press, 1976), Book III, chapter 4, p. 418.

촘스키에 대한 찬사

현재 살아 있는 정치 평론가로 촘스키만큼 세계 곳곳에서 정치적 쟁점에 대해 많은 사람의 생각하는 방법을 철저하게 바꿔 놓은 사람은 없다.

— 글렌 그린월드

차례

서문

비유적으로 말하면, 놈 촘스키의 정치 활동과 언어학적 탐구는 〈보편성universality〉이란 이름표가 붙여진 끊어지지 않은 띠로 묘사할 수 있을 것이다. 그러나 촘스키가 추구하는 보편성은 진실을 감추고 진실 추구의 가치를 폄하하려는 속임수도 아니고, 공공의 삶이 어디에서 똑같아야 한다는 신념도 아니다. 촘스키 띠의 한쪽 끝에는 인간에게는 언어 능력, 즉 커뮤니케이션 능력이 있다는 생득설이 있다. 그 보편성 띠의 반대쪽으로 따라가면, 인류에게 유익한 사회적 목적을 촉진할 수 있는 합리성과 도덕적 행위를 가능하게 해주는 능력이 그 띠의 어딘가에 표식된 것을 확인할 수 있을 것이다. 또 인간의 본성에는 한결같은 공감 능력이 포함된다고도 추측할 수 있다. 또 인류는 라이프니츠가 말하는 모나드monad처럼 분할되지 않지만 우연히 충돌하는 경우가 아니면 어떤 관련도 없는 하찮은 개인들의 모임에 불과한 것은 아니라는 성급한 결론도 가능하다. 더 나아가, 인류의 마음에는 원재료로 더 좋은 것을 만들어 내려는 불변의 충동이 각인되어 있다는 판단도 가능하다. 우리는 지식의 공유가 사랑을 낳고, 사랑이 지식의 공유로 이어지길 바란다. 또 지식의 공유와 사랑에 공헌할 수 있기도 바란다. 보편성이 어떤 특정한 집단에도 우선적인 지위를 부여하지 않고, 모두가 서로 연대하며 존중하는 인도적인 세계 문명이 형성될 가능성도 있다. 하지만 자세히 뜯어보면, 보편성 띠의 올이 뜯어져서 수선이 필요한 곳이 눈에 띈다. 띠가 찢어지지 않게 하려면 어떻게 수선해야 할까? 뜯어진 곳을 수선하려면 어떤 도구를 사용해야 할까? 우리가 그 띠의 일부라면 누가 그 띠를 수선할까?

촘스키의 이론에 따르면, 언어 구조가 인간의 삶에서 안정적이면서도 무한한 융통성을 띠는 경이로운 것이므로 언어가 인류의 균열부를 수선하는 데 대단히 중요한 수단이 된다. 이런 점에서 촘스키의 의견은 장폴 사르트르의 의견과 확연히 다르다. 사르트르는 우리가 세상을 있는 그대로 관찰하지 못하는 이유가 단어와 언어에 있다고, 적어도 그럴 가능성이 있다고 생각하기 때문이다. 촘스키의 생각에 균열부를 수선해서 다른 것, 즉 새로운 것, 새로운 조직 구조 혹은 대안을 만들어 내는 방법에는 두 가지가 있다. 하나는 우리가 타고나는 것으로부터 생겨나는 입말과 글말이고, 다른 하나는 모범적으로 행해지는 언어 활동이다. 예컨대 사랑과 공감에 대한 일반적인 명제가 실질적인 경험을 통해 행동으로 구체화되는 경우이다. 정치에서는 몸과 정신이 행동과 생각을 수선하는 도구이다.

촘스키는 격식을 따지지 않는 관찰자로서, 한쪽에는 과학과 분석이 있고 반대쪽에는 우리가 중요하게 생각하며 다양한 사회적 수단을 통해 전달하는 목푯값이 있다고 주장하는 듯하다. 이 세계에서 몸은 서로 무관한 범주들로 나뉘어지고, 정신과 마음, 즉 사고력과 분별력은 정서와 감정으로부터 분리된 것으로 여겨진다. 이런 상황은 현대 학계가 만들어 내려고 목표로 했던 세계가 아닌가? 그런 식으로 건전하고 예의 바른 시민 정신이란 그럴듯한 거짓말을 양산하고, 자아와 객체를 떼어 놓고 왜곡된 객관성을 조장함으로써 학자와 그의 연구가 의도적으로 통합점과 융합점을 놓치더라도 보호받을 수 있기를 바랐던 것은 아닌가?

동료 학자들이 알았다면 크게 놀랐겠지만, 촘스키는 책임 있는 삶을 살아가기 위해서는 사색과 열정과 정치적 책무를 구분하는 게 합리적이라고 생각하는 경향을 띠었다. 촘스키는 행동과 연구에서 합리주의를 추구한 최고의 학자답게, 지식인의 기본적인 책무는 〈진실을 말하고 거짓을 폭로하는 것〉이어야 한다고 말한다.[1] 촘스키의 생각에, 정치권의 기본적인 관심

---

1 Noam Chomsky, "The Responsibility of Intellectuals," in *The Essential Chomsky*, ed. Anthony Arnove (New York: The New Press, 2008), p. 40.

사는 법과 가치의 근거로 삼을 수 있도록 지식과 권력과 사랑을 통합하는 것이어야 한다. 다시 말해서, 이상적인 지식인이 되려면 합리적으로 행동하고 판단하며 거짓을 폭로하고 진실을 말하는 용기와 정직함을 보여 주는 책임을 다해야 한다. 미리 결정된 협소한 사회적 역할을 넘어서는 인간의 책임은 사회에서 분장용 화장과 자기기만으로 그럭저럭 유지되는 외로운 행위일 수 있다. 촘스키도 알고 지적했듯이, 더 많은 인류에게 도움을 주는 지혜를 사랑하는 학자로서 촘스키의 관심 분야는 어떤 실질적인 진전도 기대할 수 없는 분야이다. 거대한 돌담이 가로막고 있어, 정치 사상과 논평에서 진실의 폭로는 커녕 진실을 말하려는 시도조차 없기 때문이다.

책임이 주인을 위한 봉사로 정의된다면, 누구의 이익을 위해 어떤 봉사를 하는지 알아내는 데 오랜 시간이 걸리지 않는다. 일요일 아침, 텔레비전 프로그램에 출연한 평론가들의 말을 들어 보면 충분하다. 평론가들의 관심사는 진실 폭로와 아무런 관계가 없고, 프로그램의 광고주는 다국적 농기업들과 대기업들이다. 책임은 비굴한 굴종으로 바뀐다. 언론계와 정치계의 많은 사람이 자신의 행동과 발언에서 비롯되는 결과에는 굳이 신경 쓰지 않기 때문이다. 일요일 아침 뉴스의 구조 덕분에 엑손과 국가 기구는 언론인과 시청자의 입과 귀를 〈지도〉할 수 있다. 이런 현상은 평화로운 입헌 민주 정체에 비참한 결과를 초래한다. 촘스키의 『권력과 이데올로기에 대하여 *On Power and Ideology*』에 인용된 윌리엄 섀넌William Shan-non(1927~1988)의 주장을 읽어 보라. 아일랜드 대사를 역임한 칼럼니스트 섀넌은 미국이 최선의 동기에서 결국 군사 독재 정부를 지원하게 되었다고 주장하지만, 누구나 항상 최선의 동기라고 주장한다는 건 망각한 듯하다.[2] 역사적으로 미국 지도자들은 아시아와 아프리카, 중동과 라틴 아메리카에서 미국의 역할을 고상한 표현으로 설명하는 책임을 회피한 적이 없었다. 정치는 우리에게 일상의 삶을 반영하는 것을 어떻게 처리하고 활용해야 하는가를 말해 주는 수단이다. 정치는 사고방식과 실생활에서 〈의무〉와 〈책임〉을 〈실재〉로 바꾸는 시스템을 다룬다. 따라서 실제적인 행위는 선택과 책임이 수반된다는 점에서 인류 역사의 흐름을 결정한다.

　이런 이유에서 촘스키의 분석과 실천적인 행위는 무척 중요하다. 그의 분석과 행동은 〈가능했던 것〉의 지표이다. 그의 투지와 헌신은 열정과 직관 및 타인을 향한 깊은 책임감의 자발적인 실천에서 비롯되는 것이다. 이런 자발적 실천는 내가 오래전부터 〈함께하기〉(withness 혹은 standing with)라 칭했던 것이다. 함께하기는 단순히 타인에게 위로의 말을 건네는 것이 아니다. 함께하기는 개인적인 이익을 초월하도록 유

2　Noam Chomsky, *On Power and Ideology: The Managua Lectures* (Boston: South End Press, 1987), p. 140. (개정판이 2015년 Haymarket Books에서 출간되었다.)

도하고, 굳이 〈현실적인〉 이유가 없는 데도 타인의 위험을 기꺼이 받아들이는 것이다. 함께하기는 우리가 타인과 함께하며 본보기를 통해 타인에게 변하기를 요구하기 때문에 우리 스스로가 어디에 있고 누구인지를 알게 해주는 수단이기도 하다. 인두세를 반대하는 헨리 데이비드 소로Henry David Thoreau(1817~1862)는 랠프 월도 에머슨Ralph Waldo Emerson(1803~1882)에게 〈왜 자네는 인두세를 반대하나〉라는 질문을 받았을 때, 〈당신은 왜 인두세에 반대하지 않으십니까〉라고 반문했다[3]. 인도차이나 전쟁 동안, 촘스키는 시민의 책임을 거부하며 시민 불복종 운동을 전개할 필요가 없었다. 대신 촘스키는 보이는 타자에 대한 책임을 〈함께하겠다〉고 선언했다. 우리 정부가 수백만의 고통에 응답하지 못했고, 오히려 정부 정책 입안자들이 그 고통의 주된 범인이었기 때문이다. 촘스키의 감성과 추진력이 더 강한 전파력을 가졌더라면 인류를 구원하는 가능성과 희망이 되었을 것이다. 그랬더라면, 적법성의 채색을 중단하고 집단 학살부터 고문까지 현실 정치를 종식하는 국제 시민법이 인정되었을 것이다. 그랬더라면, 미국의 군사적이고 경제적인 제국주의도 종식되었을 것이다. 인

3   Samuel Arthur Jones, *Thoreau's Incarceration, As Told by His Jailer* (Berkeley Heights, NJ: Oriole Press, 1962), p. 18. Samuel Arthur Jones and George Hendrick, *Thoreau Amongst Friends and Philistines, and Other Thoreauviana* (Athens, OH: Ohio University Press, 1982), pp. xxvi and 241.

말하면, 미국이 어떻게 어떤 목적에서 압도적인 강대국으로 군림하고 있는가를 분석한다는 뜻이다.[7] 상대적으로 자유롭게 정보에 접근할 수 있는 까닭에 세계에서 미국의 역할은 상당히 정확히 분석되고 설명되며 파악될 수 있다.

그러나 여기까지는 촘스키에 대한 이야기의 절반에 불과하다. 이제 촘스키는 〈제국이 지배하는 세계에서 지식인은 시민으로서 어떻게 살아야 하는가〉라는 문제에 집중한다. 선택을 위해서는 용기가 필요한 시대가 되었다. 그런 선택을 위해서는 비판 능력을 포기하고 위계 제도의 가치를 내면화한 기존의 지식인들에 등을 돌려야 한다. 하지만 그들은 자신들이 그렇게 전락했다는 것조차 깨닫지 못하는 경우가 많다. 나를 포함해 촘스키와 많은 학자가 헨리 키신저 같은 지적인 서생들이 지배 계급의 이익을 대변하고 옹호한다며 그런 지식인들의 역할을 경멸해 왔지만, 비난은 그런 서생들로 열심히 변해 가려는 교육 제도와 보상 제도까지 확대되어야 마땅하다. 조작은 국가 기구에 기생하는 지적 시종의 역할을 한다. 따라서 그

---

7 Gabriel Kolko, *The Politics of War: The World and United States Foreign Policy, 1943~1945* (New York: Random House, 1968); Joyce Kolko and Gabriel Kolko, *The Limits of Power: The World and United States Foreign Policy, 1945~1954* (New York: Harper & Row, 1972); Denna Frank Fleming, *The Cold War and Its Origins, 1917~1960* (Garden City, NY: Doubleday, 1961); and Laurence H. Shoup and William Minter, *Imperial Brain Trust: The Council on Foreign Relations and United States Foreign Policy* (New York: Monthly Review Press, 1977)을 참조할 것.

도차이나 전쟁에서도 100만 명이 목숨을 건졌을 것이고, 지난 10년 동안에는 25만 명의 과테말라인이 미국의 바람직하지 않은 묵계에 죽지 않았을 것이다.[4] 또한 미국이 제3세계 도처에서 확인되는 〈안정된 억압 세력stable oppression〉에게 무기를 공급하지도 않고, 정치적인 지원도 제공하지 않았을 것이다.[5]

촘스키의 세계에서는 지식인이 재능과 용기를 발휘해 현실을 정확히 분석하고 진실을 말해야 하기 때문에 지식인이 되느냐 않느냐는 순전히 개인적인 선택이 된다. 촘스키의 생각에, 조사와 의문의 제기는 억압받는 사람들에게도 얼마든지 그렇게 할 수 있다는 용기를 북돋워 주는 수단이다. 촘스키가 생각하는 조사는 이해관계로 맺어진 대학교와 기업, 재단과 미디어가 치밀하게 제공하는 불투명한 안경에 영향을 받지 않고, 사회적 관계와 사건을 관찰한다는 뜻이다. 지식인은 합리적인 조사를 통해 〈설명력을 지닌 몇몇 원칙을 도출하고, 적어도 그 원칙들의 주된 효과를 설명할 수 있기를 바란다〉.[6] 달리

4   Piero Gleijeses, *Shattered Hope: The Guatemalan Revolution and the United States, 1944~1954* (Princeton, NJ: Princeton University Press, 1991)을 참조할 것.

5   Noam Chomsky and Edward S. Herman, *The Political Economy of Human Rights, Volume I: The Washington Connection and Third World Fascism* (Boston: South End Press, 1979), p. 100. (개정판이 2014년 Haymarket Books에서 출간되었다.)

6   Noam Chomsky, "Foreign Policy and the Intelligentsia," in *The Essential Chomsky*, p. 167.

시종은 국가 기구를 향기롭게 꾸민다. 이런 조작은 공권력과 경제력을 집행하고 조정하는 제도적 기관과 〈학문〉에서도 행해진다.

따라서 지식인과 대학 교수가 어디에도 구속받지 않고 진실을 탐구하는 데 별다른 관심을 보이지 않더라도 촘스키는 크게 놀라지 않는다. 진실을 알아내려는 탐구를 위해서는 개인적인 위험과 신분의 위협을 감수해야 하고, 권위와의 대립을 각오해야 한다. 그러나 지식인에게 가해지는 위험이 실제로 그렇게 큰 것일까? 여하튼 공안 국가도 입헌 민주주의가 권력의 행사를 방해하지 않은 한 입헌 민주주의라는 대외적인 장식을 고수한다. 중산 계급에게 미국도 자국의 영토 내에서는 결코 전체주의 국가가 아니다. 정부 정책에 반대하거나 회의적인 입장을 띠는 사람들도 목숨을 잃을까 두려워할 필요가 없다. 어쩌면 이런 이유에서, 촘스키가 그 많은 지식인을 경멸하는 것인지도 모르겠다. 지식인들은 권력의 시녀들과 다르게 행동하더라도 그다지 위험할 게 없기 때문이다.

촘스키는 『지식인의 책무』[8]에서 아서 슐레진저 2세가 케네디 행정부를 대신해 거짓말을 했는데도 학계에서 대학 교수로 보상 받은 이유에 대해 의문을 제기했고, 이런 고발은 기만과 비굴을 혐오하는 탁월한 학자로서 하소연한 것이었다. 촘

---

8 Chomsky, "The Responsibility of Intellectuals," in *The Essential Chomsky*, pp. 39~62.

스키는 호화로운 궁전에서 자리를 보전하려고 정직하게 진실을 추구하는 자세intellectual honesty의 중요성과 가치를 훼손하는 지식인들을 경멸한다. 이런 이유에서, 촘스키는 진실을 말하지 않으면서도 우월적 지위를 향유하는 지식인들에게 도전한다. 또 지식인은 기득권 세력에 저항하는 외부자로 활동하며 역사적으로 중요한 역할을 해왔다는 게 촘스키의 생각이다. 합리적으로 생각하고 판단할 때 우리는 사회적 구성을 명확히 설명할 수 있고, 깨달음과 실천의 기초가 되는 뚜렷한 메시지를 찾아낼 수 있다. 이 책에서는 언어에 담긴 의미가 도덕적 행위로 변한다. 여기에서 촘스키는 언어를 통해 생생한 경험을 전달하며, 마음속의 생각을 행동으로 옮긴다.『인류의 주인들』에 실린 시론들의 곳곳에서, 촘스키는 책임과 의무만이 아니라 법에 내포된 권리의 의미에 대해서도 도덕적이고 법적인 문제를 제기한다. 그런데 도덕적 행위에 관련해 책임진다는 게 무슨 뜻일까?

촘스키는 지도자와 보좌관들의 한계를 정확히 알고 있다. 또 그들의 말과 글에서 오만함과 가식과 악의를 엄밀하게 찾아낸다. 지도자가 선거로 선택되었는지 지명받았는지는 중요하지 않다. 또 폭력적 유혈극이나 막강한 재산, 혹은 엘리트 계급에 허락된 탁월한 교육 등 무엇을 수단으로 정권을 잡았는지도 중요하지 않다. 촘스키는 과두 체제의 집권층이 타인을 대리한 신탁 관리자로서 지배하는 게 아니라 자신들의 이익을 우선시한다는 것도 잘 알고 있다. 민주주의가 애덤 스미스와 토머스 페인의 이데올로기 노선을 따른 경제력과 정치력의 재분배를 뜻한다면, 즉 제국주의의 포기를 뜻한다면, 결국 민주주의가 부끄러운 면을 감추기 위한 수사적 수단을 넘어선다면, 그들은 민주주의의 파괴를 목표로 삼는다. 반(反)민주적인 엘리트 계급과 CIA 같은 비밀 조직 사이에는 직통 전화가 있다. 그들은 민주주의라면 이해하지도 못하고 동의하지도 않을 행동을 서슴지 않고, 이런 행동은 프로파간다를 통해 민주주의가 말라죽을 때까지 계속된다. 물론 엘리트주의에 항거한 미국의 역사는 연방 헌법과 독립 선언서에 담겼다. 대통령 선거인단, 비밀 정보 기관의 설립, 주당(州黨) 두 명으로 제한된 상원 의원의 수는 국민을 두려워한다는 증거이다.

이 문제는 미국이 예부터 물려받은 제국주의적 팽창을 시도하던 냉전 기간에 훨씬 더 격심해졌다. 월터 리프만Walter Lippmann(1889~1974)의 엘리트주의이든 파이프를 입에 문 CIA 국장 앨런 덜레스Allen Dulles(1893~1969)의 공작이든 간에 당시에는 현실을 권력자의 편에서 해석하는 어용 언론인을 비밀리에 동원해 여론을 견제하는 게 필요하다고 여겨졌다. 촘스키는 이상을 실천적으로 구체화하는 게 어렵고, 제기되는 이상이 실질적으로 수용되고 받아들여질 수 있는 것과 같지 않다는 것도 알고 있다. 하지만 권력 구조와 정책이 명백히 반민주적인 방향으로 치닫고, 이제 민주주의와 자유라는 미사여구는 불쾌하고 살풍경한 결과를 감추는 기만적인 가면에 불과하다는 것도 촘스키는 더더욱 확실히 알고 있다.

펜타곤과 월 스트리트에서 잉태된 글로벌리즘이라는 제국주의적 이름표는 민주주의의 확산으로 포장된 과두 체제의 대표적인 예이다. 경제적으로 말하면, 가난한 국가는 애덤 스미스가 말하는 자유 시장에서 특별한 이득을 누려야 하지만 실제로는 식민주의와 신식민주의에 짓눌린다. 게다가 가난한 국가에서는 인간의 잠재력마저 비틀리고 저하되는 악순환에 빠진다. 현재 형태의 글로벌리즘은 테크놀로지와 제국주의를 동원하여, 가난한 국가를 더 깊은 가난의 구렁텅이에 빠뜨리는 수단이다. 기업의 세계화로, 기업에 기대하던 인간적이고 정치적인 가능성은 일방적인 욕망으로 바뀌고, 그 욕망은 비참한 노동 환경과 생활 조건으로 나타날 뿐이다.

하지만 촘스키는 테크놀로지와 커뮤니케이션이 융합되어 새로운 세계 문명을 가능하게 해줄 수 있다고 굳게 믿는다. 물론 이런 낙관적 믿음은 가능성의 세계를 현실로 만들어 가는 공장인 MIT에 근무하는 많은 매력 중 하나였을 수 있다. 테크놀로지와 커뮤니케이션이 융합된 환경에서 촘스키는 국민 국가를 넘어서는 일련의 새로운 관계가 형성되는 걸 보았고, 어쩌면 그 관계가 21세기에 〈무국가주의anarcracy〉를 낳을 수 있을 것이라 기대했을 것이다. 만약 이런 기대가 현실화된다면 그 관계들은 서로 맞물리는 거대한 커뮤니케이션망에 의해 결합될 것이고, 그 결과로 국민 국가라는 부담을 떨쳐 내고 다양한 문화가 공존하는 세계 문명을 만들어 낼 수 있을 것이다. 그 세계는 생활 방식과 원칙의 차이들이 분석과 토론 과정에서 서로 충돌하며 상대를 더욱 명확히 이해하는 통로를 제공하고, 인간의 본유적인 욕망으로 확인되어 세계 인권 선언Universal Declaration of Human Rights 같은 인류 공동의 문서들에 반영된 인간다운 삶과 관련된 보편적인 원칙으로 이어지는 세계일 수 있다. 안타깝게도 이런 문서들은 대격변이 있은 후에야 생겨나는 듯하다. 그래도 이런 문서들은 한번 작성되면 정치적 무게를 갖고, 법과 폭력적이고 비폭력적인 행동의 혼합을 통해 재해석된다. 예컨대 아파르트헤이트에서 해방된 남아프리카 공화국, 미국에서 성공적으로 시도된 시민권 투쟁의 도덕적인 힘, 제3세계의 안팎에서 군사적 제국주의 맞서 행해지는 성공적인 저항 등이 학계의 가정과 이론으로 이어졌고, 우리는 인류의 해방을 목표로 하는 공통된 지속적인 원칙들을 탐구함으로써 우리 자신에 대해 더 많이 알게 된다.

부적절한 도덕적 열정이거나 압도적인 힘의 사용을 정당화하는 권모술수이더라도 저항을 정당화하는 언어는 후세대가 인권의 확대를 위해 투쟁을 시작할 초석이 된다. 억압받는 사람들은 〈자유와 정의가 과두 정부의 집권층에도 적용된다면, 왜 우리에게는 적용되지 않는가〉라고 묻는다. 촘스키는 법 자체의 양면성에 있다고 생각한다. 그 하나가 관례와 법과 법원의 판결로 굳어진 과거의 정치와 권력 투쟁이며, 그 결과가 구체화되어 미래에 영향을 미친다. 따라서 이런 법은 규제로 나타나기 때문에 때때로 직접적인 저항에 부딪친다. 이런 의미에서, 촘스키가 양심적인 시민으로서 실행한 시민 불복종 행위는 법을 재규정하려는 시도였다. 더 구체적으로 말하면, 법은 강력하고 무책임하게 충돌하는 이해관계들이나 선입견들의 합의를 법적인 언어로 표현한 것이 아니라, 다른 의미, 즉 문명이 기능할 때 기준으로 삼아야 하는 것으로 해석하려는 노력의 일환이었다. 법과 입법자가 자유와 존엄 — 촘스키의 정치 행위와 관련된 개념 — 을 존중하는 수준에 올라서기 위해서는 자극이 필요하고, 그래야 법은 사회의 자유를 한 단계씩 끌어올린다. 권리 장전Bill of Rights과 연방 헌법 서문 및 그 밖의 기본적인 문서들을 진지하게 받아들이는 판사들에게서 법은 그런 바람직한 목적을 띤다. 법은 일련의 관례를 조직적으로 정리해서, 존엄과 해방을 위한 탐구와 행동을 언어로 표현한 것이다. 법은 자유를 확대하고 억압과 전쟁의 앞잡이들을 견제하는 장치로 여겨지는 관행에 영향을 미치려고 시도한다. 따라서 〈법학자〉의 과제는 새로운 경계를 설정하고, 그 경계에 자유 정신을 내면화하는 것이다. 그래야 그 새로운 경계가 주일 학교의 미사여구 수준을 넘어서게 된다. 그 경계는 통감되는 불의와 합리적 조사에 근거한 지침이다. 비유해서 말하면, 그 경계는 뫼비우스의 띠의 실가닥이다. 그 실가닥은 보일 수도 있고 보이지 않을 수도 있지만, 우리 행동과 사회적이고 법적인 기관들의 행동을 통해 인지되고 수선될 수 있다.

새로운 세대는 〈계몽주의 시대의 긍정적인 면이 지금도 효과를 발휘하며 확대될 수 있는가〉라고 물을 수 있다. 나는 촘스키라면 낙관적으로 생각하며 〈그렇다〉라고 대답하지 않을까 생각한다. 인간의 본성에는 향상과 공감과 배려의 능력이 있기 때문이다. 이런 본성은 우리의 이성을 통해 성취될 수 있다. 또 20세기 초에 표트르 크로폿킨(1842~1921)이 완전히 다르지만 그렇다고 공상적이지는 않은 제도로 이어질 것이라고 주장한 감정들을 통해서도 이런 본성은 성취될 수 있다. 여하튼 촘스키는 이 책을 비롯해 여러 저서에서 개개인에게 성인의 삶을 요구하지 않고도 실질적인 방향을 찾아낼 수 있다고 주장한다. 더 정확히 말하면, 촘스키는 정치 행위에 명확한 설명과 분석이 더해지면 실수와 거짓말로 뒤덮인 덤불에서도 길을 찾아낼 수 있다고 말한다. 촘스키는 이런 필연적인 목적을 위해 현명한 기폭제로 활동해 왔다. 그의 사상과 행동은 두 세대에 지워지지 않을 흔적을 남겼고, 미래 세대에 큰 영향을 미칠 게 분명하다. 우리가 다른 시대의 다른 환경에서 살았더라면, 촘스키의 남다른 에너지가 종교적 소명이 비롯된 것이라고 말했을지 모르겠지만, 촘스키라면 이런 평가를 단호히 배격하고 비웃을 것이다. 그가 일반 대중을 위해 발표하는 글의 탁월함은 탈무드의 구절을 분석하고 해석하는 학자들만큼이나 경이롭다. 진실과 정의를 향한 촘스키의 헌신은 인류의 희망으로 기독교의 하느님을 향한 라인홀드 니부어Reinhold Niebuhr(1892~1971)의 헌신만큼이나 종교적인 소명에 가깝지만, 촘스키의 가르침에는 니부어가 당혹감에 빠진 기회주의자들에게 제시한 실질적인 지침처럼 앞뒤가 맞지 않는 모순이 없다.

플라톤의 『국가』에서, 소크라테스는 민주주의에 대한 커다란 두려움을 감추지 않았다. 민주주의가 자유와 동일한 것을 뜻하고, 그 결과가 참주(僭主)로 나타날 것이라 생각한 때문이었다. 그러나 요즘의 우리는 민주주의를 완전히 다르게 하나의 이상으로 생각한다. 그리하여 겉으로는 민주주의이지만 실제로는 민주주의를 부정하는 형태가 나타나고, 그런 거짓된 형태의 민주주의가 국민의 동의를 소수 집단, 즉 과두 체제oligarch에 부여한다. 대중의 참여와 숙의로 작동되는 민주주의를 그럴듯한 기획 행사로 바꿔 놓는 조작 시스템에 국민의 침묵이 더해질 때 이런 과두 체제가 형성된다. 촘스키는 이 책에 수록된 「동의 없는 동의」에서, 모두가 반드시 알아야 할 것을 우리에게 폭로하지만, 중산 계급은 성공의 길을 걷고 있으면 미국의 두 주요 정당이 친기업적인 정당이란 사실을 망각하는 경향을 띤다고도 나무란다. 실제로 두 정당은 대기업 경영진과 영혼까지 똑같아, 대기업이 미국적인 삶을 끌어가는 원동력이라 생각한다. 물론 노동 현장의 기준은 바위처럼 단단해서 조금도 변하지 않았다. 민주주의에 대해 왈가왈부할 여유를 허락하지 않는다. 노동 현장은 그야말로 상의하달식 권위주의의 전형이다. 이런 이유에서, 권위주의가 존재해야 하느냐 않느냐는 문제와 상관없이 권위주의가 노동자의 삶에도 무척 깊숙이 침투할 수 있다는 전제 하에 노동 운동과 노동조합은 지금도 투쟁을 계속하고 있다. 한편 기업 계급은 계급 투쟁을 항상 의식하며, 그 투쟁에서 승리하는 게 중요하다고 생각한다.

비단 촘스키만이 계급 투쟁의 본질과 탐욕스러운 과두 체제의 악영향을 꿰뚫어 본 것은 아니었다. 토머스 페인Thomas Paine(1737~1809)의 평가에 따르면, 미국 독립 전쟁은 민주주의를 쟁취하기 위한 투쟁이었고, 국민이 자신의 운명을 숙고하고 판단하는 데 참여하려는 욕망의 표현이었다. 귀족주의와 공화주의의 결합이 안정을 유지하고 야만적인 사람을 권력에서 떼어 놓는 최적의 방법이라 생각했던 제임스 매디슨James Madison(1751~1836)조차, 진짜 야만인은 외부가 아니라 내부에 앉아 있는 걸 깨닫고 경악하지 않았던가. 또 20세기에는 존 듀이John Dewey(1859~1952)가 생산과 분배, 홍보와 운송의 열쇠를 쥔 사람들이 국가를 지배하는 역할을 한다고 생각했다. 우리는 여기에서 한 걸음 더 나아갈 수 있다. 과두 체제가 지배하는 공안 국가에서는 선거 제도가 완전히 장식적인 행위로 전락해 버렸다는 것이다. 따라서 이제 선거는〈오락처럼 재미있는 정치〉라는 뜻에서 〈폴리테인먼트politainment〉라 일컬어질 수 있을 지경이다. 공공 담론에 대한 통제권을 확보하면 관심의 방향을 바꾸기가 상대적으로 쉬워지기 때문에, 계속하면 거짓으로 들통났을지도 모를 〈담론〉을 어린아이의 장난처럼 변덕스레 바꿀 수 있다. 이런 조작을 과소평가해서는 안 된다. 실제로 이런 조작은 미국의 국가 홍보와 선전에서 빼놓을 수 없는 부분이다.

다른 국가들과 마찬가지로, 미국의 역사도 많은 시간이 제국주의적인 오만을 과시한 시간으로 읽혀질 수 있다.[9] 그러나 어떤 경우에나 그런 과시를 반박하며 비판하는 사람이 있기 마련이다. 촘스키가 그런 비판가들 중 하나이다.

마커스 래스킨[10]

9 V. G. *Kiernan, America: The New Imperialism; From White Settlement to World Hegemony* (London: Zed, 1978); Walter LaFeber, *The New Empire: An Interpretation of American Expansion, 1860~1898* (Ithaca, NY: Cornell University Press, 1963); Richard Warner Van Alstyne, *The Rising American Empire* (New York: Norton, 1974); William Appleman Williams, *The Tragedy of American Diplomacy,* 2nd ed. (New York: Dell, 1972); William Appleman Williams, *The Contours of American History* (New York: Norton, 1988)을 참조하기 바란다.
10 사회 평론가, 철학자, 시민 운동가. 조지 워싱턴 대학교에서 공공 정책을 가르치고 있으며, 진보적 싱크탱크인 정책 연구소Institute for Policy Studies의 공동 설립자이다.

1

문명은 지금의 자본주의를
견뎌 낼 수 있을까[1]

1 2013년 4월 2일 유니버시티 칼리지 더블린의 철학 협회에서 행한 개막 강연.

과할 것이라고도 주장했습니다.[7]

듀이가 비판한 불완전한 민주주의는 최근에는 완전히 누더기가 되고 말았습니다. 최상위 계층에 정부의 지원이 집중되고, 다수를 차지하는 〈바닥 계층down below〉은 실질적으로 모든 권리를 박탈 당한 상태입니다. 현재의 정치 경제 시스템은 일종의 금권주의plutocracy여서 민주주의와 거리가 멉니다. 민주주의가 국민의 뜻을 크게 반영하는 정치 구조를 뜻한다면 말입니다.

〈자본주의가 원칙적으로 민주주의와 양립할 수 있는가?〉에 대한 토론이 수년 전부터 진지하게 벌어졌습니다. 지금의 자본주의적 민주주의 — RECD: really existing capitalist democracy, 얄궂게도 〈만신창이가 되다〉를 뜻하는 wrecked와 발음이 같다 — 를 고수한다면, 위의 질문에 대한 대답은 분명해진다. 자본주의와 민주주의는 결코 양립할 수 없습니다! 뒤에서 다시 언급할 이유로, 내 생각에는 문명이 지금의 자본주의, 즉 그 때문에 급격히 약화된 민주주의를 견뎌 낼 가능성이 없는 듯합니다. 기능적인 민주주의functioning democracy라면 달라질 수 있을까요? 존재하지 않는 시스템의 고려는 추측에 근거할 수밖에 없지만, 그런 가능성을 생각해 봐야 할 근거가 있습니다.

7　Westbrook, *John Dewey and American Democracy*, p. 440에서 인용.

이 숙주를 먹어 치우듯이, 통제 불능인 금융 분야가 현대 시장 경제를 내부에서부터 좀먹고 있다〉라는 판단을 뒷받침해 주는 확실한 증거가 아닐 수 없습니다.[4]

〈자본주의〉라는 용어는 자본주의자가 없는 시스템을 가리키는 데도 흔히 사용됩니다. 예컨대 스페인의 바스크 지방에 소재한 복합 기업 몬드라곤은 노동자 협동조합들의 연합체입니다. 미국에서도, 특히 오하이오 북부에서 노동자가 소유한 기업들이 증가하고 있으며, 보수층의 지원을 받는 경우도 많습니다. 이 문제는 가르 알페로비치Gar Alperovitz의 주된 저작에서 다루어지기도 했습니다.[5] 한편 일부 학자가 사용하는 〈자본주의〉라는 표현에는 미국을 대표하던 사회 철학자, 존 듀이가 옹호한 산업 민주주의가 포함됩니다. 듀이는 노동자들에게 〈자신들에게 부과된 산업적 운명의 주인〉이 되라고 촉구했고, 생산과 교환, 홍보, 교통과 통신을 위한 수단들을 비롯해 모든 제도가 민중의 통제하에 있어야 한다고 주장했습니다.[6] 그렇게 되지 않으면 정치는 〈대기업이 사회에 드리운 그림자〉에 불

4   Martin Wolf, "Comment on Andrew G. Haldane, 'Control Rights (And Wrongs),'" Wincott Annual Memorial Lecture, 2011년 10월 24일.
5   특히 Gar Alperovitz, *America beyond Capitalism: Reclaiming Our Wealth, Our Liberty, and Our Democracy* (Hoboken, NJ: Wiley, 2004)를 참조할 것.
6   John Dewey, "Education vs. Trade-Training—Dr. Dewey's Reply," *New Republic* 3, no. 28 (1915), p. 42.

오늘 강연에서는 문명에 닥친 유일한 문제는 아니지만, 문명이 직면한 가장 중대한 문제, 즉 환경 재앙을 집중적으로 살펴보려 합니다. RECD에서는 흔히 그렇지만, 환경에 관련한 정책과 국민 인식이 현저하게 갈라집니다. 그런 격차의 성격에 대해서는 미국 예술·과학 아카데미의 기관지, 『다이달로스』의 최근호에 게재된 여러 논문에서 다루어졌습니다. 연구자들은 〈109개국이 재생 가능한 전력에 대해 이런저런 정책을 시행했고, 118개국은 재생 가능한 에너지에 대한 목표를 세웠다. 반면에 미국은 재생 가능한 에너지 사용을 권장하기 위한 일관되고 안정된 정책을 국가적 차원에서 채택하지 않았다〉라고 말했습니다.[8]

국민 여론 때문에 미국 정부가 환경 정책을 국제 기준에서 이탈하는 게 아닙니다. 오히려 정반대입니다. 여론은 정부 정책보다 세계 기준에 더 가깝습니다. 또 여론은 과학계가 전반적으로 예측하는 환경 재앙의 가능성을 억제하는 행동을 강력히 지지하는 편이기도 합니다. 환경 재앙이 아주 멀리 있는 게 아닙니다. 어쩌면 우리 손자들의 삶에 직접적인 영향을 미칠 가능성이 무척 높습니다. 『다이달로스』의 연구자들은 말했습니다.

---

8   Kelly Sims Gallagher, "Why and How Governments Support Renewable Energy," *Daedalus* 142, no. 1 (Winter 2013), pp. 59~77.

전력 회사가 전기를 생산할 때 발생하는 온실가스 배출량을 감축하려는 연방 정부의 조치는 압도적 다수에게 환영을 받았다. 2006년 86퍼센트의 응답자가 온실가스 배출량을 감축하기 위하여 전력 회사에 세금 우대 조치를 제공해야 한다고 대답했다. (……) 같은 해, 87퍼센트의 응답자가 수력과 풍력과 태양광으로 더 많은 전기를 생산하는 전력 회사에 제공하는 세금 우대 조치를 찬성했다 (……) 이런 수치는 2006년부터 2010년까지 유지됐지만, 그 이후로 줄어들었다.[9]

여론이 과학에 영향을 받는다는 사실은 경제와 국가 정책을 지배하는 사람들에게 여간 골칫거리가 아닙니다. 미국 입법 교류 협회ALEC: American Legislative Exchange Council가 의회에 제안한 환경 교양 개선법Environmental Literacy Improvement Act이 그들의 우려를 입증해주는 대표적인 사례입니다. 기업계의 지원을 받아, 기업계와 부자들의 요구에 부응하는 방향으로 법을 제정하려고 로비하는 압력 단체답게 ALEC가 제안한 법은 유치원부터 고등학교까지 기후 과학에 대한 〈균형 잡힌 교육〉을 요구하고 있습니다. 〈균형 잡힌 교육balanced teach-

9 Jon A. Krosnick and Bo MacInnis, "Does the American Public Support Legislation to Reduce Greenhouse Gas Emissions?" *Daedalus* 142, no. 1 (Winter 2013), pp. 26~39.

ing〉은 주류 과학과 균형을 맞추기 위해서라도 기후 변화를 부인하는 학설을 가르쳐야 한다는 일종의 암호입니다. 공립 학교에서 창조 과학을 가르치게 하려고 창조론자들이 주장하는 〈균형 잡힌 교육〉과 크게 다르지 않습니다.[10] ALEC의 법안에 기초한 법이 이미 적잖은 주에서 도입됐습니다.

ALEC의 그 입법 활동은 기업의 지원을 받는 싱크 탱크인 하트랜드 연구소Heartland Institute의 프로젝트, 즉 기후에 대한 과학적 총의를 거부하는 프로젝트에 근거한 것입니다. 하트랜드 연구소의 그 프로젝트는 〈유치원부터 고등학교까지 지구 온난화에 대한 교과 과정에서 인간의 행위로 기후가 변하고 있느냐에 대해 뜨거운 논란이 있다는 걸 가르쳐야 한다〉라고 요구했습니다.[11] 물론 이 모든 것은 비판적 사고를 가르쳐야 한다는 미사여구로 포장됩니다. 그럴듯한 제안인 것은 분명하지만, 기업의 이익에 중요하기 때문에 선택된 쟁점보다 훨씬 더 나은 선택을 생각해 내는 것은 조금도 어렵지 않습니다.

그런 논란이 정말 있고, 언론에도 주기적으로 보도됩니다. 한쪽에는 압도적인 다수의 과학자, 세계의 모든 국립 과학 아

---

10 Steve Horn, "Three States Pushing ALEC Bill to Require Teaching Climate Change Denial in Schools," DeSmogBlog, 2013년 1월 31일.

11 Bill Dedman, "Leaked: A Plan to Teach Climate Change Skepticism in Schools," NBC News, 2012년 2월 15일. Brendan DeMelle, "Heartland Institute Exposed: Internal Documents Unmask Heart of Climate Denial Machine," DeSmogBlog, 2012년 2월 14일.

카데미와 과학 학술지, 기후 변화에 대한 정부간 토론회IPCC: Intergovernmental Panel on Climate Change가 있습니다. 그들은 지구 온난화가 진행되고 있다는 데 동의합니다. 또 지구 온난화에는 인간의 잘못이 큰 부분을 차지하고, 현재의 상황이 무척 심각하고 중대하며, 머잖아 어쩌면 수십 년 내에 세계가 티핑 포인트에 도달할 것이라는 데도 동의합니다. 달리 말하면, 지구 온난화 과정이 급격히 악화되고 불가역적인 상황에 돌입하여, 사회경제적으로 엄청난 악영향을 미치게 될 것이란 뜻입니다. 이처럼 복잡한 과학적 쟁점에 대해 지금과 같은 합의에 이른 적이 거의 없었습니다.

반대편에는 기후 변화에 대한 회의론자들이 있고, 그들 중에는 존경받는 과학자도 있습니다. 그 과학자들은 아직 알려지지 않은 게 많다고 경고합니다. 달리 말하면, 실제 상황이 생각만큼 나쁘지 않을 수 있다고 주장하는 겁니다.

그런데 이 부자연스런 토론에서 배제되는 회의론자들이 있습니다. 그들이 앞의 회의론자보다 수적으로 훨씬 많습니다. 존경받는 기후 과학자인 그들은 IPCC의 주기적인 보고서마저 지나치게 보수적이라 평가합니다. 안타깝지만 그들의 평가가 옳다는 게 재삼재사 입증됐습니다. 하지만 그들의 주장은 공개 토론에서 거의 언급되지 않지만, 과학적 문헌에서는 무척 유명합니다.

하트랜드 연구소와 ALEC가 제안한 법안은 인간의 행위가 지구 온난화를 앞당기는 주된 원인이고, 불길한 미래가 예상된다는 과학계의 거의 만장일치에 가까운 합의에 기업계 압력 단체들이 의혹의 씨를 뿌리려는 거대한 운동의 일환입니다. 그 운동은 공개적으로 천명되었고, 화석 연료와 관련된 산업계를 대리한 압력 단체들, 미국 상공 회의소(기업계의 핵심적인 압력 단체) 등이 그 운동에 참여하고 있습니다. 하지만 ALEC와 유명한 코크 형제의 노력은 진행 중인 로비의 일부에 불과합니다. 기업과 압력단체의 유착 관계는 복잡하게 감춰지지만, 간혹 부분적으로 폭로되기도 합니다. 예컨대 최근에 수잔 골든버그Suzanne Goldenberg 기자가 『가디언』에 〈보수적인 억만장자들이 비밀스런 통로를 이용해 거의 1억 2,000만 달러를 (……) 기후 변화에 대한 과학계의 의견에 의혹을 제기하는 100개 이상의 단체에 지원하며,《중립적인 과학적 사실부터 지극히 편향된 분열적 쟁점까지 보수적인 방향으로 기후 변화를 재정의하는 것》이란 단 하나의 목적을 위해 일하는 싱크 탱크과 시민 단체가 거대한 조직망을 결성하는 걸 도왔다〉라고 보도하지 않았습니까.[12]

이런 프로파간다가 미국 여론에 약간은 영향을 미쳤던지, 미국 여론은 세계 기준보다 회의적인 편입니다. 그러나 그 영향이 인류의 주인들을 만족시킬 만큼 대단하지는 않습니다.

12   Suzanne Goldenberg, "Secret Funding Helped Build Vast Network of Climate Denial Thinktanks," *Guardian*, 2013년 2월 14일.

어쩌면 이런 이유에서 기업계가 교육 제도에 공격을 시작한 것인지도 모르겠습니다. 국민 여론이 과학계의 결론에 관심을 쏟는 위험한 경향을 견제하려고 말입니다.

수주 전에 열린 공화당 전국 위원회Republican National Committee의 겨울 집회에서, 보비 진덜Bobby Jindal 루이지애나 주지사는 〈우리는 더는 어리석은 정당에 머물러서는 안 됩니다 (……) 유권자의 지성을 모욕하는 짓을 중단해야 합니다〉라고 당지도부에 경고했습니다.[13] 하지만 ALEC와 후원 기업들은 미국이 〈어리석은 국가〉로 남아있기를 바랍니다.

기후 변화를 부인하는 단체들을 후원하는 억만장자들의 비밀 조직 중 하나가 도너스 트러스트Donors Trust입니다. 이 조직은 가난한 흑인들에게 투표권을 부여해서는 안 된다고 주장하는 단체들의 주된 후원자이기도 합니다. 이해가 됩니다. 아프리카계 미국인은 민주당원인 경우가 많고, 심지어 사회 민주당원도 있으니까요. 또 이른바 〈균형 잡힌〉 교육을 통해 비판적으로 사고하도록 훈련받은 사람들과 달리, 그들이 과학에 관심을 기울이면 좋을 게 없으니까요.

그런데 중요한 과학 학술지조차 기후 변화와 관련된 주장들이 무척 비현실적이라고 암시하는 논문과 기사를 주기적으로 게재합니다. 미국에서 발간되는 주간 과학 학술지『사이언스』

---

13   Grace Wyler, "Bobby Jindal: The GOP 'Must Stop Being The Stupid Party,'" *Business Insider,* 2013년 1월 25일.

를 예로 들어 보겠습니다. 2013년 1월 18일에 발간된 호에는 세 건의 새로운 소식이 나란히 실렸습니다. 하나는 2012년이 미국이 기상을 관측하고 기록하기 시작한 이후로 가장 더운 해였고, 이런 추세가 오래전부터 계속되고 있다는 연구 보고서였습니다. 다른 하나는 〈미국 기후변화 연구 프로그램United States Global Change Research Program〉가 인간의 행위로 인해 기후 변화가 가속화된다는 증거를 추가로 제시하며 그로부터 예상되는 심각한 영향을 다룬 새로운 연구였습니다. 마지막으로는 하원에서 과학과 관련된 위원회들의 의장단을 새로 선출했다는 소식이 실렸습니다. 하지만 지리멸렬한 정치 제도 때문에, 과반의 표를 얻지 못한 공화당이 다수를 차지하고 있는 의회입니다. 따라서 이번에 새로 선출된 세 명의 의장 모두가 인간의 행위가 기후 변화의 큰 원인이라는 걸 부인하고, 둘은 기후 변화가 일어나고 있다는 자체를 부인하며, 한 명은 오래 전부터 화석 연료 산업을 옹호하던 사람입니다. 하지만 바로 그 호에 불가역적인 티핑 포인트가 눈앞에 닥쳤다는 새로운 증거를 제시한 과학적 논문도 실려 있습니다.[14]

역시 2013년 1월의 다른 주에 발간된 『사이언스』에도 우리에게 어리석은 국가가 되어야 한다고 역설하는 보고서가 실렸습니다.[15] 현재 예상되는 상승폭보다 더 낮게, 기온이 약간만

---

14 *Science*, 2013년 1월 18일.

상승해도 영구 동토대가 녹기 시작할 수 있고, 그렇게 되면 얼음 속에 갇힌 막대한 양의 온실가스가 배출될 수 있다는 증거를 제시한 보고서였습니다. 따라서 인류의 주인들을 위해서는 균형 잡힌 교육을 고수하는 게 최선의 선택입니다. 그래야 우리가 지금 부지런히 파괴하고 있는 삶에 우리 손자 세대가 맞닥뜨릴 테니까요.

RECD, 즉 지금의 자본주의에서는 우리가 어리석은 국가가 되는 게 무척 중요합니다. 과학과 합리적 사고에 현혹되지 말고 경제와 정치 시스템을 지배하는 주인들의 단기적 이익을 위해 충성해야 합니다. 그 결과는 우리가 신경 쓸 게 아닙니다. RECD에서 열심히 역설되지만 무척 선택적으로만 지켜지는 시장 근본주의적 원칙들에서 비롯되는 무서운 생각들입니다. 이렇게 생각해야 하는 목적은 간단합니다. 부자와 권력자를 섬기는 강력한 국가, 경제학자 딘 베이커Dean Baker의 표현을 빌리면, 〈보수적인 보모 국가conservative nanny state〉를 유지해야 하니까요.[16]

대외적으로 발표된 원칙들은 상당히 빈번히 나타나는 〈시장의 비효율〉, 특히 시장 거래가 다른 사람들에게 미치는 영향

15   Richard A. Kerr, "Soot Is Warming the World Even More Than Thought," *Science*, 2013년 1월 25일.
16   Dean Baker, *The Conservative Nanny State: How the Wealthy Use the Government to Stay Rich and Get Richer* (Washington, DC: Center for Economic and Policy Research, 2006).

을 고려하지 못하는 탓에 지켜지지 못하는 경우가 많습니다. 이런 〈외부 효과〉의 영향은 상당할 수 있습니다. 현재의 금융 위기도 일례입니다. 그 원인을 추적해 보며 체계적 위험, 즉 시스템 전체가 붕괴될 가능성을 무시하며, 은행과 투자 회사가 위험하지만 그 때문에 수익성이 큰 거래를 시도한 것도 많은 원인 중 하나일 것입니다. 환경 재앙은 훨씬 더 심각합니다. 무시되는 외부 효과 중에는 인간의 운명도 있습니다. 환경 재앙이 닥치면, 공손히 긴급 구제를 요청할 곳도 없습니다.

이런 결과의 근원은 RECD와 그 운영 원칙, 즉 주인들이 위협을 가속화하는 방향으로 노력을 경주할 수 있어야 한다는 원칙에 있습니다. 유일한 이유는 아니지만, 이런 이유에서 특별한 조치가 없는 한 문명이 지금의 자본주의를 견뎌 낼 가능성은 무척 낮습니다.

미래의 역사학자는 과거를 돌이켜볼 때, 21세기 초의 모습을 무척 이상하게 생각할 겁니다. 인류 역사상 처음으로, 우리 인간은 매우 높은 가능성으로 중대한 재앙에 맞닥뜨리게 될 것입니다. 적절한 생존의 기반을 뒤흔들어 버리기에 족한 재앙으로, 그 원인이 인간 자신의 행위에 있습니다. 하지만 이에 대한 대응은 극과 극입니다. 한쪽 끝에서는 많은 사람이 재앙의 가능성을 예방하기 위해 열심히 노력하고 있습니다. 반대편 끝에서는 현재의 파국적 상황을 부인하고, 단기적 이익의 추구에 간섭하지 못하도록 국민의 입을 다물게 하려는 노력이 진행되고 있습니다. 세계사에서 가장 부유하고 강력한 국가가 재앙의 가능성을 앞당기고 있습니다. 그 국가는 RECD의 가장 뚜렷한 예이며, 비할 데 없는 이익을 거두고 있습니다. 반면에 우리 후손들이 그런대로 쾌적한 삶을 살 수 있는 조건을 보존하려는 노력에는 이른바 〈원시적〉 사회들, 즉 각 대륙의 원주민들이 앞장서고 있습니다.

원주민이 수적으로 많고 영향력도 강한 국가들이 우리 지구를 보조하는 데 앞장서고 있습니다. 한편 원주민을 멸절 상태로 몰아넣었거나 사회적으로 소외시킨 국가들은 파괴를 향해 무작정 치닫고 있습니다. 예컨대 에콰도르는 원주민이 많은 때문인지 부유한 국가들로부터 원조를 받더라도 상당한 양의 원유를 지하에 묻어 두려 합니다. 반면에 미국과 캐나다는 화석 연료를 광적으로 태우려고 합니다. 위험하기 짝이 없는 캐나다산 역청도 예외가 아닙니다. 그렇게 화석 연료를 태우며, 미국과 캐나다는 새로운 세기에 맞이한 에너지 독립의 경이로움에 환호합니다. 화석 연료의 연소라는 광적인 자기 파괴적이 행위가 있은 후, 우리 세상이 어떻게 변할지에 대해서는 눈곱만큼의 관심도 없습니다.

결국 이렇게 일반화할 수 있을 겁니다. 세계 전역에서 원주민 사회는 〈자연의 권리rights of nature〉를 지키기 위해 투쟁하는 반면, 문명화된 세련된 사회는 원주민 사회의 그런 노력을 어리석다고 조롱합니다.

합리적 사고로 예측되는 결과와는 정반대인 셈입니다. 편향된 이성으로 RECD라는 뒤틀린 여과 장치를 통과한 결과인지도 모르겠습니다.

2

인간 지능과 환경[1]

몇 년 전 저명한 천체 물리학자인 칼 세이건Carl Sagan (1934~1996)과 미국 생물학계의 거두 에른스트 마이어Ernst Mayr(1904~2005) 간에 있었 흥미로운 논쟁으로 이 강연을 시작해 보려 합니다.[2] 그들은 우주의 다른 곳에서 지적 생명체를 발견할 가능성에 대해 토론을 벌였습니다. 세이건은 천체 물리학자의 관점에서 말하며, 우주에는 지구와 같은 행성이 무수히 많다고 주장했습니다. 하기야 그런 행성에서 지적 생명체가 발달하지 않았어야 할 이유가 없지요. 한편 마이어는 생물학자의 관점에서, 다른 지적 생명체를 발견할 가능성이 무척 낮다고 주장했습니다. 그의 주장에 따르면, 지구와 같은

2 Ernst Mayr, "Can SETI Succeed? Not Likely," *Bioastronomy News* 7, no. 3 (1995). Carl Sagan, "The Abundance of Life-Bearing Planets," *Bioastronomy News* 7, no. 4 (1995). Ernst Mayr, "Does It Pay to Acquire High Intelligence?" *Perspectives in Biology and Medicine,* no. 37 (Spring 1994)도 참조할 것.

행성은 하나밖에 없다는 것입니다. 따라서 지구를 자세히 살펴볼 필요가 있습니다.

마이어의 기본적인 주장에 따르면, 지능은 일종의 치사 돌연변이lethal mutation입니다. 마이어의 논증을 무척 훌륭했습니다. 얼마나 많은 유기체가 있느냐로 평가되는 생물학적 성공을 면밀히 조사해 보면, 박테리아처럼 신속히 돌연변이를 일으키는 유기체나, 딱정벌레처럼 고정된 생태적 지위ecological niche를 유지하는 유기체가 성공할 가능성이 큽니다. 그런 유기체들은 훌륭하게 생존하며, 환경의 위기에도 살아남을 수 있습니다. 그러나 흔히 지능이라 일컬어지는 것의 계급에서 위로 올라갈수록 그에 해당하는 유기체가 성공할 가능성, 즉 생존할 가능성은 점점 떨어집니다. 예컨대 포유동물을 생각해 보십시오. 벌레에 비교하면 수적으로 소수에 불과합니다. 인간까지 올라가면, 처음 등장한 시점도 약 10만 년 전에 불과하고, 그 수는 더욱더 적습니다. 물론 주변에 많은 사람이 있어 우리는 흔히 착각하지만, 10만 년이라는 시간은 진화적 관점에서 보면 무의미한 시간일 뿐입니다. 결국 마이어의 논증에 따르면, 지구가 아닌 행성에서 지적 생명체를 만나기 힘들기도 하지만, 지능은 치사 돌연변이이기 때문에 지구에서도 인간이 오랫동안 생존하지 못할 가능성이 큽니다. 게다가 마이어는 지금까지 수십억 종이 존재했지만 종의 평균 수명이 약 10만 년에 불과하고, 그 10만 년은 현생 인류가 존재한 대략적인 시간이라는 섬뜩한 경고까지 덧붙였습니다.

환경의 위기가 닥친 지금, 우리는 마이어의 경고가 옳았는지 틀렸는지를 판정할 수 있는 상황에 있습니다. 유의미한 조치가 취해지지 않는다면, 그것도 신속히 취해지지 않는다면 마이어의 경고가 옳았던 것이 될 겁니다. 인간의 지능이 정말로 치사 돌연변이라는 마이어의 주장도 옳았던 것으로 입증되겠지요. 몇몇 인간은 살아남을 수 있겠지만 곳곳에 흩어지고 지금처럼 쾌적한 삶을 누리지도 못할 것입니다.

그럼 환경의 위기로 어떤 일이 벌어질까요? 전망은 그다지 밝지 않습니다. 2009년 12월에 기후 변화를 주제로 한 국제 회의가 있었습니다.[3] 그야말로 총체적 난국이었습니다. 어떤 합의도 이루어 내지 못했습니다. 신생 공업국, 중국과 인도 등은 지금 부유하게 살아가는 선진 사회들이 200년 동안 저지른 환경 파괴의 짐을 자기들이 부담하는 건 부당하다고 앞장서서 주장했습니다. 받아들일 만한 주장입니다. 하지만 이런 경우에 우리는 전투에서는 승리하고 전쟁에서는 패하기 십상입니다. 환경 위기가 더 심화된다면 그런 주장이 신생 공업국들에게 크게 도움이 되지 않을 것이기 때문입니다. 특히 중국과 인도가 대변한다는 가난한 국가들이 최악의 타격을 입게 될 겁니다. 더구나 가난한 국가들의 상황은 이미 최악입니다. 앞으

3   United Nations Climate Change Conference, December 7~18, 2009, Copenhagen, Denmark.

로도 그 상황은 개선되지 않을 겁니다. 부유한 선진 공업국들 사이에도 약간의 분열이 있을 겁니다. 유럽은 기후 변화에 대처하기 위한 조치를 실제로 취하고 있습니다. 예컨대 탄소 배출을 줄이기 위한 적잖은 조취가 이미 취해졌습니다. 하지만 미국은 지금까지 어떤 노력도 시도한 적이 없습니다.

2009년 코펜하겐 회의, 즉 유엔 기후 변화 회의가 끝난 후, 저명한 환경 운동가이며 저술가인 조지 몬비오George Monbiot 는 〈그 회의가 실패한 직접적인 원인은《버락 오바마》라는 두 단어로 요약될 수 있다〉라고 말했습니다.[4] 몬비오의 지적은 정확했습니다. 물론 국제적인 사건에서 미국의 힘과 역할을 고려하면, 오바마의 개입은 무척 중요했습니다. 한마디로 말하면, 오바마가 그 회의를 죽였습니다. 교토 의정서[5]는 이제 완전히 폐기된 것이나 다를 바가 없습니다. 물론 미국은 교토 의정서를 비준한 적이 없습니다. 그 이후로 미국에서 탄소 배출량이 급격히 증가했지만, 탄소 배출량을 억제하기 위한 어떤 조치도 취한 적이 없습니다. 간혹 미봉책이 시도될 뿐, 근본적인 해법은 전혀 시도되지 않습니다. 물론 버락 오바마의 잘못만은 아닙니다. 우리 사회와 문화 전체의 책임입니다. 우리 사회의 제도적 구조에서는 바람직한 일을 해내기가 쉽지 않기 때문입니다.

4　George Monbiot, "If You Want to Know Who's to Blame for Copenhagen, Look to the US Senate," *Guardian,* 2009년 12월 21일.
5　1997년 체계된 온실가스 배출량 규제 국제 협약 ― 옮긴이주.

특히 흥미로운 것은 기업 분야의 역할입니다. 기업이 국가와 정치계를 실질적으로 지배하니까요. 기업의 역할은 무척 명확합니다. 상공 회의소, 미국 석유 협회 등과 같은 대기업 압력 단체들의 역할은 예부터 무척 명확하고 분명했습니다. 기후 변화가 사실이 아니라 진보 진영의 거짓말이라고 국민들을 설득하기 위한 홍보전을 꾸준히 전개했습니다. 이런 홍보전을 지휘하는 사람들, 특히 대기업의 최고 경영자들을 조사해 보면 특히 흥미롭습니다. 그들도 여러분만큼이나, 기후 변화가 사실이고 대단히 심각한 위협이라는 걸 알고 있습니다. 또 그들이 손자 세대의 삶을 위협하고 있다는 것도 알고 있습니다. 엄밀히 말하면, 그들은 그들 자신이 소유한 것을 위협하고 있는 셈입니다. 이 세계의 주인이라 자처하면서, 정작 그들 자신이 이 세계의 생존을 위협하고 있지 않습니까! 불합리한 짓으로 여겨지지 않습니까? 맞습니다, 어떤 관점에서 보면 정말 불합리고 비이성적인 짓입니다. 하지만 다른 관점에서 보면 지극히 이성적인 짓이기도 합니다. 그들은 자신들이 속한 제도적 장치 내에서 행동하는 것이기 때문입니다. 구체적으로 말하면, 그들은 시장 시스템과 같은 제도적 장치 내에서 움직이기 때문입니다. 시장 시스템은 결코 완전하지 않고 불완전하지만, 그런 시장 시스템에 참여하는 순간, 우리는 경제학자들이 〈외부 효과externality〉라 칭하는 것, 즉 어떤 거래가 다른 경제 주체들에게 미치는 영향을 필연적으로 무시하게 됩니다.

예컨대 여러분 중 누군가 나에게 자동차를 판매한다면, 우리는 우리 양쪽 모두를 위해 좋은 거래를 하려고 노력할 수 있습니다. 하지만 그 거래가 다른 사람들에게 미치는 영향에 대해서는 전혀 고려하지 않습니다. 물론 항상 어떤 영향이 있기 마련입니다. 한 사람에게는 아주 작은 영향일 수 있지만, 많은 사람에게 누적되면 엄청나게 큰 영향이 됩니다. 공해와 교통 혼잡 및 교통 체증으로 낭비되는 시간이 대표적인 예입니다. 여러분도 이런 것들은 고려하지는 않을 겁니다. 어쩔 수 없습니다. 여러분도 시장 시스템의 일부이니까요.

금융 위기도 다를 바가 없습니다. 금융 위기에는 많은 원인이 있지만 근본적인 원인은 오래전부터 익히 알려진 것이었고, 실제로 2008년 위기가 닥치기 수십 년 전부터 얘기해 보던 것이었습니다. 엄격히 말하면 금융 위기는 반복되는 것이었고, 이번 위기가 최악이었을 뿐입니다. 근본적인 원인은 시장 시스템에 있습니다. 예컨대 골드만 삭스가 거래를 한다고 해 봅시다. 당연히 시장 시스템이 작동할 것이고, 골드만 삭스의 관리자들은 성공을 원하며 거래로부터 얻는 것에 집중할 겁니다. 이때 거래의 반대편에 있는 사람이나 기관, 즉 대출자도 똑같이 행동하며, 체계적 위험systemic risk이라는 것을 고려하지 않습니다. 다시 말하면, 그들은 자신들의 거래가 전체 시스템의 붕괴에 기여할 가능성을 전혀 고려하지 않습니다. 요컨대 그들은 체계적 위험을 고려하지 않습니다. 그런데 체계적 위험은 현실적 위험에서 큰 부분을 차지합니다. 체계적 위험이 시스템 자체를 붕괴시킬 정도로 엄청나게 크다는 게 이번에 입증되지 않았습니까? 본래의 거래가 시스템 내에서 완벽히 합리적이더라도 체계적 위험이 사라지지는 않습니다.

거래자가 나쁜 사람이거나 나쁜 기관이기 때문은 아닙니다. 그렇다고 거래자가 시장 시스템을 부정하면, 예컨대 어떤 최고 경영자가 〈좋아, 이제부터 나는 외부 효과를 고려하겠어!〉라고 말하면 금세 쫓겨날 겁니다. 그가 쫓겨나고 다른 사람이 최고 경영자로 들어설 겁니다. 이것이 기존 제도의 특징입니다. 여러분도 누구나 개인적인 삶에서는 나무랄 데 없이 멋진 사람일 수 있습니다. 환경 단체인 시에라 클럽에 가입할 수 있고, 환경 위기나 그와 유사한 주제에 대해 강연할 수 있습니다. 그러나 기업 관리자의 역할은 확고합니다. 단기적인 이익과 시장 점유율을 극대화하려고 노력해야 합니다. 이 둘은 영미계 법인법에서는 합법적인 요구 사항이기 때문에 관리자가 그렇게 행동하고 노력하지 않으면, 그 기업은 사라지고 말 겁니다. 적어도 단기적으로는 다른 기업의 성과가 훨씬 나을 테니까요. 아니면 그는 자신에게 맡겨진 역할을 제대로 해내지 못한 탓에 관리자 지위에서 쫓겨나고 다른 사람이 새로운 관리자로 영입될 겁니다. 결국 제도가 불합리한 것입니다. 제도 내에서의 행동은 완전히 합리적일 수 있지만, 제도 자체는 지독히 불합리해서 결국 붕괴되는 겁니다.

금융 시스템을 자세히 들여다보면, 과거에 금융권에서 일어난 사태들은 그야말로 극적이었습니다. 1920년대와 1930년대에 금융 붕괴가 있었고, 엄청난 불경기가 뒤따랐습니다. 그러나 당시 규제 장치들이 도입됐습니다. 민중의 거대한 압력에 부응해 도입된 규제 장치였습니다. 그 후로 20년 동안 경제가 급속도로 성장하면서도 상당히 평등한 방향을 지향한 덕분이었던지 금융 위기는 없었습니다. 규제 장치가 시장에 개입하며 시장 원리가 작동하는 걸 예방한 덕분이었던 겁니다. 달리 말하면, 외부 효과를 고려했던 것입니다. 이런 이유에서 규제 시스템이 필요한 것입니다.

그런데 1970년대 이후로 경제에서 금융의 역할이 폭발적으로 확대되며, 기업의 이익에서 금융 기관이 차지하는 몫도 급증했습니다. 이런 팽창의 필연적인 결과로 산업 생산이 공동화되며, 제조업이 해외로 이전했습니다. 이 모든 것이 이른바 신고전파 경제학neoclassical economics이라는 거의 광적인 종교적 이데올로기의 영향하에서 일어났습니다. 효율적인 시장 가설efficient-market hypothesis과 합리적 기대 가설rational expectations hypothesis 등은 이론적인 근거도 없고 실증적인 증거도 없지만, 그런 가설들을 받아들이면, 신고전파 경제학의 여러 명제가 증명되기 때문에 무척 매력적으로 여겨졌습니다. 신고전파 경제학 이론은 부자와 권력자에게 특히 매력적이어서, 그들이 부와 권력을 집중하는 데 크게 기여했습니다. 신고전파 경제학의 확산에는 앨런 그린스펀Alan Greenspan이 큰 역할을 했지만, 그래도 금융이 붕괴됐을 때 신고전파 경제학 이론이 잘못된 것이라고 고백할 정도의 양심은 그에게 있더군요.[6] 역사상 당시만큼 지식인 조직이 붕괴된 때가 있었는지 모르겠습니다. 적어도 내 기억에는 없습니다. 흥미롭게도 2008년의 금융 위기는 아무런 교훈을 남기지 못했습니다. 신고전파 경제학은 지금도 계속 위력을 떨치고 있습니다. 따라서 어떤 이유로든 신고전파 경제학이 권력 시스템에 유용하다고 말할 수밖에 없는 듯합니다.

신고전파 경제학의 영향으로 레이건과 클린턴과 부시 정부에서 규제 시스템이 차근차근 해체되고 말았습니다. 1950년대와 1960년대와 달리, 이 시기 내내 금융 위기가 반복됐습니다. 특히 레이건 시대에는 극단적인 금융 위기가 여러 차례 있었습니다. 클린턴도 닷컴 버블의 폭발로 엄청난 금융 위기를 남겨 놓은 채 퇴임했습니다. 지금 또 우리는 금융 위기의 한가운데에 있습니다. 매번 위기가 닥칠 때마다 상황이 더 악화되고 규모도 커집니다. 금융 시스템이 임시방편으로 즉각 재건되기 때문에 그 후의 위기는 더 악화될 수밖에 없는 듯합니다. 유일한 원인은 아니지만, 많은 원인 중 하나를 꼽자면, 시장 시스템에서는 외부 효과 ― 금융 위기의 경우에는 체계적 위

6 Edmund L. Andrews, "Greenspan Concedes Error on Regulation," *New York Times,* 2008년 10월 23일, p. B1.

험 — 가 고려되지 않는다는 것입니다.

결국 금융 위기의 경우에 체계적 위험은 치명적인 것이 아닌 셈입니다. 금융 위기는 끔찍할 수 있습니다. 수백만 명이 일자리를 잃고 삶이 파괴될 수 있으니까요. 하지만 그 위기에서 벗어나는 방법이 있습니다. 납세자가 끼어들며 여러분을 구해줍니다. 실제로 그랬습니다. 지난 2년 동안 우리가 눈앞에서 생생히 봤던 것입니다. 금융 시스템이 붕괴하자, 정부, 즉 납세자가 개입해서 금융 시스템을 구해냈습니다. 그러나 여러분을 환경 위기에서 구해 내려는 사람은 주변에 없습니다. 환경 위기에서 외부 효과는 종(種)의 운명입니다. 시장 시스템에서 그 외부 효과가 무시된다면, 여러분을 환경 위기에서 구해 줄 사람은 없을 겁니다. 따라서 환경 위기에서 외부 효과는 치명적인 것이 됩니다. 그런데 이런 위기를 해결하기 위해 유의미한 행동이 취해지지 않는다는 사실은 에른스트 마이어의 경고가 정확했다는 뜻입니다. 달리 말하면, 우리에게는 지능이란 것이 있습니다. 또 좁은 틀에서는 우리가 합리적으로 행동하는 것처럼 보이지만, 장기적인 목표에서 보면 우리 행동은 비합리적이란 것입니다. 그래서 우리 손자들이 살아갈 세계에 대해서는 그다지 염려하지 않는다는 거지요. 이런 즉각적 만족을 극복하려는 시도라고 할 만한 것이 눈에 띄지 않습니다. 특히 미국에서 그렇습니다. 미국은 세계에서 가장 강력한 국가입니다. 따라서 미국의 행동은 무척 중요합니다. 그런데 우리 미국은 이런 기록에서 세계 최악인 국가 중 하나입니다.

환경 위기를 극복하기 위해 우리가 할 수 있는 일은 많습니다. 그 목록을 작성하는 것도 어렵지 않습니다. 예컨대 우리가 해낼 수 있는 중요한 과제 중 하나는 겨울에는 따뜻하고 여름에는 시원하게 지낼 수 있도록 주택의 에너지 효율성 강화weatherization입니다. 제2차 세계 대전이 끝난 후에 주택 건설이 호황을 맞았습니다. 환경의 관점에서 보면, 주택 건설은 비합리적이기 이를 데 없었습니다. 물론 시장이란 관점에서 보면, 합리적으로 행해졌지요. 주택의 여러 표본이 있고, 그 표본에 따라 대량으로 생산된 주택이 전국에서 사용됐으니까요. 지역마다 조건과 환경이 달랐을 텐데 말입니다. 예컨대 어떤 표본은 애리조나에서는 괜찮았겠지만 매사추세츠에서는 그렇지 않았을 겁니다. 그렇게 세워진 주택들이 아직도 전국 곳곳에 있습니다. 에너지 소비에서는 무척 비효율적인 주택입니다. 물론 주택의 에너지 효율성은 개선될 수 있습니다. 기본적으로는 건설 공사입니다. 주택의 에너지 효율을 향상시키기 위한 프로젝트가 진행되면 큰 변화가 있을 것이고, 주된 사양 산업 중 하나, 즉 건설업을 되살리고, 고용 위기도 상당히 해결하는 효과도 기대할 수 있을 겁니다. 그 프로젝트는 일종의 마중물이 될 겁니다. 달리 말하면, 궁극적으로 납세자로부터 돈을 끌어가는 것이지만 경제를 활성화하고 일자리를 늘이고, 더 나아가 환경 파괴에 중대한 영향을 미치는 방법이 되기 때문입니다. 하지만 이런 제안은 거의 없습니다. 거의 없다시피 합니다. 내가 여기에서 납세자라 칭하는 부분은 정부로 바꿔도 상관없습니다. 정부의 돈이 결국 납세자의 돈이지 않습니까.

다른 예를 들어 볼까요? 미국에서 목격되는 정말 부끄러운 사태입니다. 해외를 여행해 보신 분이면 더 분명히 느낄 수 있을 겁니다. 세계의 어디라도 좋습니다. 해외를 여행한 후에 미국에 돌아오면, 마치 제3세계의 어떤 나라에 들어간 기분일 겁니다. 정말입니다! 사회 기반 시설이 붕괴되고 있고, 교통도 제대로 운영되지 않습니다. 기차를 예로 들어 볼까요? 1950년경 나는 보스턴으로 이주했습니다. 당시에는 보스턴과 뉴욕을 왕래하는 기차가 있었고, 3시간 45분이 걸렸습니다. 요즘에는 〈아셀라〉라 칭해지는 고속 열차가 있고, 3시간 30분이 걸립니다. 그런데 일본과 독일, 중국 등 거의 어느 나라에서나 그 정도 거리이면 두 시간 남짓이면 충분합니다. 그것이 일반적인 현상입니다.

미국이 우연히 이런 상황에 떨어진 건 아닙니다. 정부와 기업이 1940년대부터 추진하기 시작한 거대한 사회 공학 프로젝트의 결과입니다. 화석 연료의 사용을 극대화하는 방향으로 사회를 재설계하려는 무척 체계적인 수고가 있었습니다. 그 영향으로, 철도 시스템의 효율적인 개선에 무관심했던 겁니다. 예컨대 과거에 뉴잉글랜드에는 뉴잉글랜드 전역을 살살이 훑는 상당히 효율적인 전철망이 있었습니다. E. L. 닥터로Edgar Lawrence Doctorow(1931~2015)의 소설『래그타임』을 읽어 보면, 첫 장에서 주인공이 전철을 타고 뉴잉글랜드의 곳곳을 돌아다닙니다.[7] 그런데 자동차와 트럭을 활성화하려는 정책 때문에 그 효율적이던 전철망이 와해되고 말았습니다. 로스앤젤레스의 현 상황은 그야말로 공포 소설입니다. 여러분 중에도 과거에 그곳에 다녀온 분이 있을지 모르겠지만, 로스앤젤레스에도 과거에는 전기로 운영되는 효율적인 공공 교통수단이 있었습니다. 하지만 지금은 와해되고 말았습니다. 1940년대에 제너럴 모터스, 타이어 제조 회사 파이어스톤, 캘리포니아 스탠더드 오일이 그 교통망을 매입했습니다. 그들이 철도망을 매입한 목적은 분명했습니다. 철도망을 해체해서, 교통과 관련된 모든 것을 트럭과 자동차와 버스로 옮기려던 것이었습니다. 실제로 그렇게 진행되었고, 엄격히 말하면 불법적인 모의였습니다. 결국 세 기업은 모의죄로 기소되었고 벌금형을 선고받았습니다. 그런데 벌금이 5,000달러 남짓이었을 겁니다. 원고들이 승리를 자축하기 위한 저녁 식사비로는 충분했을 겁니다.[8]

여기에 연방 정부까지 끼어들었고, 〈주간(州間) 고속 도로

---

7   E. L. Doctorow, *Ragtime: A Novel* (New York: Random House, 1975).
8   Richard B. Du Boff, *Accumulation and Power: An Economic History of the United States* (Armonk, NY: M. E. Sharpe, 1989)을 참조할 것.

Interstate Highway〉라는 것이 생겼습니다. 1950년대 주간 고속 도로가 건설될 때 국방 고속 도로라고 불렸습니다. 미국에서 뭔가를 하려면 무엇에든 〈국방〉이란 이름을 붙여야 하니까요. 그래야 납세자를 속여서 고속 도로 건설 비용을 뜯어낼 수 있으니까요. 실제로 1950년대에는 이런 속설을 뒷받침하는 얘기가 많았습니다. 여러분 중에도, 러시아가 침략하면 미사일을 전국에 신속히 옮겨야 하기 때문에 고속 도로가 절실히 필요하다는 얘기를 들었던 걸 기억하는 분이 있을 겁니다. 따라서 납세자들이 고속 도로 건설 비용을 부담해야 한다는 프로파간다가 뒤따랐습니다. 그와 동시에 철도가 해체됐습니다. 이런 이유에서 철로망이 와해된 겁니다. 엄청난 액수의 연방 지원금과 기업의 돈이 고속 도로와 공항의 건설에 투자됐습니다. 한결같이 화석 연료를 펑펑 써대는 교통 수단들입니다. 하지만 이런 것이 근본적으로 기준입니다.

그 결과로 미국 전역에서 교외화가 진행됐습니다. 부동산의 재설계로 삶이 원자화되고 교외화됐습니다. 그렇다고 내가 교외 지역을 비판하는 게 아닙니다. 나도 지금 교외에서 살고, 좋아하기도 합니다. 하지만 교외는 무척 비효율적입니다. 교외는 온갖 종류의 유해한 사회적 영향에 짓눌려 있기도 합니다.

여하튼 교외화가 단순히 진행된 게 아니었습니다. 계획하에 진행됐습니다. 그 기간 내내, 이론적으로 가장 파괴적인 사회를 만들어 내려는 어마어마한 노력이 있었습니다. 그 거대한 사회공학 프로젝트를 다시 시작하려면 결코 녹록하지 않을 겁니다. 많은 문제가 제기될 테니까요.

지속 가능한 에너지를 개발하는 사업, 즉 녹색 기술green technology과 관련된 사업도 환경 보호를 위한 합리적인 접근법 중 하나이기 때문에, 이론적으로는 모두가 이 사업에 동의할 겁니다. 녹색 기술에 대해서는 우리 모두가 익히 들어 알고 있으며, 모두가 경쟁하듯 좋은 말을 늘어놓습니다. 하지만 녹색 기술과 관련된 사업을 자세히 들여다보면, 그 기술과 관련된 설비는 스페인과 독일, 주로 중국에서 제작되고, 미국은 그 설비를 수입할 뿐입니다. 그런데 녹색 기술에서 많은 혁신의 특허권은 미국에 있지만, 제작은 다른 곳에서 행해지고 있습니다. 게다가 이제 미국 투자자들이 녹색 기술에서 중국에 투자한 돈이, 미국과 유럽에 투자한 돈을 합한 액수보다 많습니다. 따라서 텍사스가 태양광 패널과 풍차를 중국에서 구입하기로 결정했을 때 〈우리 산업의 기반을 약화시킬 것〉이라는 항의가 빗발쳤습니다. 하지만 엄격히 말하면, 우리는 녹색 기술 산업에서 완전히 배제된 상태였기 때문에 약화될 것도 없었습니다. 오히려 우리보다 훨씬 앞서 있는 스페인과 독일이 피해를 봤습니다.

기상천외한 소리로 들리겠지만, 오바마 정부가 미국 자동차 산업을 인수했다고 말해도 과언이 아닙니다. 더 정확히 말하면, 여러분이 미국 자동차 산업을 인수했다는 뜻입니다. 여러분이 그 인수 비용을 납부한 겁니다. 여러분이 긴급 구제금을 감당했기 때문에 여러분이 주인이란 뜻입니다. 기업은 과거에도 잘하던 짓을 그대로 한 것이었습니다. 구체적으로 말하면, 제너럴 모터스가 모든 공장을 폐쇄했습니다. 그런데 공장 폐쇄가 단순히 노동자들이 일자리를 잃는 것으로 끝나는 게 아닙니다. 공동체가 파괴됩니다. 러스트 벨트[9]를 자세히 뜯어볼까요? 그곳에는 노동자 조직이 세운 공동체들이 있었고, 공장을 중심으로 발달했습니다. 지금 그곳에서 공동체들은 와해된 상태이며, 그 영향은 막대합니다. 그런데 정부까지 공장을 해체하는 데 한몫을 하고 있습니다. 이런 짓은 여러분과 내가 공장을 해체한다는 뜻이 됩니다. 정부가 돈의 출처이고, 대외적으로는 정부가 우리의 대표라고 하니까요. 하지만 정부는 결코 우리의 대표가 아닙니다. 그런 와중에 오바마 정부는 고속 철도 건설을 계약하려고 교통부 장관을 스페인에 파견했습니다. 고속 철도는 미국만이 아니라 세계 전역에서 절실히 필요한 시설이지만, 오바마 정부는 경기 부양을 위해 연방 자금을 동원해서 고속 철도를 건설하려는 겁니다.[10] 여하튼 러스트 벨트에서 해체되고 있는 공장들은 고속 철도와 관련된 설비를 생산하는 공장으로 개조되고, 그곳에서 일하던 숙련된 노동자

---

9   rust belt, 미국 북동부 오대호 주변의 쇠락한 공장 지대 — 옮긴이주.
10   "Exchange of Rail Know-How Between the United States and Spain," SpanishRailwayNews.com, 2011년 12월 7일.

들은 새로운 기술을 습득해야 합니다. 러스트 벨트의 공장들은 고유한 테크놀로지를 보유하고, 숙련된 노동자들은 지식과 역량을 갖추고 있습니다. 하지만 이런 상황은 은행의 이익에 좋은 게 아닙니다. 따라서 우리는 스페인으로부터 고속 철도를 구입할 겁니다. 또 녹색 기술처럼, 관련된 장비들은 중국에서 제작될 겁니다.

결국 선택의 문제입니다. 선택은 자연법으로 결정되는 게 아닙니다. 하지만 안타깝게도 그런 선택이 이미 이루어지고 있습니다. 긍정적인 변화라는 조짐은 거의 없습니다. 중대한 문제가 아닐 수 없습니다. 앞으로도 계속 이 방향을 밀고 나가는 게 쉽겠지만, 나는 이 방향으로 지속되는 걸 바라지 않습니다. 그러나 세상의 전반적인 그림이 그렇습니다. 그렇다고 이런 선택이 부당한 선택이라고 생각하지는 않습니다. 어쩔 수 없는 선택이지만, 합리적이고 온당한 선택이라 생각합니다. 다만 끔찍한 결과가 예상되는 게 안타까울 따름입니다.

언론도 환경의 악화에 일조합니다. 가령 『뉴욕 타임스』에 실린 전형적인 기사로 보면, 지구 온난화를 두고 뜨거운 논쟁이 있다는 걸 알게 됩니다. 그 토론의 구조를 뜯어보면, 한쪽에는 관련된 과학자의 98퍼센트가 있고, 반대편에는 2퍼센트의 진지한 과학자가 지구 온난화라는 가정에 의문을 제기하고 있습니다. 극소수의 과학자와 짐 인호프Jim Inhofe를 비롯한 몇몇 상원 의원이 지구 온난화를 강력히 부인하는 까닭에 토론이 성립하는 겁니다. 따라서 시민들은 양쪽의 의견을 듣고 어떻게든 결정을 내려야 합니다. 언젠가 『뉴욕 타임스』는 기상학자들이 지구 온난화에 의문을 제기했다는 제목의 발작적인 머리기사를 게재한 적이 있습니다.[11] 기상학자들 간의 토론을 다룬 기사였습니다. 토론의 한쪽 편에는 텔레비전에 출연해서 누군가에게 건네받은 기상 상황을 읽고 내일의 날씨를 전해주는 예쁘장한 기상학자들이 있었고, 반대편에는 지구 온난화에 대해 뭔가를 알고 있어 지구 온난화를 걱정하는 과학자들이 있었습니다. 다시 결정권이 시민에게 맡겨졌습니다. 내가 그 기상학자들의 주장을 믿어야 할까요? 기상학자들은 나에게 내일 비옷을 입으라고 말합니다. 그럼 그 과학자들은 어떤 사람들일까요? 내가 알기에, 그들은 실험실에 앉아 컴퓨터 모델과 씨름하고 있습니다. 따라서 당연한 말이겠지만 시민들은 혼란스러울 수밖에 없습니다.

흥미롭게도 이런 토론에서는 제3의 의견이 거의 완전히 무시됩니다. 실제로 상당수의 유능한 과학자는 과학적 총의scientific consensus가 지나치게 낙관적이라 생각합니다. 실제로 MIT의 과학자들이 약 1년 전에 발표한 보고서에서, 기후에 대해 지금까지 행해진 가장 포괄적인 기후 모델을 분석한 결과를 내놓았습니다.[12] 과학 논문지를 제외하고 어디에도 발표되지

---

11 Leslie Kaufman, "Among Weathercasters, Doubt on Warming," *New York Times,* 2010년 3월 29일, p. A1.

않은 그 보고서의 결론에 따르면, 국제 위원회에서 끌어낸 과학적 총의는 완전히 잘못된 것이고 지나치게 낙관적이란 것입니다. 국제 위원회가 적절히 포함시키지 않은 다른 요인들을 덧붙이면 그 결과가 훨씬 더 끔찍합니다. MIT의 결론에서도, 우리가 화석 연료의 사용을 거의 즉각적으로 중단하지 않으면 끝장이란 것이었습니다. 우리가 그 결과를 감당해내지 못할 것이라는 결론이었습니다. 하지만 이런 연구는 토론에 끼어들 여지가 없습니다.

환경의 위협에 대해서 얼마든지 나열할 수 있습니다. 여러분 집의 지붕에 태양광 패널을 설치하는 것도 좋겠지만 그것으로 그치지 않고, 우리를 재앙으로 몰아갈 뿐인 현재의 사회문화적인 구조, 경제 이데올로기적인 구조를 완전히 해체하는 거대한 민중 운동만이 환경의 위협을 이제라도 차단하는 균형추 역할을 할 수 있을 것입니다. 물론 작은 과제가 아닙니다. 하지만 시도해 볼 만한 가치가 있는 과제입니다. 가능하면, 신속하게! 그렇지 않으면 너무 늦은 게 아닐까 걱정입니다.

12 David Chandler, "Climate Change Odds Much Worse than Thought," MIT News, 2009년 5월 19일. 기후 변화와 관련된 과학 및 정책에 대한 공동조사 위원회의 보고서도 참조할 것. Massachusetts Institute of Technology (http://globalchange.mit.edu).

3

단순한 진리, 그러나 어려운 문제

테러와 정의와 정당방위에 대한 몇 가지 생각[1]

헛된 기대감을 불식하기 위해서라도 나는 아주 단순한 진리에서 조금도 벗어나지 않으려고 합니다. 그래서 〈진부한 것의 예찬〉이라는 제목을 제시해 볼까 잠시나마 생각해 보기도 했습니다. 이렇게 말씀드릴 수밖에 없는 것을 미리 사과드리겠습니다. 그래도 뻔한 소리는 대체로 배척할 것이고, 심지어 중요한 사례에서도 뻔하고 진부한 소리는 배제하려고 합니다. 여기에 이 강의의 유일한 가치가 있을지도 모르겠습니다. 또 인간의 영향도 무척 중대합니다. 특히 내가 여기에서 다루려고 생각하는 어려운 문제들에 관련해서는 더더욱 그렇습니다. 그 문제들이 해결하기 어려운 이유 중 하나는, 막강한 권력을 지닌 사람들이 도덕률을 번질나게 무시한다는 것입니다. 그들은 그렇게 행동하고도 아무런 벌을 받지 않습니다. 규칙과 법칙을 세우는 주체가 그들이니까요. 그들이 어떻게 규칙을 세우는지를 극명하게 보여 주는 사례가 최근에 있었습니다. 지난 천년 시대가 막을 내리고, 새로운 천년 시대가 열리는 과정에서 서구 지식인들이 자화자찬하며 자만심을 여지없이 드러내지 않았습니까. 또 그들은 지도자들이 외교 정책에서 고결한 단계를 시작하며 〈신성한 불꽃〉으로 밝혔다는 찬사도 아끼지 않았습니다. 지도자들이 역사상 처음으로 〈원칙과 가치〉를 고수하고, 순수한 이타주의로 행동하며, 〈비인간적인 행위를 종식하려는 이상적인 신세계〉를 위한 첫걸음을 떼었다는 겁니다. 물론 충성스런 협력자들도 신세계의 건설에 동참했습니다. 그들이야말로 소명의 진정한 고결함을 정확히 이해하는 사람들이니까요. 게다가 그 소명은 이제 〈민주주의를 온 세계에 접목하려는 부시의 메시아적 소명〉으로 발전했습니다. 이 모든 멋진 말들이 주류 언론과 지식인의 발언을 인용한 것입니다. 현대 지식인 엘리트의 그다지 영광스럽지 않은 역사에서 이에 버금가는 업적이 있을지 잘 모르겠습니다. 여하튼 내 생각에, 가장 고귀한 업적은 1990년대에 이루어 낸 〈규범의 혁명normative revolution〉일 겁니다. 이때 지식인들은 자칭 〈계몽된 국가〉는 사악한 괴물로부터 고통받는 국민을 보호하기 위해 무력을 사용할 권리가 있다며, 국제 문제에서 새로운 규범을 세웠습니다.[2]

역사를 그런대로 아는 사람에게 규범의 혁명은 조금도 새로운 것이 아닙니다. 규범의 혁명은 유럽 제국주의가 끝없이 되풀이하던 후렴이었고, 일본의 파시스트들, 무솔리니와 히

틀러, 스탈린 등 겉으로는 진지하고 고결해 보였고, 내부 문서에도 그렇게 기록된 인물들이 전쟁을 이유로 내세운 멋진 미사여구였습니다. 이런 자화자찬들을 합리화하려고 제시된 사례들은 조금만 깊이 조사하면 여지없이 허물어집니다. 그러나 나는 다른 문제를 제기하고 싶습니다. 어떻게 규칙이 세워지느냐와 관련된 것으로, 규범의 혁명이 1990년대에는 일어났는데 합리적으로 생각하면 규범의 혁명이 훨씬 더 필요했던 1970년대에 일어나지 못한 이유가 무엇일까요?

1970년대 인도가 동파키스탄을 침략하는 것으로 시작됐습니다. 그 결과로 수백만 명의 목숨을 구했다고 합니다. 한편 1970년대는 베트남이 캄보디아를 침략해 크메르 루즈를 축출하는 것으로 끝났습니다. 크메르 루즈의 잔혹 행위가 최고조에 이르렀을 때였지요.

그전까지 가장 정통한 소식통이던 미국 국무부의 정보 기관은 대량 학살이 아니라 〈야만적이고 급격한 변화〉로 수만 혹은 수십만이 죽었을 거라고 추정했습니다. 그 수치만으로 끔찍하지만, 1975년 미국의 고위 관리들이 예측한 수치, 폭격과

2 출처에 대해서는 내가 쓴 *New Military Humanism: Lessons from Kosovo* (Monroe, ME: Common Courage Press, 1999); *A New Generation Draws the Line: Humanitarian Intervention and the "Responsibility to Protect" Today,* expanded ed. (Boulder, CO: Paradigm Publishers, 2012); and *Hegemony or Survival: America's Quest for Global Dominance,* 2nd ed. (New York: Metropolitan/Owl, 2004)를 참조하기 바란다.

잔혹 행위가 자행된 초기에만 거의 100만 명이 사망했을 것이란 예측에는 턱없이 못 미치는 수치입니다. 당시 폭격과 잔혹 행위의 결과는 지금도 여전히 학계의 연구 과제이지만, 가장 간단한 증거는 당시 헨리 키신저가 순종적인 관료처럼 행동하며 군부 사령관들에게 전달한 닉슨 대통령의 명령이 아닐까 싶습니다. 〈캄보디아에 대대적인 폭격. 움직이는 것에는 무차별적으로 공격할 것.〉[3] 이처럼 극명하고 명확한 전쟁 범죄의 증거는 드물지만, 이 경우처럼 가해자들 사이에서는 이 정도는 별것이 아닌 것으로 여겨지는 게 정상입니다. 언론도 별다른 반응을 보이지 않았습니다. 하지만 베트남이 캄보디아를 침략할 쯤, 1975년 4월 크메르 루즈가 정권을 장악한 순간부터 엄청난 분노를 불러일으켰던 대량 학살에 대한 비난은 당연한 것처럼 여겨졌습니다. 여기에도 조작이 개입됐고, 스탈린이 살아 있었다면 스탈린도 그 수준에 경악했을 겁니다. 따라서 1970년대의 10년은 앞뒤로 두 건의 군사 개입이 있었고, 덕분에 끔찍한 범죄 행위가 종식된 것은 사실입니다.

우리가 1990년대 〈계몽된 국가〉들의 지도자를 향한 극단적인 찬사를 인정하더라도 인도적인 차원에서 1970년대의 앞뒤를 장식한 군사 개입의 결과에 근접하는 사건은 없었습니다. 그런데 〈신성한 불꽃〉을 몸에 두른 구세주들이 활동한 외

---

3 Elizabeth Becker, "Kissinger Tapes Describe Crises, War and Stark Photos of Abuse," *New York Times,* 2004년 5월 27일.

교 정책에서 규범의 혁명이 1970년대 일어나지 못한 이유가 무엇일까요? 그 답은 아주 간단합니다. 하지만 대외적으로 명확히 표현된 적이 없습니다. 이 주제를 다룬 문헌은 많지만, 적어도 내가 알기에 그 답을 제시해 보려는 시도는 전혀 없었습니다. 1970년대의 군사 개입에는 두 가지 결정적인 결함이 있었기 때문입니다. 첫째로 당시의 군사 개입은 우리가 아닌 〈그들〉, 즉 잘못된 행위자들이 시행한 것이었고, 둘째로는 계몽된 국가들의 지도자에게 거센 비판을 받았던 군사 개입이었다는 것입니다. 따라서 대량 학살을 종식시키는 범죄를 범한 가해자들, 특히 베트남은 가혹한 벌을 받았습니다. 베트남의 경우에는 미국의 지원을 받은 중국에게 침략을 받아 폴 포트 정권을 끝장낸 대가를 호되게 치렀지만, 쫓겨난 크메르 루즈는 미국과 영국의 직접 지원을 받았습니다. 따라서 1970년대에 규범의 혁명이 일어나지 못했던 것은 당연한 귀결이었고, 누구도 규범의 혁명을 제안하지도 않았습니다.

그 기본 원칙은 아주 간단합니다. 규범은 권력자가 자신에게 이익이 되는 방향으로 설정하고, 책임 있는 지식인들의 찬사가 더해지며 결정되는 것입니다. 이런 점에서 규범은 역사적인 보편 명제와 유사할 수 있습니다. 나는 오래전부터 이에 대한 예외를 찾아왔고, 많지는 않지만 적잖게 찾아냈습니다.

간혹 그 원칙이 명확히 표현되기도 합니다. 제2차 세계 대전 이후로 국제 사법의 규범은 뉘른베르크에서 세워졌습니다.

나치 전범들을 법에 따라 처벌하려면, 〈전쟁 범죄war crime〉와 〈인류에 대한 범죄crime against humanity〉를 명확히 정의할 필요가 있었습니다. 저명한 국제 변호사이자 역사학자로 뉘른베르크 재판의 주임 검사를 맡았던 텔퍼드 테일러는 규범이 어떻게 결정되는지를 숨김없이 털어놓았습니다.

제2차 세계 대전에서 연합군과 추축국이 도시 파괴라는 야만적 행위를 저질렀고, 연합군이 훨씬 성공적인 성과를 거두었기 때문에 공중 폭격을 명령했다는 이유로 독일이나 일본의 지도자를 형사 고발할 근거는 없었다. 따라서 그에 대한 기소는 실제로 이루어지지 않았다. (……) 연합군 측과 추축국 측 모두가 공중 폭격을 무자비할 정도로 광범위하게 실시했기 때문에 뉘른베르크 재판과 도쿄 재판은 이 사건을 문제 삼지 않았다.[4]

〈범죄〉를 현실적으로 정의하면 〈상대는 행했지만 우리는 행하지 않는 잔혹 행위〉가 됩니다. 따라서 미국 측도 똑같은 범죄 행위를 저질렀다는 걸 피고 측이 입증할 수 있다면 나치 전범들도 무죄가 됩니다.

테일러는 〈승전국도 저지른 동일한 범죄 행위를 문제 삼아,

---

4 Telford Taylor, *Nuremberg and Vietnam: An American Tragedy* (New York: Times Books, 1970).

적 — 특히 전쟁에서 패한 적 — 을 처벌한다면, 너무도 불공평한 결정이므로 관련된 법의 신뢰성까지 떨어뜨리는 게 된다〉라고 결론지었습니다. 맞는 말입니다. 하지만 그 현실적인 정의도 법의 신뢰성을 떨어뜨립니다. 그렇다면 그 이후의 재판에 대한 신뢰성도 당연히 떨어지겠지요. 테일러는 이런 전후 관계를 근거로, 미국의 베트남 폭격이 전쟁 범죄가 아닌 이유를 설명했습니다. 테일러의 주장은 상당히 그럴듯하게 들리기 때문에 역시 법의 신뢰성을 떨어뜨리고, 그 이후의 재판은 극단적으로 신뢰를 상실할 수 있습니다. 현재 국제 사법 재판소에 계류된 〈유고슬라비아 대 나토〉 사건이 대표적인 예입니다. 미국은 이 사건에서 국제 사법 재판소의 관할을 받지 않는다고 주장하며 재판을 면제받았으며, 이론적으로 잘못된 것은 아닙니다. 이 사건의 쟁점은 집단 살상이지만, 미국은 집단살해 협약Genocide Convention에 서명하면서, 그 협약이 미국에는 적용되지 않는다는 유보 조항을 두었으니까요.

대통령에게는 고문을 인가할 권리가 있다는 걸 입증하려는 법무부 소속 법무 보좌관들의 안간힘에, 예일 대학교 법학 전문대학원 학장, 해럴드 고Harold Koh(한국명 고홍주, 국무부 차관보로 재직할 때는 어떤 형태의 고문도 반대한다는 워싱턴의 입장을 국제 사회에 전했다)는 분노하며, 〈대통령에게 고문을 허락할 수 있는 헌법적 권리가 있다는 주장은 대통령에게 대량 학살을 저지를 헌법적 권리가 있다고 말하는 것과 같다〉

라고 말했습니다.[5] 그 법무 보좌관들이라면, 대통령에게 그런 권리가 있다고 주장하는 데도 별로 어렵지 않을 것 같습니다.

국제법 분야의 저명한 학자들에게 뉘른베르크 재판을 흔히 〈보편 관할권의 탄생지〉로 여겨집니다.[6] 〈보편〉을 다른 국가, 특히 적국에게만 적용되는 것으로 정의하는 계몽된 국가들의 관례에 맞추어 이해하는 경우에만 그런 평가가 맞습니다. 뉘른베르크 재판과 그 이후에 올바른 결론이 내려졌다면, 패전국만이 아니라 승전국도 처벌을 받았을 겁니다. 전후의 재판과 그 이후의 재판에서 권력자들은 법의 구속을 받지 않았습니다. 그들이 범죄를 범하지 않았기 때문이 아닙니다. 그들도 분명히 죄를 범했습니다. 하지만 그들은 지배적인 도덕률에 영향을 받지 않기 때문에 법의 구속을 받지 않습니다. 피해자들도 이런 시스템을 잘 이해하고 있는 듯합니다. 요즘 여러 통신사가 이라크에서 〈이라크인들이 피고석에 앉은 사담 후세인을 보게 된다면, 후세인를 지원한 미국도 쇠고랑을 차고 옆에 앉아 있는 모습을 보고 싶어할 것〉이라고 보도하고 있지 않습니까.[7] 이 상상할 수 없는 사건이 일어나려면, 〈재판은 적의 범죄에만 국한되어야 한다〉라는 국제 사법 재판의 기본적인

---

5 Edward Alden, "Dismay at Attempt to Find Legal Justification for Torture," *Financial Times,* 2004년 6월 10일.

6 Justice Richard Goldstone, "Kosovo: An Assessment in the Context of International Law," Nineteenth Annual Morgenthau Memorial Lecture, Carnegie Council on Ethics and International Affairs, 2000년 5월 12일.

원칙이 완전히 수정돼야 할 겁니다.

　주변적이지만 실제로는 규칙의 힘을 명확히 보여 주는 작은 예외가 있습니다. 진짜 범죄라 할 만한 폭력까지는 아니지만 손목을 살짝 때리는 정도의 처벌은 허용될 수 있습니다. 또 비난이 소수에 국한되고, 특히 그들이 〈우리와 같지 않은 사람〉인 경우에도 처벌이 허용될 수 있습니다. 예컨대 미라이 학살My Lai Massacre을 범한 군인들, 즉 제대로 교육을 받지 못하고 다음에는 누가 자신들에게 총격을 가할지 몰라 거의 미친 듯이 행동한 야전군들을 처벌하는 건 적절한 조치로 여겨졌습니다. 그러나 휠러 작전과 왈로와 작전을 계획하고 시행한 사람들을 처벌한다는 건 상상조차 할 수 없었습니다. 두 작전에서 비롯된 대학살에 비하면, 미라이 학살은 조족지혈에 불과했습니다.[8] 에어컨이 설치된 사무실에 앉아 편히 일하는 사람들은 우리 편이기 때문에 당연히 법의 지배를 받지 않습니다. 머잖아 이라크에서도 유사한 사례를 목격하게 될 겁니다.

　키신저가 군사령관들에게 전달했다는 닉슨 대통령의 명령, 즉 캄보디아를 폭격하라는 명령도 이런 맥락에서 분석할 수 있을 겁니다. 그런데 세르비아가 스레브레니차 학살Srebrenica

---

7　Michael Georgy, "Iraqis want Saddam's Old U.S. Friends on Trial," Reuters, 204년 1월 20일.
8　이런저런 군사 작전에 대해서는 *Newsweek* 사이공 지국장 Kevin Buckley의 조사에 기초한 것이다. Chomsky and Herman, *The Washington Connection and Third World Fascism* (Montreal: Black Rose Books, 1979)도 참조할 것.

massacre에 개입했다는 걸 인정했다는 사실이 폭넓게 보도되었지만, 그런 인정 자체는 그렇게 주목받을 만한 사건이 아닙니다. 밀로셰비치 재판에서 검사들은 대량 학살의 범죄성을 증명하는 데 어려움을 겪고 있습니다. 피고인 밀로셰비치가 그런 범죄, 심지어 잔혹성이 훨씬 낮은 범죄도 직접 명령했다는 어떤 문서도 발견된 적이 없기 때문입니다. 홀로코스트를 연구하던 학자들도 똑같은 문제에 부딪혔지요. 물론 누구도 히틀러의 책임이란 걸 의심하지 않았지만, 결정적인 증거 자료가 없었으니까요. 하지만 밀로셰비치가 세르비아 공군에게 보스니아와 코소보를 완전히 파괴하라고, 예컨대 〈움직이는 것에는 무차별적으로 공격할 것〉이라고 명령한 문서를 발견한다면 어떻게 되겠습니까? 검사들은 무척 기뻐할 것이고, 재판은 쉽게 끝나겠지요. 그리고 밀로셰비치는 대량 학살이란 범죄를 저지를 죄목으로 종신형에 처해겠지요. 미국의 관례를 따르면 사형에 처해지고. 하지만 인류 역사의 기록에서 대량 학살을 시행하라는 명확한 명령을 찾아내기는 쉽지 않습니다. 더구나 대량 학살이 적의 범죄에 대해서만 쓰이는 요즘에는 더더욱 어렵습니다. 이 사건도 세계 유수의 신문에서 우연히 언급된 후, 어디에서도 눈에 띄는 관심을 보이지 않았습니다. 참혹한 참상이 널리 알려졌는 데도 말입니다. 우리가 그 범죄를 범하지 않았다면 그 범죄에 대해 어떤 책임도 없다는 가장 중요한 원칙을 암묵적으로 받아들이면, 범죄자가 누구인지 특별한 관심을 기울일 필요가 없는 겁니다.

논란의 여지가 없는 도덕률 하나를 꼽자면, 보편성 원칙prin-ciple of universality이 있을 겁니다. 보편성 원칙에 따르면, 우리는 타인에게 적용하는 기준을 그대로 우리에게 적용해야 합니다. 오히려 더 엄격한 기준을 적용해야 합니다. 모두에게 똑같은 기준이 적용돼야 합니다. 특히 세계에서 영향력이 가장 큰 시민들, 즉 계몽 국가들의 지도자에게도 똑같은 기준이 적용돼야 합니다. 더구나 그들은 독실한 기독교인을 자처하며, 복음의 가르침을 충실히 따른다고 확신합니다. 따라서 위선자들이 어떤 벌을 받았는지 잘 알고 있을 겁니다. 그들이 하느님의 계명을 정말 충실히 지키느냐를 의심하고 싶지는 않습니다. 언론 보도에 따르면, 조지 부시 대통령은 〈하느님이 알카에다를 때리라고 명령해서, 나는 알카에다를 때렸고, 또 하느님이 사담 후세인을 때리라고 지시한 까닭에 사담을 때렸다〉라고 합니다. 또 요즘 들어 부시 대통령은 〈이제 나는 중동 문제를 해결하기로 결심했다〉라고 말합니다.[9] 이번에도 만군의 주, 즉 성경에서 우리에게 다른 어떤 신보다 우선적으로 섬기라고 명령한 전쟁 신의 명령을 받았겠지요. 앞에서도 언급했듯이, 엘리트 언론들은 중동 문제를 해결하겠다는 부시의 〈메시아적 소명〉을 충실히 다룹니다. 대통령의 표현을 빌리면, 그 소명이 〈악의 세계를 제거하려는 역사적 책임〉을 다하는 것입니다. 그런데 오사마 빈 라덴도 똑같이 말하고 있습니다. 달리 말하면,

부시와 오사마 빈 라덴이 핵심적으로 추구하는 비전은 똑같습니다. 게다가 둘 모두가 고대 서사시와 어린이 동화를 표절한 것도 똑같습니다.

토니 블레어Tony Blair 영국 총리가 무엇이라 말했는지 정확히 몰라, 〈악의 세계를 제거하려는 역사적 책임〉이란 부시의 이상에 블레어 총리가 얼마나 동조하는지는 확실히 모르겠습니다. 여하튼 그 이상은 영국령이던 미국 초창기의 역사에서 흔히 듣던 말이었습니다. 북아메리카에 정착한 초기의 영국인들은 수님의 말씀을 따라, 〈새로운 이스라엘〉에서 〈아말렉인〉[10]을 학살했습니다. 그들의 선례를 따른 사람들, 즉 성경을 흔들며 하느님을 두려워한 사람들도 약속된 땅을 정복하고 소유함으로써, 또 그 땅에서 수백만의 가나안 사람들을 몰아냄으로써 종교적 소명을 다했습니다. 게다가 플로리다와 멕시코

---

9 Arnon Regular, Ha'aretz, May 24, 2003년 5월 24일. 부시와 그가 뽑은 팔레스타인 수상 마흐무드 압바스의 회담 내용으로 압바스가 제공한 정보. by Abbas. Howard Fineman, "Bush and God," *Newsweek,* 203년 3월 10일도 참조할 것. 핵단추를 누를 수 있는 사람이 하느님과 직접 교감한다는 믿음을 표지기사로 다루었다. 부시가 백악관에 가져갔고 민주주의를 온 세계에 접목하려는 부시의 메시아적 소명과도 관계가 있는 종교적 이상을 다룬 PBS 다큐멘터리 "The Jesus Factor," *Frontline,* 2004년 4월 29일, 감독 Raney Aronson. Sam Allis, "A Timely Look at How Faith Informs Bush Presidency," *Boston Globe,* 2004년 2월 29일. 자신의 결정이 하느님의 뜻이라 주장하는 〈부시의 변덕스러운 행동〉에 대한 백악관 보좌관들의 우려가 점점 커져가고 있다는 내용의 보도. Doug Thompson, *Capitol Hill Blue,* 2004년 6월 4일.
10 이삭의 맏아들, 에서의 자손. 아메리카 원주민을 가리킴 ─옮긴이주.

와 캘리포니아를 먼저 차지한 가톨릭 신자들과 전쟁을 벌이기도 했습니다. 그 과정에서 그들은 독립을 선언함으로써 영국왕 조지 3세가 부추긴 〈무자비하고 야만적인 원주민〉들의 공격으로부터, 때로는 〈도망친 깜둥이와 무법한 원주민〉으로부터 자신들을 지켜야 했습니다. 1818년 앤드루 잭슨의 플로리다 정복과 세미놀 전쟁(혹은 플로리다 전쟁)의 개전을 정당화하려고 쓰인 공문서, 미국의 역사에서 가장 유명한 국가 문서 중 하나에서 존 퀸시 애덤스John Qunicy Adams(1767~1848)가 분명히 그렇게 말했습니다. 〈도망친 깜둥이와 무법한 원주민〉이 순박한 미국인들을 공격하므로, 그들을 지켜야 한다고! 세미놀 전쟁의 개전은 다른 이유에서도 상당히 중요했습니다. 의회만이 전쟁을 선포할 수 있다고 규정한 헌법을 위반하며 행정부가 시행한 최초의 전쟁이었으니까요. 이제 그런 헌법 위반은 규범이 되어 언급조차 되지 않습니다. 그런 관례가 거듭되며 규범으로 굳어졌습니다.

존 퀸시 애덤스는 말년에, 더 정확히 말하면 그런 소름 끼치는 업적을 미국의 역사에 남기고 오랜 시간이 지난 후, 〈우리가 신뢰를 저버린 채 무자비하고 잔혹하게 멸살한 아메리카 원주민의 불운한 운명〉을 탄식했습니다. 애덤스는 〈그런 학살은 극악무도한 죄였기 때문에, 언젠가 하느님이 심판하실 것이라 믿는다〉라고도 말했습니다. 미국의 초대 전쟁성 장관을 지낸 헨리 녹스Henry Knox(1750~1806)는 오래전에 〈미래의 역사학자는 검은 담비와 비슷한 피부색을 띤 사람들을 이렇게 학살한 원인들에 주목할지도 모른다〉라고 경고했습니다. 하지만 그들의 한탄과 경고는 틀렸습니다. 하느님과 역사학자들은 그 과업을 서둘러 행하지 않고 아직도 미적거리고 있으니까요.

부시와 블레어와 달리, 나는 하느님을 대변할 수 없습니다. 하지만 역사학자들은 인간의 어법으로 우리에게 말합니다. 대표적인 예를 들어보겠습니다. 두 달 전, 미국에서 가장 저명한 역사학자 중 한 분이 현재의 영토를 정복해가는 과정에서 〈수십만의 원주민을 제거〉되었다고 지나가는 말로 무심결에 말했습니다. 흥미로운 단어 선택도 그렇지만 실제로는 열 배 이상이 죽임을 당했습니다. 반발도 없었지만, 반발해 보았자 별다른 주목도 받지 못했을 겁니다. 그러나 독일 유수의 신문에서 수십만 명의 유대인이 제2차 세계 대전 동안 제거되었다고 보도했다면 어떻게 됐을까요? 아마도 상당히 달랐을 겁니다. 존경받는 외교사학자가 교과서와도 같은 저서에서, 식민지 개척자들이 영국의 지배에서 해방된 후에 〈수목을 쓰러뜨리고 원주민을 멸살하며, 자연의 경계를 확대하는 데 힘을 집중했다〉라고 설명했을 때도 아무런 반발이 없었습니다.[11] 학계와

11 Gordon S. Wood, "'Freedom Just Around the Corner': Rogue Nation," *New York Times Book Review,* 2004년 3월 28일. Thomas Bailey, *A Diplomatic History of the American People* (New York: Appleton-Century-Crofts, 1969).

언론계, 교과서와 영화 등에서 이런 예는 얼마든지 찾아낼 수 있습니다. 대량 학살의 피해자를 마스코트로 사용하는 스포츠 팀도 있습니다. 그것도 우스꽝스럽게 풍자한 그림으로 말입니다. 파괴적인 무기에도 무심코 그런 식으로 이름이 붙여집니다. 헬리콥터에 아파치, 블랙 호크, 코만치라는 이름이 붙여졌고, 토마호크 미사일도 있습니다. 만약 독일 공군이 자체의 치명적인 무기에 유대인이나 집시라는 이름을 붙였다면 우리가 어떻게 반응했을까요?

영국의 역사도 다를 바가 없습니다. 영국은 아프리카를 복음화하는 신성한 소명을 추구하는 동시에, 인도에서는 〈신의 섭리로 신비롭게 자신들의 손에 맡겨진 신탁 통치〉를 실시했습니다. 〈하느님과 맘몬[12]이 서로를 위해 만들어진 듯한 나라〉에서는 그렇게 설명하는 게 이해하기가 쉬웠을 겁니다.[13] 도덕적으로 청렴하고 높은 지성을 갖춘 인물들이 교리를 세속적 관점에서 해석해냈습니다. 예컨대 영국의 범죄가 중국과 인도에서 최고조에 이르렀을 때, 존 스튜어트 밀John Stuart Mill(1806~1873)은 이제 〈인도주의적 개입〉을 주창한 고전으로 여겨지는 글에서 영국의 범죄를 변증하는 뛰어난 능력을

---

12 재물과 소유라는 뜻으로, 하나님과 대립되는 우상 — 옮긴이주.
13 역사학자 Thomas Pakenham과 David Edwards. Clifford Longley, "The Religious Roots of American Imperialism," *Global Dialogue* 5, nos. 1~2 (Winter/Spring 2003)에서 인용.

과시했습니다. 당연한 지적이겠지만, 다른 목소리도 있었습니다. 리처드 코브던Richard Cobden(1804~1865)은 영국이 인도에서 범한 범죄를 비난하며, 〈과거에 잉글랜드가 시의적절한 속죄와 보상으로 제국의 범죄로 기인한 처벌을 피했듯이, 그런 국가적 양심이 너무 늦기 전에 무기력에서 깨어나, 인도로 향하던 걸음마다 우리가 범했던 폭력과 불의를 종식시켜야 할 것〉이란 소망을 피력했습니다. 그보다 먼저, 애덤 스미스도 인도에 대한 영국의 수탈을 〈유럽인의 야만적 불의〉라며 매섭게 비난했습니다. 코브던의 소망은 이루어지지 않았습니다. 대륙의 강대국들이 훨씬 더 사악한 범죄를 저질렀다는 걸 알았더라도 별다른 위안이 되지는 않았을 겁니다. 오히려 영국은 그런 범죄 행위를 부인했고, 인도의 근대화를 도왔다고 자찬했습니다.

코브던을 인용하다 보니, 그가 남긴 또 다른 명언, 오늘날에 무척 그대로 적용되는 명언이 기억나는군요. 이 명언도 역시 진부한 도덕적 원칙이라 할 수 있을 겁니다. 〈남에게 빌려준 돈이 자신의 목을 자르는 데 사용될 수 있다는 걸 안다면, 누구도 돈을 빌려주지 않을 것이다.〉[14] 더 노골적으로 표현하면, 남에

14　Pier Francesco Asso, "The 'Home Bias' Approach in the History of Economic Thought: Issues on Financial Globalization from Adam Smith to John Maynard Keynes," in Jochen Lorentzen and Marcello de Cecco, eds., *Markets and Authorities: Global Finance and Human Choice* (Cheltenham: Edward Elgar Publishing, 2002)에서 인용.

게 판매한 칼이 자신의 목을 자르는 데 사용될 수 있다는 걸 안다면, 누구도 칼을 빌려주지 않겠지요. 광범위한 연구를 대대적으로 전개하지 않더라도, 계몽된 국가들에 거의 예외없이 적용되는 이런 관례들에 대해 적절한 결론을 어렵지 않게 끌어낼 수 있습니다.

기억할 만한 예외적인 경우도 있겠지만, 우리가 가장 기본적인 도덕률조차 포기하며 보편성 원칙이 우리에게는 적용되지 않는다고 선언하면, 지식인 문화는 그런 선언을 당연하다는 듯이 받아들입니다. 실제로 우리는 끊임없이 예외적인 존재이기를 바랍니다. 또 매일매일 새로운 실례가 소개되기도 합니다. 예컨대 미국 상원은 존 네그로폰티John Negroponte를 주이라크 대사로 임명하는 데 동의했습니다. 주이라크 대사에게는 세계 최대의 외교 사절단을 이끌고, 민주주의를 중동과 세계에 접목하려는 부시의 메시아적 소명을 실행하는 주권을 이라크인들에게 인계해야 할 책임이 있습니다. 적어도 우리는 그렇게 들었습니다. 네그로폰티의 지명은 보편성 원칙과 직접적인 관계가 있지만, 이 문제를 본격적으로 따지기 전에 증거와 결론에 관련하여 진부한 주장들에 대해 의문을 제기해 보려 합니다.

이라크를 침략한 목적이 대통령의 메시아적 소명을 실행하기 위한 것이란 사실은 신문 보도와 평론가들의 논평에서도 확인됩니다. 예컨대 〈고귀하고 관대한〉 비전은 인간 능력의 범위를 넘어서는 것이란 찬사까지 있었습니다. 런던에서 발행되는 주간지 『이코노미스트』가 수주 전에 그 문제를 제기하자, 이라크를 이웃 나라들에게 영감을 주는 민주주의의 본보기로 삼으려던 미국의 소명은 장애물에 부딪치고 말았습니다.[15] 혹시 예외적인 보도가 있을지 모른다는 생각에 광범위하게 조사해 보았지만, 적어도 미국 언론에서는 어떤 예외도 찾아낼 수 없었습니다. 표현에서 약간의 차이가 있었을 뿐입니다.

서구 지식인들의 논평에서 이런 해석이 거의 보편적으로 인정되는 이유에 대해서도 의문을 품어 볼 수 있을 겁니다. 그 이유를 조사해 보면, 서구 지식인들의 논평이 두 가지 원칙에 기초하고 있다는 게 금세 밝혀집니다. 첫째, 우리 지도자가 주장한 것이므로 그 주장은 당연히 진실이라는 원칙입니다. 북한에서 흔히 통용되는 원칙입니다. 둘째, 온갖 구실과 핑계가 무너진 후에 그렇게 주장한 것이므로 우리 지도자가 스스로 역사상 가장 뛰어난 거짓말쟁이라는 걸 고백한 것이란 사실을 감추어야 한다는 원칙입니다. 그런데 부시 대통령이 미국을 전쟁으로 몰아넣었을 때 〈유일한 문제〉가 사담 후세인이 실제로 무장을 해제했느냐를 확인하는 것이라고 주장했습니다. 그 주장이 거짓말이었다는 게 확인되었지만, 지금 우리는 그 주장이 사실이었던 것으로 믿어야만 합니다.

---

15   "Iraq: Another Intifada in the Making" and "The Mood on the Iraqi Streets: Bloodier and Sadder," *Economist*, 2004년 4월 15일.

민주주의와 정의와 자유를 무지몽매한 사람들에게 전해 주려고 한다는 고귀한 노력에 대한 방대한 기록에서 의도적으로 망실되거나 잊혀진 부분을 치밀하게 조사하는 과정이 반드시 필요합니다. 고결한 의도를 전달하는 지도자의 발언에는 특별한 정보가 담겨 있지 않다는 것도 역시 진부한 주장에 불과합니다. 〈정보〉라는 단어의 전문적인 의미로 해석하더라도 달라질 것은 없습니다. 지도자의 발언은 항상 예측 가능해서 너무도 뻔하기 때문입니다. 지도자가 최악의 괴물인 경우에도 마찬가지입니다. 그러나 보편성 원칙을 거부해야 할 중대한 필요성에 맞닥뜨리면 이런 진부한 주장마저 자취를 감춰 버립니다.

서구 지식인들의 논평에 전제된 원칙을 일부 이라크도 받아들이고 있습니다. 정확히 말하면, 약 1퍼센트의 이라크인이 민주주의를 이라크에 전달하는 데 침략의 목적이 있었다고 생각했습니다. 미국이 지난 10월 바그다드에서 실시한 여론 조사에 따르면 그렇습니다. 지난 10월이면 4월에 있었던 잔혹 행위와 고문이 폭로되기 훨씬 전입니다. 5퍼센트는 목적이 이라크를 돕기 위한 것이라고 대답했습니다. 하지만 대부분은 이라크의 자원을 지배하고, 미국의 이익에 맞도록 중동을 재편성하기 위한 기지로 이라크를 사용하려는 데 침략의 목적이 있었다고 생각했습니다.[16] 이런 생각은 계몽된 서구 사회의 논평에서 거의 언급되지 않았던 생각이었고, 설령 표현된 경우에도 〈반미주의〉와 〈음모론〉, 〈급진적이고 극단적인 해석〉, 천박한 육두문자를 지성적으로 표현한 것이라며 묵살되고 말았습니다.

간단히 말하면, 이라크인들은 지금 눈앞에서 전개되는 현상을, 영국이 현대 이라크를 세운 때부터 익히 보았던 모습으로 생각하는 듯합니다. 따라서 예측한 대로 고결한 의도가 천명되지만 그 내용은 정확히 알려지지 않습니다. 하지만 비밀 내부 문서에 따르면, 영국 외무장관 커즌 경과 외무부는 이라크를 〈아랍의 얼굴〉로 내세우고, 영국이 〈헌법이라는 허울〉 뒤에서 실질적으로 지배한다는 계획을 세웠습니다. 『데일리 텔레그래프』는 영국 고위 관리를 인용해 이런 계획을 현대적으로 해석해 주었습니다. 〈이라크 정부는 완전한 주권국이 되겠지만, 실제로는 주권을 완전히 행사하지 못할 것이다〉라고 말입니다.[17]

다시 네그로폰티와 보편성 원칙으로 돌아갑시다. 네그로폰티의 지명안이 의회에 상정되었을 때, 『월 스트리트 저널』은

16 Walter Pincus, "Skepticism About U.S. Deep, Iraq Poll Shows: Motive for Invasion Is Focus of Doubts," *Washington Post*, 2003년 11월 12일. Richard Burkholder, "Gallup Poll of Baghdad: Gauging U.S. Intent," 2003년 10월 28일. 온라인으로는 www.gallup.com/poll/9595/gallup-poll-baghdad-gauging-us-intent.aspx.에서 확인 가능하다.
17 Anton La Guardia, "Handover Still on Course as UN Waits for New Leader to Emerge," *Daily Telegraph*, 2004년 5월 18일.

네그로폰티를 〈현대판 총독〉으로 찬양했습니다. 하기야 네그로폰티는 레이건이 워싱턴 백악관의 주인이던 1980년대에 온두라스 대사를 지낸 적이 있었습니다. 『월 스트리트 저널』의 베테랑 기자, 카를라 앤 로빈스Carla Anne Robbins는 온두라스에서 그가 〈총독〉으로 알려졌다는 것도 우리에게 알려 주고 있습니다. 온두라스 대사관은 라틴 아메리카에서 두 번째로 규모가 컸다는 점에서 총독으로 알려질 만했습니다. 게다가 CIA 온두라스 지국은 규모가 세계에서 가장 컸습니다. 혹시 세계 권력의 중심이던 그곳에 완전한 주권이 넘겨졌던 것은 아닐까요?[18]

로빈스의 보도에 따르면, 네그로폰티는 인권 운동가들에게 〈워싱턴이 니카라과를 상대로 은밀한 전쟁을 실행하는 데 온두라스는 중요한 기지였다. 따라서 온두라스에 원조를 계속하려고 온두라스 군부의 악행을 은폐했다〉는 비난을 받았다. 군부의 악행은 대대적인 국가 폭력을 완곡하게 표현한 것일 뿐입니다. 네그로폰티 총독의 주된 임무는 용병 부대를 위한 기지를 감독하는 것이었습니다. 그곳에서 용병 부대는 훈련을 받고 무장해서 자신들에게 맡겨진 직무를 수행했습니다. 심지어 무방비 상태인 시민을 표적으로 공격하는 임무를 수행하기도 했습니다. 미군 사령부가 의회에 그렇게 보고했습니다.

18 Carla Anne Robbins, "Negroponte Has Tricky Mission: Modern Proconsul," *Wall Street Journal*, 2004년 4월 27일.

니카라과군(軍)을 피하면서 그런 〈취약 표적soft target〉을 공격하는 정책은 국무부에 의해 확인되었고, 미국의 대표적인 자유주의 지식인들이 옹호하고 나섰습니다. 특히 텔레비전 논평에서 좌파를 대변한다는 『뉴 리퍼블릭』의 편집장, 마이클 킨슬리Michael Kinsley는 휴먼 라이츠 워치HRW: Human Rights Watch가 미국의 국제 테러 행위를 〈실질적인 기준〉에서 평가해야 한다는 사실을 이해하지 못한 채 감상주의에 빠져 무작정 비난한다며 매섭게 나무랐습니다. 또 킨슬리는 〈합리적인 정책이라면 비용 편익 분석이라는 시험을 충족해야 한다〉라며, 비용 편익 분석은 곧 〈감수해야 하는 피와 고통의 양과, 궁극적으로 민주주의가 출현할 가능성〉의 분석이라고 주장했습니다. 이때의 민주주의는 미국 엘리트 계급이 결정하는 민주주의이며, 이런 결정권은 그들의 절대적인 권리입니다. 물론 보편성 원칙은 여기에 적용되지 않습니다. 다른 국가에게는 국제 테러 작전을 대규모로 시행하는 게 허용되지 않습니다. 더구나 그 작전의 목적이 성사될 가능성이 큰 경우에는 더더욱 허용되지 않습니다.

　　네그로폰티의 실험은 대성공이었고, 실제로 지금 큰 찬사도 받고 있습니다. 니카라과는 서반부에서 두 번째로 가난한 국가로 전락했고, 2세 이하의 아동 중 60퍼센트가 심각한 영양실조로 빈혈증에 시달리고 있으며, 항구적인 뇌손상에 입었을 가능성도 있습니다.[19] 게다가 테러와의 전쟁 중에 많은 사상자가 있어, 인구 비율로는 미국이었다면 250만 명의 사망자가 발생했을 겁니다. 250만 명이면, 라틴 아메리카의 민주화를 연구한 역사학자로 레이건 시대에 국무부에서 〈민주주의의 확대enhancement of democracy〉라는 프로그램에 관여한 까닭에 내부자로서, 또 학자의 관점에서 토머스 캐로서스는 〈남북 전쟁과 20세기의 모든 전쟁에서 사망한 미국인의 수를 모두 합한 것보다 훨씬 많은 수〉였다고 말했습니다. 자신을 신레이건주의자neo-Reaganite로 묘사한 캐로서스는 민주주의를 확대하려는 프로그램이 실패했지만 진실된 것sincere으로 평가했습니다. 미국과 굳건한 관계에 있는 전통적인 엘리트 계급이 지배하는 상의하달식 민주주의만을 용납했으니까요. 이런 말도 민주주의라는 비전을 추구한 역사에서 흔히 반복된 후렴이었던 까닭에 우리가 이번에는 그렇게 하지 않기로 결정했더라도 이라크인들은 그렇게 믿지 않을 겁니다. 내가 〈결정〉이란 단어를 사용한 것에 주목할 필요가 있습니다. 그에 대한 증거가 부족하지 않으니까요.

네그로폰티가 온두라스 총독으로 해낸 주된 임무는 국제 테러리스트들의 잔혹 행위를 지휘하고 감독하는 것이었습니다. 국제 사법 재판소는 그 잔혹 행위에 대해 유죄 판결을 내리며, 워싱턴에 범죄 행위를 즉시 중단하고 상당한 배상금을 지불하

---

19 *Envío* (UCA, Jesuit University, Managua), November 2003.

라는 명령을 내렸습니다. 하지만 〈다른 국가들이 우리에게 동의하지 않을 경우 우리가 어떻게 행동하고, 어떤 사건이 미국의 국내 관할권에 속하는지 결정할 권한이 전적으로 우리에게 있다〉라는 공식적인 근거에 따라 국제 사법 재판소의 모든 명령은 무시됐습니다. 이 사건에서 국제 사법 재판소는 니카라과에 대한 미국의 행위를 〈위법한 무력 사용〉으로 판결했습니다. 쉽게 말하면, 국제 테러였다는 겁니다. 달갑지 않은 진실이면 모든 것이 교육받은 계급에 의해 역사의 쓰레기통에 내던져집니다. 미국은 안전 보장 이사회의 결의안에 한사코 거부권을 행사하고, 영국은 충실히 기권합니다. 네그로폰티의 대사 인준을 위한 청문회가 진행되던 동안, 미국의 국제 테러 행위가 잠시 언급되었지만, 특별히 중요하게 다루어지지 않았습니다. 우리는 보편성 원칙에 제약을 받지 않는 예외적 국가이니까요.

MIT의 내 연구실 벽에는 예수회 신부가 나한테 선물한 그림이 걸려 있습니다. 죽음의 천사가 엘살바도르 대주교 로메로를 밟고 서 있는 모습이 묘사된 그림입니다. 1980년 로메로 대주교의 암살을 기점으로, 국가가 주도하는 잔혹한 국제 테러가 횡행하는 암울한 10년이 시작됐습니다. 그리고 1989년 예수회 신부이던 여섯 명의 라틴 아메리카 지식인이 쓰러지며 그 10년이 막을 내렸습니다. 그 예수회 지식인들만이 아니라, 그들을 돌봐 주던 가정부와 그녀의 딸까지 엘리트 군인들에게 죽임을 당했습니다. 현재 워싱턴에서 일하는 공직자들과 그들의 멘토들이 훈련시키고 무장시킨 군인들이었습니다. 미국이 주도한 국제 테러에 의한 학살극은 차곡차곡 기록되고 있습니다. 로메로의 후임자는 그런 국제 테러를 〈무방비의 시민에게 가해지는 대량 학살이자 절멸 전쟁〉이라 규탄했습니다. 로메로는 카터 대통령에게 군사 정부에 군사 지원을 하지 말라고 탄원하고 며칠 후에 살해됐습니다. 군사 정권을 지원하면 〈이곳의 불법 행위가 더욱 심화하고, 가장 기본적인 인권을 지키려고 투쟁하는 민간 조직에 대한 탄압이 더욱 격해질 것〉이란 이유였습니다. 하지만 로메로의 암살 이후에도 미국의 원조로 탄압은 계속됐고, 현재 워싱턴를 차지한 지배자들은 그 탄압을 〈대량 학살이자 절멸 전쟁〉까지 몰고 갔습니다.

나는 매일 그 그림을 지켜보며 현실 세계를 냉정하게 분석하겠다고 다짐합니다. 하지만 그 그림은 또 다른 면에서도 유익한 역할을 해냈습니다. 내 연구실을 찾아오는 방문객이 많습니다. 라틴 아메리카에서 온 방문객들은 거의 예외없이 그 그림에 담긴 뜻을 알아차립니다. 한편 리오그란데강 북쪽에서 온 방문객은 전혀 모른다고 말해도 과언이 아닙니다. 유럽에서 온 방문객은 약 10퍼센트 정도가 알아봅니다. 이쯤에서 또 하나의 유용한 사고 실험thought experiment을 시도해 볼 수 있을 겁니다. 가령 크레믈린이 훈련시키고 무장시킨 보안 부대가 1980년대에 체코슬로바키아에서 〈목소리가 없는 사람들의 목소리〉로 알려진 대주교를 암살했고, 그 후로도 수만 명의 시민을 학살했다면 어떻게 됐을까요? 더구나 바츨라프 하벨 Václav Havel을 비롯해 체코를 대표하는 여섯 명의 지식인을 살해하며 그 10년을 끝냈더라면 어떻게 됐을까요? 그런 사건이 있었다는 걸 우리가 알기라도 할까요? 그렇지 않을 겁니다. 서구의 반응이 핵전쟁까지 치달았을 것이고, 따라서 그 사건을 아는 사람이 한 사람도 남지 않았을 테니까요. 우리 편과 적을 구분하는 기준은 수정처럼 명명백백합니다. 적의 행위는 범죄이지만 우리 행위는 범죄가 아닙니다. 우리는 가장 기본적인 도덕률에도 구애받지 않는 예외적인 존재이니까요.

살해된 예수회 신부들은 두 번의 죽음을 맞은 것이나 다를 바가 없었습니다. 무참히 암살되었지만, 그들의 잔혹한 운명이 계몽된 국가들에 전혀 알려지지 않았으니까요. 서구에서는 전문가와 행동주의자만이 그들의 이름을 겨우 알고 있을 뿐입니다. 그들이 어떤 글을 썼고 어떤 생각을 품었는지는 거의 알려져 있지 않습니다. 그들의 운명은 적의 세계에서 활동하는 반체제 지식인들의 운명과는 사뭇 달랐습니다. 그런 지식인들은 많이 알려졌고, 그들이 쓴 글은 널리 출간되어 많은 사람에게 읽히며, 억압에 용기 있게 저항한다는 이유로 크게 찬사를 받기도 합니다. 그 억압이 같은 시기에 서구의 법칙에 저항하는 반체제 지식인들이 견뎌야 하는 억압과 비교된 적은 없지만, 여하튼 가혹한 억압인 것은 사실입니다. 원칙적으로 우리는 기본적인 도덕률도 면제 받는 국가라는 걸 고려하면, 그런 차별적 대우는 당연한 것이 됩니다.

이번에는 좀 어려운 문제로 넘어가 봅시다. 오늘날 〈테러라는 악의 재앙〉, 특히 국가가 지원하는 국제 테러, 〈야만의 시대로 회귀하는 현대〉라고 일컬어질 만큼 〈문명의 타락한 적들이 퍼뜨리는 역병〉보다 중요한 문제는 없을 겁니다. 따라서 테러와의 전쟁이 선포됐을 때 그 역병은 그렇게 묘사됐습니다. 그런데 내가 방금 말한 테러와의 전쟁은 2001년 9월에 재선포된 것이 아니라, 20년 전 똑같은 사람들과 그들의 멘토가 말했던 테러와의 전쟁입니다. 그들이 말한 테러와의 전쟁은 곧바로 살인적인 테러전으로 변했고, 중앙 아메리카와 중동, 남아프리카와 그 밖의 지역에 섬뜩한 결과를 남겼지만, 그 테러전은 한낱 역사일 뿐, 계몽된 국가의 관리인들이 꾸민 역사가 아닙니다. 더 유용한 역사에서, 학자들은 1980년대를 〈국가 테러state terrorism〉, 즉 〈특히 리비아와 이란 등 국가 꾸준히 개입하고 지원한 테러〉의 10년이라고 묘사하고 있습니다. 미국은 테러에 대해 선제적으로 대응하는 것일 뿐이었고[20] 이스라엘과 남아프리카 공화국 등 미국의 동맹들도 마찬가지였고, 레이건주의자들이 은밀히 결성한 테러 조직도 마찬가지였습니다. 여기에서 급진적인 이슬람주의자는 일단 배제하도록 합시

20 Martha Crenshaw, "America at War," *Current History,* December 2001.

다. 그들은 대의를 위해 조직되고 훈련받았다고 하니까요. 그런데 그들에게 대의는 아프카니스탄을 지키는 것이 아니라 대외적으로 공표된 적을 피투성이로 만든 것이었습니다. 전자가 대의였다면 그나마 합당한 목표였을 텐데 잘못된 대의로 인해 아프카니스탄 전쟁이 지루하게 이어졌고, 아프카니스탄은 폐허로 변해 갔습니다. 서구의 하수인들이 정권을 잡자, 아프카니스탄은 곧바로 더욱더 참혹한 지경에 빠져들었고, 그 후의 상황에 대해서는 언급할 필요도 없을 겁니다. 1980년대의 〈테러와의 전쟁〉으로 실질적인 피해를 입은 수백만 명은 용인되는 역사에서 사라졌습니다. 폐허로 변한 땅에 남겨진 것으로 살아가려고 발버둥치는 사람들도 역사에서 지워졌습니다. 엘살바도르 예수회 지식인 공동체의 생존자들이 용인되지 않는 실제의 역사를 다룬 회의에서 행한 발언을 인용하면, 〈다수의 열망을 길들이려는 테러 문화〉의 흔적도 역사에는 기록되지 않습니다.

테러는 많은 어려운 문제를 제기합니다. 물론 가장 큰 문제는 실질적으로 위협적인 현상 자체, 즉 〈우리에게 가해진 그들의 테러〉라는 원칙의 여과 장치를 통과한 부분에만 집착하는 현상입니다. 테러와 대량 파괴 무기WMD: weapon of mass destruction가 손잡는 것은 시간의 문제일 뿐입니다. 9월 11일의 잔혹한 테러가 있기 오래전에도 전문 문헌에서 논의되었듯이, 그 둘이 결합된다면 참혹한 결과를 각오해야 할 겁니다. 그러나 그 현상을 제외하더라도 〈테러〉를 어떻게 정의하느냐는 문제가 남습니다. 이 문제도 어려운 문제이고, 학계와 국제 회의의 주제로 간혹 다루어집니다. 만족스럽게 여겨지는 정의들이 있습니다. 완벽하지는 않지만, 문제가 되지 않는다고 생각되는 정의만큼이나 괜찮은 정의들이 있습니다. 예컨대 테러와의 전쟁이 시작된 1980년대 초에 미국 법전과 육군 교범에 공식적으로 수록된 정의가 있습니다. 또 영국 정부도 테러를 〈폭력적이고 파괴적이며 분열적인 행위, 정부에 영향력을 행사하거나 국민을 겁주려는 의도로 행해지는 행위, 또 정치적이고 종교적이며 이데올로기적인 대의를 추진할 목적에서 행해지는 행위〉로 공식적으로 규정했습니다. 나는 지난 20년 동안 테러에 대한 글을 쓸 때마다 이런 정의들을 활용했습니다. 과거에는 인권이 미국 외교 정책의 〈영혼〉이었지만, 앞으로는 테러와의 전쟁이 외교 정책의 우선순위에서 인권을 대체하게 될 것이라고 레이건 행정부이 선포한 이후로는 그 정의들을 더욱 적극적으로 활용했습니다.[21]

하지만 조그만 자세히 들여다보면 문제가 분명해지고, 정말 어려워집니다. 무엇보다, 공식적인 정의들을 사용할 수 없다

21   그중에서도 내가 쓴 *Pirates and Emperors, Old and New: International Terrorism in the Real World,* updated ed. (Cambridge: South End Press, 2002)을 참조하기 바란다(개정판이 2015년 Haymarket Books에서 출간되었다.) 〈테러와의 전쟁〉의 초기 단계에 대한 평가는 Alexander George, ed., *Western State Terrorism* (Cambridge: Polity/Blackwell, 1991)을 참조할 것.

는 게 어려운 문제입니다. 그 정의를 사용하면 즉각적으로 부정적인 결과가 나타나니까요. 테러의 공식적인 정의가 미국의 공식적인 정책, 즉 〈테러 방지 대책counterterrorism〉이나 〈저강도 전쟁low-intensity warfare〉혹은 그 밖의 완곡한 표현으로 일컬어지는 정책의 정의와 실제로 똑같다는 것도 하나의 큰 어려움입니다. 내가 알기에는 이런 어려움도 역사적으로 보편적인 현상에 가깝습니다. 예컨대 만주와 북중국을 침략한 일본 제국주의자들은 침략자나 테러리스트가 아니라, 〈중국 강도〉들로부터 그곳 주민들과 합법적인 정부를 보호했습니다. 그 고귀한 임무를 수행하기 위해서 일본은 어쩔 수 없이 〈대테러 대책〉을 동원할 수밖에 없었을 겁니다. 그래야 계몽된 일본의 지도 하에, 아시아인들이 평화롭고 조화롭게 살 수 있는〈지상 낙원〉을 세우려는 목표를 성취할 수 있었을 테니까요. 내가 조사하고 연구한 거의 모든 경우가 똑같았습니다. 그러나 지금 우리는 어려운 문제에 부딪혀 있습니다. 그렇다고 계몽된 국가들이 공식적으로 테러에 전념하고 있다고 말하는 건 아닙니다. 테러에 대한 공식적인 정의에 따르더라도 미국이 대규모 국제 테러에 관여하고 있다는 걸 증명하기가 그다지 어렵지 않습니다. 특히 상당수의 중대한 사례에서는 논란의 여지가 없을 정도입니다.

관련된 문제들도 있습니다. 1987년 12월 유엔 총회가 레이건의 압력에 대응하여, 모든 국가에게 현대의 역병을 없애는 데 동참하라고 요구하며 테러를 강력하게 규탄하는 결의안을 통과시켰을 때도 적잖은 문제가 야기됐습니다. 그 결의안은 153 대 2로 통과됐고, 유일하게 온두라스만이 기권했습니다. 결의안에 반대한 두 국가는 유엔의 전체 토론에서 그 이유를 설명했습니다. 두 국가는 〈자결권과 자유와 독립을 강제로 빼앗긴 국민 (……) 특히 식민 지배 체제와 인종 차별적인 정권 및 외국군의 점령하에 국민에게도 그런 권리들을 유엔 헌장에서 파생된 권리〉로 인정하자는 구절에 반대했습니다. 당시 〈식민 지배 체제와 인종 차별적인 정권〉이란 표현은 세계에서 〈가장 악명 높은 테러 집단〉이던 넬슨 만델라의 아프리카 국민회의ANC: African National Congress의 공격에 저항하던 미국의 동맹, 남아프리카 공화국을 가리키는 것으로 이해됐습니다. 또 〈외국군의 점령〉은 워싱턴의 위성국, 이스라엘을 가리키는 것을 이해됐고요. 따라서 미국과 이스라엘이 결의안에 반대한 것은 조금도 놀랍지 않습니다. 여하튼 미국의 반대로 그 결의안은 실질적으로, 그것도 이중적으로 거부된 것과 똑같습니다. 첫째로는 실행되지 않았다는 점에서, 둘째로는 테러와 관련된 가장 강력하고 중요한 유엔 결의안이었지만 언론에 거의 보도되지 않고 역사에도 외면받았다는 점에서 이중의 거부를 받았다는 겁니다.

결국 〈테러〉에 대한 정의는 〈전쟁 범죄〉에 대한 정의만큼이나 어려운 문제입니다. 어떻게 해야 보편성 원칙을 무시하며,

우리는 제외되고 선택된 적에게만 적용되는 방식으로 테러를 정의할 수 있을까요? 그런 적은 정확히 선택돼야 합니다. 레이건 시대 이후로 미국은 테러를 지원하는 국가들의 명단을 공식적으로 발표해 왔습니다. 근래에는 한 국가, 이라크만이 명단에서 지워졌습니다. 미국이 영국 등과 손잡고 사담 후세인에게 절실히 필요한 원조를 제공하기 위한 목적에서, 그것도 후세인이 극악한 범죄를 저지른 후에도 걱정없이 원조를 계속할 목적에서 이라크를 명단에서 지운 것이었습니다.

이에 거의 근접한 사례도 있었습니다. 클린턴이 시리아를 명단에서 빼주자고 제안한 적이 있었습니다. 물론 시리아가 미국과 이스라엘이 제시한 평화 협상 조건에 동의해야 한다는 조건이 덧붙여졌습니다. 시리아는 1967년 이스라엘에게 빼앗긴 영토를 되찾으려고 고집했을 때 테러를 지원하는 국가 명단에 올랐지만, 시리아가 오랫동안 테러 지원에 관여하지 않고 미국에게 알카에다를 비롯한 급진적인 이슬람 테러 조직에 대한 중요한 정보를 제공하는 데 무척 협조적이었다는 걸 워싱턴이 인정한 후에도 여전히 그 명단에 올라가 있습니다. 오히려 시리아가 테러와의 전쟁에서 협력한 보상으로, 지난 12월 의회는 시리아를 더욱 강력히 제재하라는 법안을 거의 만장일치로 통과시키기도 했습니다(시리아 제재법). 대통령은 이 법을 최근에 시행했고, 그 결과로 미국은 급진적인 이슬람 테러 조직들에 대한 소중한 정보원들을 잃고 말았습니다.

미국과 이스라엘의 요구에 부응하는 체제를 시리아에 구축하겠다는 드높은 목표를 내세운 조치였지만, 따지고 보면 조금도 특별하지 않은 조치였습니다. 과거의 패턴을 반복한 것에 불과하고 계획의 우선순위가 합리적이지 못하다는 증거가 차고 넘치는 데도 평론가들은 놀랍기 그지없는 조치라는 찬사를 끝없이 늘어놓고 있는 실정입니다.

　시리아 제재법도 보편성 원칙을 거부하는 또 다른 증거입니다. 시리아 제재법의 핵심적인 요구 사항은 유엔 안전 보장 이사회 결의안 520호와 관계가 있습니다. 레바논의 주권과 영토 보전을 존중하라고 촉구하는 결의안입니다. 1976년 미국과 이스라엘이 팔레스타인의 대학살을 시도하려고 레바논의 지원을 받았고, 그 후에도 그들이 레바논 군대에 계속 주둔한 까닭에 시리아는 그 결의안을 무시했습니다. 시리아 제재법은 물론 언론 보도와 논평은 1982년에 통과된 결의안 520호가 명확히 이스라엘을 겨냥한 것이지 시리아를 견책하려는 것이 아니라는 사실을 간과하고 있습니다. 또 이스라엘이 이 결의안만이 아니라 지난 22년 동안 레바논과 관련된 모든 안전 보장 이사회 결의안을 무시하고 위반했지만 이스라엘에 대해서는 어떤 제재 요구도 없었다는 사실도 눈감아 주고 있습니다. 심지어 이스라엘에 대한 거의 무조건적인 군사 및 경제 지원을 감축하자는 요구도 없었습니다. 22년 동안의 침묵에는 이스라엘에게 레바논을 떠나라고 명령하는 안전 보장 이사회 결의안을 무시했다는 시리아를 제재한 법에 서명한 의원들 중 다수가 포함돼 있습니다. 드물게 스티븐 준스Stephen Zunes 같은 학계의 전문 가가 〈점령군이 미국을 반대하는 국가에 속한 경우에만 레바 논의 주권이 지켜져야 하고, 점령군이 미국의 동맹인 경우에 는 레바논의 주권은 무시해도 되는 것이다〉라고 원칙을 정확 히 표현하기는 합니다.[22] 기본적인 도덕률을 무시해야 할 절박 한 필요성을 고려한다면, 이 모든 사건들에 대한 언론 보도와 논평 및 원칙이 충분히 이해가 됩니다. 또 이런 것이 이른바 지 적이고 도덕적인 문화의 기본적인 원칙이기도 합니다.

다시 이라크 문제로 돌아갑시다. 사담 후세인이 테러를 지 원하는 국가 명단에서 지워졌을 때 쿠바가 보태지며 빈 자리 를 채웠습니다. 1970년대 말에 쿠바를 겨냥한 국제 테러 공격 이 급격히 증가한 게 그 이유였겠지요. 73명이 사망한 쿠바 민 항기 폭파 사건을 비롯해 쿠바를 상대로 한 많은 잔혹한 테러 공격이 있었으니까요. 대부분의 테러가 미국이 계획하고 실행 한 것이었지만, 워싱턴은 직접적인 행동으로 쿠바에 〈지상의 공포〉를 안겨주려던 과거의 정책에서 물러선 뒤였습니다. 〈지 상의 공포〉는 역사학자로 케네디 대통령의 보좌관이던 아서 슐레진저가 로버트 케네디의 전기에서 사용한 표현으로, 쿠 바에 〈지상의 공포〉를 안겨주는 게 케네디 행정부의 목표였던

22   Stephen Zunes, "U.S. Policy towards Syria and the Triumph of Neocon-servatism," *Middle East Policy* 11, no. 1 (Spring 2004).

것입니다. 로버트 케네디는 테러전을 지휘하며, 테러전을 최우선순위에 두었습니다. 1970년대 말, 워싱턴은 대외적으로는 테러 행위를 강력히 비판하면서도 미국 국내법까지 위반하며 테러 조직을 미국 땅에 숨겨 주고 보호했습니다. 미국 연방수사국FBI: Federal Bureau of Investigation에 따르면, 악랄한 테러범 오를란도 보슈Orlando Bosch(1926~2011)는 쿠바 민항기 폭파를 비롯해 수많은 테러 행위의 주범이었지만, 아버지 조지 부시 대통령은 법무부의 강력한 반대에도 불구하고 그를 대통령령으로 사면해 주었습니다. 그와 같은 테러범들은 미국 영토 내에서 계속 활동하고 있지만 아무런 처벌도 받지 않습니다. 그들은 미국 밖의 땅에서도 테러를 범한 까닭에 아이티를 비롯해 여러 국가로부터 범인 인도 요구가 빗발치지만 미국은 그 요구를 한사코 거부할 뿐입니다. 〈부시 독트린〉의 주된 내용 중 하나로 〈테러리스트를 숨겨 준 사람은 테러리스트와 똑같은 죄를 범하는 것〉이란 대통령의 발언을 기억하실 겁니다. 아프카니스탄이 테러 용의자를 미국에 인도하는 걸 거부했다는 이유로, 아프카니스탄을 폭격했다고 발표하며 현재의 부시 대통령은 그렇게 발언했습니다. 하지만 나중에 미국이 조용히 인정했듯이 뚜렷한 증거나 신뢰할 만한 근거도 없이 용의자 인도를 요구했던 겁니다. 하버드의 국제 관계 전문가, 그레이엄 앨리슨Graham Allison은 이 선언이 부시 독트린에서 가장 중요하다고 설명하며, 『포린 어페어스』에 기고한 글에서 〈이 선언은 테러리스트들에게 피난처를 제공하는 국가들의 주권을 일방적으로 무효화했고, 이미 국제 관계에 실질적으로 통용되는 규칙이 되었다〉라고 말했습니다. 〈국제 관계에 통용되는 규칙〉이란 평가는 정확한 것입니다.

부시와 앨리슨의 발언을 순진하게 곧이곧대로 해석하면 미국을 겨냥한 폭격도 가능할 수 있습니다. 하지만 이런 해석은 가장 기본적 도덕률도 미국의 경우에는 적용되지 않는다는 걸 이해하지 못한 결과입니다. 요컨대 보편성 원칙이 미국에는 적용되지 않는다는 중대한 관습이 있지만, 그 관습은 지배적인 지식인 문화에 깊이 뿌리 내린 까닭에 제대로 인지되지 않고, 그 결과로 언급되지도 않는다.

그런 실례는 거의 매일 찾아낼 수 있습니다. 네그로폰티의 지명도 일례입니다. 다른 예를 들어 볼까요. 수주 전, 팔레스타인 지도자 아부 압바스가 이라크 내의 미국 감옥에서 사망했습니다. 압바스의 체포는 이라크 침략에서 거둔 가장 큰 성취 중 하나였습니다. 수년 전까지 압바스는 가자 지구에 거주하며, 미국과 이스라엘의 동의하에 오슬로 〈평화 협상 과정〉에 참여했습니다. 그러나 제2차 인티파다Second Intifada(제2차 이스라엘-팔레스타인 분쟁)가 있은 후, 그는 바그다드로 피신했습니다. 그러나 1985년 초호화 유람선 〈아킬레 라우로호〉의 하이재킹에 관계한 죄목으로 그는 바그다드에서 미군에게 체포되고 투옥됐습니다. 학계의 평가에 따르면, 1985년은 1980년대의 테러가 최고조에 이른 해였습니다. 게다가 언론계 편집자들을 상대로 한 여론 조사에서도 중동 테러는 1985년의 톱뉴스로 선정됐습니다. 학계는 1985년 중동에서 일어난 두 건의 대표적 범죄 사건으로 〈아킬레 라우로호〉의 하이재킹과, 한 명의 미국인이 사망한 항공기 하이재킹을 꼽습니다. 〈아킬레 라우로호〉가 하이재킹되었을 때는 미국인 장애자 한 명이 무참하게 살해당했습니다. 물론 1985년 중동 지역에서는 다른 테러 사건도 적잖게 일어났지만, 그 사건들은 여과 장치를 통과하지 못합니다. 베이루트의 한 모스크 밖에 일어난 차량 폭탄 테러가 대표적인 예입니다. 사람들이 기도를 끝내고 모스크를 떠날 때 폭발하도록 시간이 맞추어진 까닭에 80명이 사망하고 350명이 부상한 사건이었습니다. 게다가 피해자의 대부분이 여성이었습니다. 하지만 범인으로 CIA와 영국 정보부가 거론된 까닭에 이 사건은 역사의 기록에서 배제됩니다.

〈아킬레 라우로호〉의 하이재킹은 일주일 전의 사건에 대한 보복이었습니다. 그 사건도 여과 장치를 통과하지 못한 사례 중 하나입니다. 시몬 페레스 이스라엘 총리가 신뢰할 만한 근거도 없이 튀니스를 폭격한 사건입니다. 이때 75명이 사망했고, 사망자 모두가 팔레스타인인이거나 튀니지인이었습니다. 이 사건을 미국은 예외적으로 신속히 처리했고, 심지어 조지 슐츠George Shultz 국무장관은 찬사까지 보냈습니다. 하지만 유엔 안전 보장 이사회는 이 사건을 〈무력 침략 행위〉로 만장일치로 규탄했습니다. 미국은 기권했습니다. 그러나 이 사건도 테러 연감에는 포함되지 않습니다. 물론 더 심각한 범죄인 〈무력 침략armed aggression〉에는 더더욱 포함되지 않을 겁니다. 페레스와 슐츠가 감옥에서 죽을 일은 없을 겁니다. 오히려 이라크를 점령할 때 파괴한 걸 재건하는 데 공헌한 이유로 노벨상이나 다른 상을 받을지도 모르죠. 기본적인 도덕률이 우리에게 적용될 때는 불덩이에 던져져야 한다는 걸 이해한다면, 이 사건이 이렇게 처리된 것도 그다지 놀랍지 않습니다.

때로는 기본적인 도덕률이 명확히 부인되는 경우도 있습니다. 부시 독트린에서 두 번째로 핵심적인 선언에 대한 반발이 적절한 사례가 아닐까 싶습니다. 〈세계 지배에 대한 잠재적 위협을 제거하기 위해 무력을 사용할 권리〉가 워싱턴에게 있다는 선언이었습니다. 2002년 9월의 국가 안보 전략NSS: National Security Strategy에서 공식적으로 표현된 그 선언은 기득권층의 전문 잡지이던 『포린 어페어스』조차 〈새로운 제국주의적 대전략〉이라 비판했습니다. 『포린 어페어스』에 게재된 논문만이 아니라 외교 정책 전문가들이 NSS의 선언을 거의 한목소리로 비판했지만, 비판의 근거는 옹색한 편이었습니다. 구체적으로 말하면, 그 선언이 잘못된 것이거나 새로운 것이기 때문이 아니라, 선언의 표현과 시행 방식이 너무나 극단적이어서 오히려 미국의 이익에 위협이 될 것이란 비판이었습니다. 헨리 키신저는 이 선언을 〈혁명적인 새로운 접근법〉이라 극찬하며, 17세기 베스트팔렌 체제[23]에 따른 국제 질서는 물론이고 유엔 헌장과 국제법을 대신하게 될 것이라고 지적했습니다. 키신저는 선언 자체에는 동의했지만, 형식과 전술에서 〈모든 국가에게 허용되는 보편적인 원칙〉이 되어서는 안 된다는 조건을 덧붙였다. 달리 말하면, 무력 침략의 권리가 미국에게만 국한돼야 하고, 더 나아가 선택된 엘리트에게 위임돼야 한다는 뜻이었습니다. 우리는 가장 기본적인 도덕률, 즉 보편성 원칙을 단호히 거부해야 한다는 것입니다. 지배적인 원칙은 일반적으로 고결한 의도와 근엄한 율법주의로 흔히 포장되지만, 키신저는 그 원칙을 솔직하게 말했다는 것만으로도 칭찬받아야 마땅할 겁니다.

마지막으로 무척 시의적절하고 중요한 사례로 〈정의로운 전쟁론just war theory〉에 대해 생각해 봅시다. 1990년대에 주장된 규범의 혁명이란 맥락에서 정의로운 전쟁론이 새삼스레 되살아나고 있습니다. 이라크 침략이 정의로운 전쟁의 조건을 충족하느냐를 두고는 열띤 토론이 있었지만, 1999년 세르비아 폭격과 아프카니스탄 침략을 두고는 실질적으로 어떤 토론도 없었습니다. 너무도 명확한 경우여서 토론 자체가 불필요하다고 여겨졌기 때문입니다. 세 사건을 간단히 살펴볼까요?

---

23 국제법상 모든 국가의 주권은 평등하다는 법 원칙 ― 옮긴이주.

공격 자체가 옳았느냐 잘못된 것이었냐는 따지지 말고, 논증의 성격만을 분석해 보도록 합시다.

주류 계급이 세르비아 폭격에 대해 가한 가장 가혹한 비판은 〈불법이지만 정당한〉 행위였다는 겁니다. 리처드 골드스톤Richard Goldstone 판사가 이끈 국제 독립 조사 위원회International Independent Commission of Inquiry의 결론이 그랬습니다. 그 위원회는 〈그 폭격이 유엔 안전 보장 이사회의 승인을 받지 않았기 때문에 불법이었지만, 모든 외교적 통로가 고갈되어 코소보에서 자행되는 학살과 잔혹 행위를 종식시키려면 다른 방법이 없었기 때문에 정당했다〉라고 판결했습니다.[24] 골드스톤 판사는 그 사건에 대한 보고서와 판결을 고려해 유엔 헌장을 개정할 필요성까지 언급하며, 〈나토의 개입이 자칫하면 일탈된 행위로 여겨질 수 있기 때문에 매우 중요한 선례〉라고 설명했습니다. 더 정확히 말하면, 〈국가 주권이 세계화라는 현상과, 인권이 국제 공동체의 문제가 되었다는 세계인 다수의 결정에 따라서 재정립되어야 한다〉라는 뜻이었습니다. 골드스톤 판사는 〈인권 침해에 대한 객관적 분석〉도 필요하다고 역설했습니다.[25]

24 The Independent International Commission on Kosovo(코소보 문제에 대한 독립 조사위원회), *The Kosovo Report: Conflict, International Response, Lessons Learned* (Oxford: Oxford University Press, 2000).
25 Goldstone, "Kosovo."

특히 마지막에 덧붙인 조언은 아주 훌륭한 충고입니다. 객관적 분석으로 다루어야 문제 하나를 꼽자면, 세계인의 다수가 계몽된 국가들의 결정을 받아들이느냐 않느냐에 대한 판단일 겁니다. 세르비아 폭격의 경우, 세계 언론의 보도와 공식 성명을 살펴보면 보수적으로 말하더라도 계몽된 국가들의 주장을 뒷받침하는 증거는 거의 없습니다. 물론 나토 이외의 국가들은 그 폭격을 신랄하게 비난했지만, 그런 사실은 일관되게 무시됐습니다.[26] 게다가 뉘른베르크 재판까지 거슬러 올라가는 보편성 원칙으로부터 계몽된 국가들의 자기 면제가 세계인으로부터 다수의 동의를 얻을 가능성은 거의 없습니다. 결국 규범의 혁명으로 새로운 규범이 세워졌지만, 그 규범도 표준적인 패턴에서 벗어나지 않는 듯합니다.

객관적 분석으로 다루어야 할 또 하나의 문제가 있다면, 〈모든 외교적 통로가 정말로 고갈되었느냐〉는 것입니다. 나토가 폭격을 결정했을 때 여전히 두 가지 가능성 — 나토의 제안과 세르비아의 제안 — 이 검토 중이었다는 사실, 또 78일 간의 폭격이 있은 후에 그 가능성 사이에서 타협이 이루어졌다는 사실에 비추어보면, 그 결론을 계속 고집하기는 쉽지 않습니다.[27]

---

26 리뷰를 위해서는 내가 쓴 *New Military Humanism*을 참조하기 바란다.
27 더 자세한 내용에 대해서는 내가 쓴 *A New Generation Draws the Line*을 참조하기 바란다. 이 책에서는 나토가 유엔 안전보장이사회의 결의안을 어떻게 뒤집었는가를 다루었다. Goldstone, "Kosovo"에서는 결의안이 타협안이란 걸 인정하지만, 그 관계는 서구에서 별다른 관심을 불러일으키지 못했다.

객관적으로 분석해야 할 또 하나의 문제는 〈코소보에서 자행되는 학살과 잔혹 행위를 종식시키기 위한 다른 방법이 없었다〉라는 게 사실이었느냐는 겁니다. 상당히 중요한 문제입니다. 이 문제에 대한 객관적인 분석은 무척 쉽습니다. 전쟁을 정당화하려고 국무부가 발간한 자료들, 유럽 안보 협력 기구OSCE: Organization for Security and Co-operation in Europe와 나토의 자세한 기록, 영국 의회의 조사 및 그 밖의 유사한 출처 등, 즉 흠잡을 데 없는 서구의 문헌에서 이 문제와 관련된 자료는 얼마든지 구할 수 있습니다.

이 풍부한 자료들에는 눈에 띄는 몇몇 특징이 있습니다. 그 특징 중 하나는, 학계의 연구를 비롯해 코소보 전쟁에 대한 방대한 문헌에서 세르비아 폭격에 대한 기록은 거의 완전히 무시되고 있다는 겁니다.[28] 두 번째 특징은, 자료의 실질적인 내용이 무시될 뿐만 아니라 일관되게 부인되고 있다는 겁니다. 나는 다른 곳에서 이미 그 기록을 논평했기 때문에 여기에서 반복하고 싶지는 않습니다. 하지만 대외적으로 공개된 자료에서 눈에 띄는 또 하나의 특징은 사건의 명확한 전후 관계가 뒤집힌 경우가 많다는 겁니다. 세르비아의 잔혹 행위가 폭격의 원인으로 묘사되지만, 실제로는 폭격이 있은 후에 세르비아의

---

28 내가 알기에 코소보 사건을 자세히 다룬 자료들은 앞의 두 주에서 인용한, 내가 쓴 두 권의 책에서 소개되었다. 그 후에 영국 의회가 조사한 결과는 내가 쓴 *Hegemony or Survival*에 더해졌다.

잔혹 행위가 있었다는 걸 논란의 여지가 없습니다. 달리 말하면, 잔혹 행위는 폭격의 예상된 결과였던 것입니다. 이런 전후 관계는 나토의 자료에서 완벽하게 입증되는 사실입니다.

동맹 중 가장 호전적이던 영국 정부의 추정에 따르면, 대부분의 잔혹 행위는 세르비아 보안 부대의 범행이 아니었습니다. 알바니아를 거점으로 활동하며 세르비아를 공격한 코소보 해방군KLA: Kosovo Liberation Army이 저지른 짓이었습니다. 그 게릴라들이 솔직히 설명했듯이, 세르비아의 과격한 반응을 끌어내서 서구가 세르비아를 폭격하도록 유도하려는 목적이었던 것입니다. 영국 정부는 1월 중순에 이런 평가를 내렸지만, 폭격이 선포되고 시작된 3월 말까지는 양측의 전세에서 실질적인 변화가 없었습니다. 적어도 문서 기록에는 없습니다. 미국과 영국의 첩보에 근거해 이루어진 밀로셰비치의 기소에서도 사건의 순서에서 똑같은 양상이 확인됩니다.

미국과 영국 및 평론가들은 대체로 1월 중순의 라차크 학살을 결정적인 전환점으로 언급하지만, 솔직히 말해서 그런 지적은 올바른 게 아닙니다. 첫째로 라차크 학살을 그처럼 극단적으로 비난하는 게 옳은 것이라 하더라도 잔혹 행위의 균형추는 크게 달라지지 않았습니다. 둘째로는 그보다 훨씬 악랄한 학살들이 같은 시기에 다른 곳에서도 일어났지만 누구도 걱정하지 않았고 관심을 두지 않았다는 겁니다. 서구 세계가 지원을 중단했더라면, 그것만으로도 적잖은 학살 사건이 쉽게 종식됐을 겁니다.

1999년 초에 있었던 동티모르 사태가 대표적인 예입니다. 당신 동티모르를 점령하고 있던 인도네시아는 미국과 영국의 끊임없는 지원을 받아, 동티모르 인구의 4분의 1을 학살했지만, 그럼에도 미국과 영국은 인도네시아에게 군사적이고 외교적인 지원을 계속했습니다. 심지어 1999년 8~9월 인도네시아군(軍)이 거의 발작적으로 폭력을 휘두르며 동티모르를 완전히 파괴한 뒤에도 그런 지원은 계속됐습니다. 동티모르 사태는 이런 수많은 잔혹 행위 중 하나에 불과하지만, 그 사건만으로도 라차크 학살에 대한 비난을 무색하게 만들기에 충분합니다.

서구 세계의 추정에 따르면, 세르비아의 침략이 있기 전해에 코소보에서 약 2,000명이 살해됐습니다. 영국을 비롯한 서구 정보국의 평가가 정확하다면, 대부분의 희생자는 KLA 게릴라에게 목숨을 잃은 것입니다. 극소수이지만 이 문제를 진실한 관점에서 연구한 학술 논문 중 하나에서도 2,000명 중 500명이 세르비아군에게 학살된 것으로 추정했습니다. 버밍엄 대학교의 니컬러스 휠러Nicholas Wheeler의 신중하고 분별력 있는 연구로, 여기에서 휠러는 나토가 폭격하지 않았다면 더 큰 잔혹 행위가 있었을 것이란 근거에서 나토의 폭격을 지지했습니다.[29] 폭격이 잔혹 행위로 이어질 것이란 예상이 가능했지만 나토는 폭격함으로써 더 큰 잔혹 행위, 많은 사람의 주장처럼 제2의 아우슈비츠를 예방하려 했다는 게 휠러의 주장인 셈입니다. 이런 주장이 진지하게 다루어지더라도 서구의 지식인 문화는 별로 달라지지 않을 겁니다. 외교적 해법이 얼마든지 있었고, 폭격이 있은 후에야 양측 제안을 절충하는 타협안이 마련되었다는 사실이 알려지더라도 마찬가지일 겁니다.

골드스톤 판사는 폭격의 이유에 대해서도 의심한 듯합니다. 골드스톤도 나토의 폭격이 코소보의 알바니아인을 보호하려고 취해진 것이 아니었고, 오히려 폭격이 코소보 사람들에게 재앙에 가까운 직접적 피해를 안겨 주었다는 걸 인정한 극소수 지식인 중 한 명이었습니다. 하지만 그런 피해는 나토 사령부와 미국 국무부에서 예측한 것이기도 했고, 그 후에는 나토와 유엔이 점령한 지역에서 세르비아인과 집시에게 재앙이 닥쳤습니다. 골드스톤 판사는 〈평론가들은 나토의 편에 서서, 코소보의 알바니아인들을 청소하려던 세르비아의 계획, 즉 말굽편자 작전Operation Horseshoe이 폭격에 대한 대응이 아니라, 폭격보다 먼저 시작되었다는 믿음으로써 마음의 위안을 찾는 게 분명〉했다는 설명을 덧붙였습니다. 〈믿음〉이란 표현이 정말 적절합니다. 서구의 방대한 기록에도, 국제 감시단이 폭격에 대비해 철수하기 전까지 세르비아가 특별한 작전을 시작했다는 증거가 전혀 없으니까요. 게다가 국제 감시단은 폭격이

<hr>

29 Nicholas J. Wheeler, *Saving Strangers: Humanitarian Intervention and International Society* (Oxford: Oxford University Press, 2000).

시작되기 며칠 전에야 철수했고, 그 이후에 〈말굽 편자 작전〉
은 명백한 정보 조작이었다는 게 밝혀졌습니다. 그러나 현재
까지 알려지지 않았지만, 나토의 공격과 같은 불의의 사태에
대비해 세르비아도 어떤 대응 계획을 세워두었겠지요.

국제 독립 조사 위원회가 이 쟁점을 진지하고 절제된 관점
에서 다루었지만, 폭격의 적법성에 대한 그들의 결론을 받아
들이기는 쉽지 않습니다.

관심 있는 사람이면 누구나 알아낼 수 있겠지만, 지금까지
다룬 사실들은 논란의 여지가 없을 정도로 명확한 것들입니
다. 내 생각에는 이런 이유에서, 서구의 방대한 자료가 용의주
도하게 무시되고 있습니다. 여기에서 다룰 쟁점은 아니지만,
폭격에 대한 판단이 어떠하든 간에 세르비아 폭격이 정의로운
전쟁의 전형적인 예이고, 계몽된 국가들이 주도한 〈규범의 혁
명〉의 결정적인 실례였다는 일반적인 결론은 보수적으로 생
각해도 정말 놀랍기만 합니다. 물론 기본적인 도덕률이 우리
에게 적용될 때는 불덩이에 던져져야 한다는 원칙을 고려하면
놀랄 필요는 없겠지요.

아프카니탄 전쟁도 역시 정의로운 전쟁의 전형적인 사례로
여겨지기 때문에 이 전쟁에 대해서도 경의 논의되지 않습니
다. 존경받는 도덕 정치 철학자, 진 베스크 엘시테인Jean Bethke
Elshtain(1941~2013)조차 절대적인 평화주의자와 완전한 미
치광이만이 아프카니스탄 전쟁을 명백히 정의로운 전쟁이었

다는 걸 의심할 것이라며, 일반 통념을 정확히 요약해 주었습니다. 여기에서도 사실에 기반을 둔 의문들이 다시 제기됩니다. 첫째, 전쟁 목적을 생각해 보십시오. 처음에는 탈레반이 오사마 빈 라덴을 넘겨주겠다고 동의할 때까지 뚜렷한 증거도 없이 아프카니스탄을 벌주겠다는 것이었습니다. 그 후의 많은 논평과 달리, 탈레반 체제의 전복은 나중에 생각해 낸 것, 즉 수주간의 폭격이 있은 후에 덧붙여진 것이었습니다. 둘째, 미치광이와 절대적인 평화주의자만이 동의의 대열에 참여하지 않을 것이란 믿음과 관련된 증거는 상당히 많습니다. 폭격이 선언되었지만 실제로 시작되기 전에 실시된 갤럽 여론 조사에 따르면 폭격에 대한 지지는 무척 제한적이었습니다. 게다가 시민을 표적으로 한 폭격에 대한 지지는 거의 없었습니다. 이런 신중한 지지도 표적이 9·11 테러 공격과 관련된 것으로 알려진 경우에 국한된 것이었습니다.

8개월 후, 상원에 출석한 FBI 국장은 국제적으로 공조하며 역사상 가장 치열한 조사가 있었지만 그나마 확실하게 말할 수 있는 것은 아프카니스탄에서 음모가 꾸며졌지만 공격은 다른 곳에서 계획되고 자금을 지원한 것으로 〈추정〉된다고 증언했습니다. 따라서 확신에 찼던 언론들의 주장과 달리, 몇몇 국가와 서구의 엘리트 계급을 제외하고는 아프카니스탄 폭격에 대한 국민의 눈에 띄는 지지는 없었던 셈입니다. 아프카니스탄 국민의 여론을 추정하기는 더욱더 힘들지만, 수주간의 폭격이 있은 후, 저명한 반(反)탈레반 인사들, 심지어 미국과 하마드 카르자이 대통령이 무척 존경하던 사람들도 폭격을 비난하며 당장 중단하라고 촉구했다는 걸 우리는 분명히 알고 있습니다. 게다가 그들은 미국이 〈순전히 완력을 과시할 목적〉에서 폭격을 시도하겠지만, 그런 폭격은 내부의 탈레반을 분쇄하려는 노력을 약화시킬 뿐이라는 비판도 서슴지 않았습니다.

사실이 중요하다는 단순한 진리를 받아들이더라도 약간의 문제는 제기되겠지만, 그까짓 것을 두려워할 필요는 없을 겁니다.

정의로운 전쟁이란 문제를 다시 생각해 보도록 합시다. 이 경우에도 보편성이란 쟁점이 곧바로 제기됩니다. 어떤 테러 행위에 연루된 것으로 의심되는 사람을 인도 받을 목적에서 해당 국가의 지도자들에게 압력을 가하려고 그 국가를 폭격할 권한이 미국에게 있다면, 쿠바와 니카라과 등 다른 나라들도 미국을 폭격할 권리가 있어야 합니다. 그들에게 가해진 중대한 테러 공격에 미국이 관여했다는 건 틀림없는 사실이니까요. 45년 전까지 거슬러 올라가는 쿠바의 경우는 흠잡을 데 없이 명확하고 의문의 여지가 없는 자료들이 넘치도록 많습니다. 니카라과의 경우에도 국제 사법 재판소와 안전 보장 이사회가 판결과 결의안으로 미국을 비난했지만, 그런 비난이 있은 후에 미국은 오히려 공격의 강도를 높였습니다. 물론 보편성 원칙을 받아들이면 미국에 대한 규탄과 비난은 당연한 것이란 결론이 내려집니다. 하지만 그런 결론은 터무니없는 것이고, 누구에게도 환영받지 못하는 것입니다. 따라서 우리는 보편성 원칙에는 중대한 예외가 있다고 결론짓게 됩니다. 게다가 보편성 원칙이란 기본적인 도덕률의 배제는 우리 문화에 폭넓게 만연된 것이어서, 그와 관련된 의문을 제기하는 것조차 혐오스런 것으로 여겨집니다. 이런 평가는 지배적인 지적이고 도덕적인 문화에 대한 적절한 지적이기도 합니다. 그 문화는 용납할 수 없는 진부한 불평을 배척한다는 원칙에 충실하니까요.

이라크 전쟁은 상대적으로 논란이 많은 편이었습니다. 따라서 그 전쟁이 국제법과 정의로운 전쟁 기분을 충족했는지를 전문적으로 다룬 자료가 많습니다. 예컨대 터프츠 대학교의 국제법 및 외교학 전문 대학원, 플레처 스쿨의 저명한 학자, 마이클 글레넌Michael Glennon은 국제법이 〈흰소리〉에 불과하므로 폐기되어야 마땅하다고 단도직입적으로 주장했습니다. 국가의 관례가 국제법과 맞아떨어지지 않는다고 말입니다. 더 정확히 말하면, 미국과 그 동맹은 국제법을 무시해도 상관없다는 뜻입니다. 게다가 글레넌의 주장에 따르면, 국제법과 유엔 헌장은 무력에 호소하려는 미국의 힘을 제약한다는 점에서 결정적인 결함이 있습니다. 글레넌은 미국이 계몽된 국가들을 끌어가기 때문에 미국의 무력 사용은 정당하고 옳다고 주장하지만, 객관적인 증거나 논증을 제시하지도 않고, 필요하다고 생각하지도 않습니다. 역시 존경받는 학자, 레이던 대학교의 카르스텐 스탄Carsten Stahn은 유엔 헌장의 조항들을 〈공동체적 관점에서 해석〉하면 미국과 영국이 유엔 헌장에 부합되고 행동한 것이라 주장합니다. 미국과 영국이 국제 공동체의 의지를 수행한 것이란 뜻입니다. 더 구체적으로 말하면, 미국과 영국만이 그 의지를 수행할 역량을 갖추었기 때문에 그 임무가 두 국가에게 암묵적으로 위임된 것이란 뜻이기도 합니다.[30] 국제 공동체가 강력하게 전례가 없던 수준으로 반대하더라도 상관없습니다. 국민이 국제 공동체에 포함되고, 엘리트 계급 중에 있더라도 달라질 것은 없습니다.

법은 살아 있는 도구여서, 법의 의미는 관례에 따라 결정되고, 새로운 규범이 〈선제적 자위anticipatory self-defense〉를 허용하는 방향으로 세워졌다는 게 관례로 입증된다고 주장하는 학자들이 적지 않습니다. 여기에서 〈선제적 자위〉는 의도적인 공격을 완곡하게 표현한 것입니다. 물론 암묵적인 가정에 따르면, 규범은 권력자가 결정하는 것이고, 권력자에게만 선제적 자위권이 있습니다. 예컨대 하늘의 요새로 불리는 B-17 폭

---

30 Carsten Stahn, "Enforcement of the Collective Will after Iraq," *American Journal of International Law* 97, no. 4 (Symposium, "Future Implications of the Iraq Conflict") (October 2003), pp. 804~823. 기본적인 도덕률을 부정하는 마이클 글레넌의 다른 주장들을 비롯해 이 문제에 대해 더 깊이 알고 싶으면, 내가 *Review of International Studies* 29, no. 4 (October 2003)에 기고한 논문 및 *Hegemony or Survival*을 참조하기 바란다.

격기가 보잉의 생산 라인에서 제작되고, 절멸 전쟁이 시작되면 어떻게 B-17를 이용해서 목조로 지어진 일본의 도시들을 화염으로 뒤덮어 버릴 것인지 미국에서 공공연히 논의되고 있다는 걸 알았던 까닭에, 일본이 선제적 자위권을 행사해 하와이와 필리핀의 미군 군사 기지를 폭격했던 것이라고 주장할 사람은 없을 겁니다.[31] 또 오늘날에는 자칭 계몽된 국가들을 제외하면 어떤 국가에도 그 권리가 부여되지 않습니다. 계몽된 국가들만이 고귀함과 너그러움과 메시아적 비전에 대한 찬사를 향유하며 규범을 결정하고 선택적으로 마음대로 적용할 힘을 갖고 있기 때문입니다.

지금까지 다룬 사건들에서 한 가지를 제외하면 특별히 새로운 것이 없습니다. 파괴의 수단이 이제는 섬뜩할 정도로 발달한 데다 그 수단들을 배치하고 사용할 가능성도 높아진 까닭에, 합리적으로 생각하더라도 인간이란 호기심 많은 종의 생존 가능성을 높게 평가하기는 쉽지 않을 것입니다. 더구나 교육받은 엘리트 계급이 기본적인 도덕률을 계속 경멸하는 한 그 위험은 조금도 낮아지지 않을 것입니다.

---

31   H. Bruce Franklin, *War Stars: The Super Weapon and the American Imagination* (Oxford: Oxford University Press, 1988)을 참조하기 바란다.

4

〈동의 없는 동의〉

민주주의의 이론과 현실에 대한 고찰[1,2]

1   *Cleveland State Law Review,* vol. 44, no. 4 (1996)에 게재한 "Consent with-
out Consent: Reflections on the Theory and Practice of Democracy"를 옮겨
실은 것이다.
2   이 장은 *Cleveland State Law Review*의 허락을 받고 재수록한 것이다.

지금은 미국 민주주의의 핵심적인 쟁점에 대해 되돌아보기에 시의적절한 순간이다. 1996년의 예비 선거가 끝났고, 두명의 당연한 유력 후보가 최종 선거를 향하고 있다. 항상 그렇듯이, 이번 예비 선거도 언론에서 대대적으로 다루어졌다. 1992년의 규모를 훨씬 넘어 역대 최대 규모의 자금이 쓰였지만, 한쪽에서만 그럭저럭 경쟁이 벌어졌을 뿐이다. 그러나 적잖은 것이 사라졌고, 그 현상은 예비 선거의 계몽적인 면, 즉 예비 선거가 우리에게 던지는 경종일 수 있다.

　가장 눈에 띄는 차이는 투표자였다. 로버트 돌Robert Dole에게 약 100만 표로 승리를 안겨 준 공화당 예비 선거에서, 유권자의 4분의 1이 참여한 뉴햄프셔주를 제외하면 참여율이 3~11퍼센트에 불과했다. 『뉴욕 타임스』의 선거 분석가, 리처드 버크Richard Berke의 보도에 따르면, 〈지나치게 서둘러서, 신중한 숙의도 없이〉 행해진 까닭에 투표율이 낮았고, 그 결과는 항상 그랬듯이 부자들에게 유리한 방향으로 왜곡되었다. 여하튼 어떤 일이 일어나고 있는지 일반 대중에게는 큰 관심이 없었던 듯하다.

두 대통령 후보 간의의 차이도 거의 사라졌다. 엄격히 말하면, 두 후보 모두 온건한 공화당원이고 정부 내부자이며, 근본적으로 기업계를 대변하는 후보들이다. 빌 클린턴이 취임하고 수개월 후, 『월 스트리트 저널』은 머리기사에서 대통령 당선자를 〈매혹적이고 붙임성 있는 대기업 지도자〉로 보도했다. 그 기사의 제목은 〈있음직하지 않은 동맹〉이었지만, 그 기사가 암묵적으로 인정했듯이 그 제목은 클린턴의 과거 기록이나 선거 운동용 인쇄물의 내용을 거의 분석하지 않았다. 『월 스트리트 저널』은 〈각 쟁점에서 클린턴과 그의 정부는 미국 경제계Corporate America과 똑같은 편이다〉라고 보도하며 은근히 즐거워했다. 이런 보도에 주요 대기업들의 최고 경영자들은 크게 환호하며 〈우리는 과거 정부보다 이번 정부와 더욱더 잘 지낼 수 있을 것〉이라고 기뻐했다.

1년 후에도 『월 스트리트 저널』의 열의는 수그러들지 않았다. 『월 스트리트 저널』은 〈공화당 의원들의 지원을 받아 특수 이익 단체들이 클린턴의 무릎을 꿇리며 미국 상공 회의소, 기업 로비스트와 보험 회사 등을 흐뭇하게 해주었다〉라고 보도한 까닭에 〈클린턴의 이력은 놀라울 정도로 친기업적이며 중도주의자이다〉라는 기사는 어리둥절할 뿐이었다. 민주당이 대통령직과 의회를 장악한 상황인 데도 〈손해를 본 특수 이익 단체는 극소수에 불과했다〉. 특히 『워싱턴 포스트』는 〈기업은 노상강도처럼 행동하고,〉 언제나 어디에서나 노동 운동과 진보주의자를 억압하며 실질적으로 모든 목표를 성취한다고 보도했다.[3]

1994년 11월 뉴트 깅그리치Newt Gingrich가 이끈 공화당이 박빙으로 승리하며, 기업계의 열망이 몇 단계나 더 올라갔다. 1년 후, 『비즈니스 위크』는 〈대부분의 최고 경영자는 104차 의회가 기업계에게는 이정표가 될 것이라 생각한다. 미국의 기업가들에게 이처럼 많은 혜택이 이처럼 앞다투어 제시된 적이 전에는 없었다〉라고 보도했다. 「참호로의 복귀」라는 제목의 머리기사에서 보듯이 기업의 욕망은 조금도 수그러들지 않았고, 흥미로운 소망 목록이 뒤따랐다.[4] 그 메시지는 워싱턴의 기업 로비스트들에게도 전해졌고, 기업 로비스트의 수는 25년 전에 365명에 불과했지만 1980년대 말에는 2만 3,000명에 이르렀다. 한편 기업 변호사의 수도 같은 비율로 증가했고, 소극

3　Jeffrey H. Birnbaum, "As Clinton Is Derided as Flaming Liberal by GOP, His Achievements Look Centrist and Pro-Business," *Wall Street Journal,* 1994년 10월 7일, p. A12; Rick Wartzman, "Special Interests, With Backing of GOP, Defeat Numerous White House Efforts," *Wall Street Journal,* 1994년 10월 7일, p. A12; David Broder and Michael Weiskopf, "Finding New Friends on the Hill," *Washington Post National Weekly,* 1994년 10월 3~9일.
4　Susan B. Garland and Mary Beth Regan, with Paul Magnusson and John Carey, "Back to the Trenches," *Business Week,* 1995년 9월 17일, p. 42.

적이고 순종적이어야 할 민중이 1960년대에 공론의 장에 뛰어들려 하면서 야기된 〈민주주의의 위기〉를 극복하기 위한 프로그램들도 확대되었다.

그런 동맹들을 등에 업은 까닭에 기업계는 클린턴 정부로부터 다양한 지원을 얻으려고 애쓸 필요가 없었다. 론 브라운 상무장관이 1996년 비행기 사고로 사망했을 때, 『월 스트리트 저널』은 〈미국 경제계는 행정부의 정력적이고 부지런한 응원군, 기업계의 응원을 사명으로 삼았던 장관을 잃었다〉라고 보도했을 정도였다. 그러나 그 기사의 제목대로 〈브라운 장관은 미국 산업계를 위해 지칠 줄 모르고 일했지만 기업계로부터 보답 받은 것은 거의 없었다〉. 당시 정치 체제에서 동원할 수 있었던 대안들을 고려하면 조금도 놀랍지 않은 기사였다.[5]

그러나 1993년 기업계 지도자들에게 최고의 응원군은 일관되게 그들의 편에 가담하는 사람들이었다. 그리하여 마침내 1996년에는 레이건-부시 시절보다 약간 개선된 상황과 미국 경제계에 훨씬 더 충성스런 상황 사이에 위치한 양당 후보를 얻는 만족스런 결과에 이르렀다.

기업계를 위한 클린턴의 놀라운 선행을 보도한 1993년 11월 『월 스트리트 저널』의 보도에는 내가 방금 지적한 것보

5   Helene Cooper, "Ron Brown Worked Tirelessly for U.S. Industry But Got Little Support from Business in Return," *Wall Street Journal*, 1996년 4월 5일, p. A10.

다 더 깊은 의미가 담겨 있었다. 그 기사에 따르면, 민주당 출신의 대통령들이 대체로 그랬듯이 클린턴도 〈많은 소기업 경영자보다 대기업을 펀드는 경향을 띤다〉. 그 기사는 오래전부터 미국 정치계를 관통하는 단층선에 대해 지적했다. 자본집약적이고 첨단기술을 사용하며 국제 시장을 지향하는 기업계와 다른 분야들을 구분한 선, 대략적으로 말하면 기업인 협의체Business Council와 기업인 원탁회의Business Roundtable로 이루어진 쪽과 미국 상공회의소와 전국 제조업 협회로 이루어진 쪽을 구분하는 선이었다. 후자에 속한 기업도 대체로 〈작지〉 않지만 성격에서는 약간 다르다. 기업계의 일반적인 여론이 오래전부터 정치계의 전반적인 틀을 결정해 왔지만, 기업계도 내부적으로는 여러 갈래로 나뉜다. 정치학자 토머스 퍼거슨Thomas Ferguson이 이 문제를 세밀하게 파헤친 중요한 저작을 최근에 발표했다.[6]

다시 1996년의 예비 선거로 돌아가면 돈과 홍보가 넘쳐흘렀지만, 투표자는 그렇지 않았고 결과도 크게 다르지 않았다. 국민들의 인식은 이른바 민주 제도가 어떻게 기능하는지를 확연히 보여 준다. 예컨대 80퍼센트 이상의 국민이 〈정부는 국민을 위해서라기보다 소수와 특수 이익 집단을 위해 운영된

6 Thomas Ferguson, *Golden Rule: The Investment Theory of Party Competition and the Logic of Money-Driven Political Systems* (Chicago: University of Chicago Press, 1995).

다〉라고 생각한다. 과거에 행해진 유사한 질문에는 약 50퍼센트에 불과했던 수치가 이렇게 상승한 것이다. 또 80퍼센트 이상이 경제 체제는 근본적으로 불공정하며, 노동자는 이 나라에서 일어나고 있는 일에 대해 발언권이 거의 없다고 생각한다. 또한 70퍼센트 이상이 〈기업계는 미국의 거의 모든 분야에서 지나칠 정도로 막강한 힘을 행사하며, 정부의 탈규제로 소비자보다 더 큰 이익을 얻는다〉라고 생각한다. 3분의 2는 1980년대 이후로 〈아메리칸 드림〉을 성취하기가 더 어려웠다고 대답했다. 『비즈니스 위크』가 〈95 대 5의 압도적 다수〉라고 칭했을 정도로, 많은 국민이 〈기업은 노동자와 공동체의 복지를 위해서 때로는 약간의 이익을 희생해야 한다〉라고 믿는다.[7] 이런 수치들은 일반적인 여론 조사에서 거의 읽을 수 없다.

국민들의 인식은 뉴딜 시대 이후로 지금까지 많은 점에서 사회 민주적인 성향이 짙다.[8] 1994년 의회 선거가 있기 전에 실시된 조사에 따르면, 국민의 60퍼센트가 사회 보장비의 증

7 Everett Carl Ladd, "The 1994 Congressional Elections: The Postindustrial Realignment Continues," *Political Sociology* 110 (Spring 1995); John Dillin, "Brown Refuses to Endorse Clinton," *Christian Science Monitor,* 1992년 7월 14일, p. 2; Greer, Margolis, Mitchell, Burns & Associates, *Being Heard: Strategic Communications Report and Recommendation,* prepared for AFL-CIO, 1994년 3월 21일; "America, Land of the Shaken," *Business Week,* 1996년 3월 11일, p. 64.

액을 바랐다.[9] 1년 후에는 80퍼센트가 〈연방 정부는 최소한의 생활 수준을 보장하고 사회적 혜택을 제공함으로써 빈곤층과 노령층을 비롯한 사회의 취약 계층을 보호해야 한다〉라고 주장했다. 또 미국 국민의 80~90퍼센트가 일할 수 없는 사람을 위한 연방 차원의 공공지원, 실업 보험, 노령층의 의료비 및 간병비 지원, 최저 수준의 의료 혜택, 사회 보장금을 지지했고, 그것도 압도적 다수가 〈강력히〉 지지했다. 게다가 국민의 4분의 3이 저임금 여성 노동자를 위해 연방 정부에서 육아 정책을 마련해야 한다고 생각했다. 또 3분의 2에 가까운 수치가 공화당이 제안한 감세안은 〈감세가 필요한 사람들에게 혜택이 돌아가지 않을 것〉이라 생각했다.[10] 권위로 포장되어 국민에게 끊임없는 전해지는 프로파간다에 비추어 볼 때, 이런 자세로 회귀는 무척 놀라운 현상이다.

8　전후 초기에 대해서는 Elizabeth Fones-Wolf, *Selling Free Enterprise: The Business Assault on Labor and Liberalism, 1945–60* (Urbana-Champaign, IL: University of Illinois Press, 1994)를 참조할 것. 1980년대 중반에 대해서는 Vicente Navarro, "The 1984 Election and the New Deal," *Social Policy,* Spring 1985; Thomas Ferguson and Joel Rogers, "The Myth of America's Turn to the Right," *Atlantic,* May 1986; and Ferguson and Rogers, *Right Turn: The Decline of the Democrats and the Future of American Politics* (New York: Hill & Wang, 1986)을 참조할 것.

9　Los Angeles Times, 1994년 11월 20일. Doug Henwood in "The Raw Deal," *Nation,* 1994년 12월 12일, p. 711에서 인용.

10　Mark N. Vamos, "Portrait of a Skeptical Public," *Business Week,* 1995년 11월 20일, p. 138.

국민들의 인식과 예비 선거의 기록에서는 일관된 결론들이 도출되며, 이상과 현실의 괴리가 극명하게 나타났던 것은 이번이 처음은 아니었다. 그러나 거기에서 도출된 결론들은 『월 스트리트 저널』이 주기적으로 제시하는 결론들과 사뭇 다르다. 예컨대 『월 스트리트 저널』은 1992년의 보도에서, 국민의 83퍼센트가 부자는 더 부자가 되고 가난한 사람은 더 가난해지고, 〈경제 체제가 근본적으로 불공정하다〉라고 생각한다고 말했다. 또 국민은 〈돈벌이가 좋은 정치인들〉에게 분노하며, 더 많은 권력이 정부보다 국민에게 있기를 바란다는 결론도 도출된다. 경제 체제에 대한 국민의 불만을 이렇게 해석했다는 사실에서, 교조적인 기관들이 국민의 마음에 심으려고 애썼던 두 가지 기본 원칙이 읽혀진다. 첫째는 국민의, 국민에 의한, 국민을 위한 정부, 또 국민의 이익에 즉각적으로 반응하고, 국민의 의지와 목소리에 순응하는 정부는 없다는 원칙이다. 둘째로는 500대 상위 기업이 국내 경제의 거의 3분의 2, 국제 경제의 대부분을 담당하지만 민간 권력은 존재하지 않는다는 원칙이다.

요컨대 정부와 국민 사이에는 갈등이 있다. 아메리칸 드림을 꿈꾸며 살아가는 국민에게 정부는 적이다. 근면한 노동자와 일자리를 가진 충직한 아내, 모두의 이익을 위해 열심히 일하는 행정부, 필요할 때 적절한 돈을 적극적으로 빌려주는 우호적인 은행, 온갖 형태의 조화와 화합, 잡다한 유형의 〈국외자〉와 〈비(非)미국인 — 노동조합원과 그 밖의 어중이떠중이 — 에게만 방해받는 행복한 삶 등은 대중 홍보 산업이 부지런히 조작해 낸 그림이다. 1930년대에 조직된 민중 운동으로 역사의 종말에는 주인들의 유토피아가 완성될 것이란 믿음이 충격을 받고 뒤흔들린 후에 홍보 산업은 크게 발전했다. 따라서 약간의 변화가 있었지만, 위의 그림은 기업계의 프로파간다와 오락 산업을 통해 꾸준히 유지되었고, 민중 문화와 지식인 문화도 여기에서 상당한 역할을 했다.

이런 전반적인 그림을 고려하면, 압도적 다수의 국민이 경제 체제를 근본적으로 불공정하다고 생각한다는 사실은 국민이 부유한 정치인들에게 분노하며 정부가 그들을 지원하지 않기를 바란다는 뜻으로 해석될 수 있다. 그래야 국민의 적인 정부가 아니라 국민이 결국 권력을 차지할 것이란 결론이 내려진다. 전례가 없던 규모의 프로파간다에도 불구하고, 이 결론은 완전히 잘못된 것이 아니다. 한편 국민의 이익을 우선시하는 민주 정부는 불가능하지만 주정부는 민간 권력에 의해 상대적으로 쉽게 지배되기 때문에 완전히 불가능하지는 않고, 애덤 스미스와 그 이후로 많은 학자에게 계급 투쟁은 당연한 것으로 여겨졌고 미국 기업계에서는 절대적인 강박 관념이 되었지만 일반적인 예상과 달리 국민은 조화롭게 살아간다는 암묵적인 전제를 받아들이면 이 결론은 그럭저럭 앞뒤가 맞아떨어진다. 현실에서 미국 기업계는 계급의 차이를 남달리 의식하고 계급 전쟁에 몰두하며, 적잖은 기업 지도자가 공개적으로 계급 전쟁이란 표현을 서슴지 않는다. 게다가 오래전부터 그들은 〈대중이 새롭게 정치 세력화〉라는 경우에 기업가들이 직면하게 될 위험을 경고해왔다. 또한 〈인간의 마음을 사로잡기 위한 끝없는 전투〉에서 승리하고, 〈시민들을 자본주의 이야기로 세뇌할 필요성〉을 강조해왔다. 그리하여 모두가 그 이야기를 충실히 재현하고, 훨씬 더 인상적인 노력까지 더하는 수준에 이르는 것이 현대 역사의 주된 과제 중 하나인 것이 분명하다.[11]

1996년의 예비 선거에서 댐이 마침내 무너지며 대중 영합적인 선동가가 계급 갈등을 조장했을 때 엄청난 경악과 불안이 밀려들었다는 사실은, 끝없는 전투에 몰두하는 전사들의 능력을 간접적으로 입증해주는 것이었다. 『뉴욕 타임스』의 평론가, 제이슨 드팔은 〈공화당 예비 후보, 패트릭 뷰캐넌Patrick Buchanan이 계급 전쟁에서 다시 전선을 열었다〉라고 보도했다. 그 전까지, 불행한 국민은 〈생활 보호 대상자와 이민자, 사회적 약자 우대 정책의 수혜자〉를 상대로 분노와 불만을 터뜨렸지만, 뷰캐넌이 새롭게 전선을 형성하자 국민은 불만을 터뜨릴 새로운 표적을 찾아냈다. 상관과 관리자, 투자자와 투기

11　Alex Carey, *Taking the Risk Out of Democracy: Propaganda in the US and Australia* (Sydney: University of New South Wales Press, 1995); Fones-Wolf, *Selling Free Enterprise,* p. 52 and 177.

꾼, 심지어 계급 갈등 및 그때까지 주목받지 않던 우리 조화로운 사회의 특징들이 불만의 표적이 되었다.[12]

눈을 다른 곳에 돌렸다면 수년 더 일찍 그런 현상을 발견할 수 있었을 것이다. 1978년 전미 자동차 노동조합United Automobile Workers의 더글러스 프레이저Douglas Fraser (1916~2008) 조합장은 기업계 지도자들이 〈이 나라에서 일방적인 계급 전쟁 — 노동자와 실업자, 가난한 사람과 소수 집단, 저연령층과 초고령층, 심지어 다수의 중산 계급을 상대로 한 전쟁 — 을 벌였고, 과거에 성장과 진보를 거듭하던 시대에 미약하게 존재하던 불문율을 깨뜨리고 폐기했다〉라는 이유로 거세게 비난한 적이 있었다.[13] 또 그보다 20년 전에는 상당한 규모로 존재했던 노동계 언론이 〈대기업의 미덕을 미국 국민에게 선전〉하려는 기업계의 공격에 맞서 노동자의 언어로 싸우며, 독약에 찌든 어용 언론에게 해독약을 제공하려고 애썼다. 물론 어용 언론은 기회가 닿을 때마다 노동계를 비난하고, 국가를 실질적으로 지배하는 금융계과 산업계 거물들의 잘못을 얼버무리며 감추는 역할을 맡은 상업적 매체를 가리킨다.[14] 그 이전으로는 산업혁명의 초기까지 거슬러 올라갈 수 있다.

12   Jason DeParle, "Class is No Longer a Four-Letter Word," *New York Times Magazine,* 1996년 3월 17일, p. 40.
13   Kim Moody, *An Injury to All : The Decline of American Unionism* (New York: Verso, 1988), p. 147.

메그 그린필드Meg Greenfield(1930~1999)가 『뉴스위크』 에서 경고했듯이, 〈다양한 형태로 조직화되던 불만과 갈등이 경제의 발달로 계급 전쟁으로 전환됨〉으로써 어느덧 우리는 새로운 〈책망의 시대blame era〉에 들어선 듯하다. 〈배부른 자 본가, 즉 기업 경영진과 최고위 관리자, 투자 은행가, 신생 사업 분야의 실력자와 협상가에 대한 반감〉도 커져 간다. 특히 신생 사업 분야에서는 〈많은 일이 벌어지고 있지만 (……) 전문가 만이 이해할 수 있는 것이다〉. 이해하지 못하는 사람들은 자신 의 울분을 뒤집어씌울 사람, 즉 새로운 악역을 찾아내야 한다. 그린필드는 이런 상황을 안타깝지만 이해할 수 있다고 말한 다. 세상을 제대로 읽지 못한 사람들은 〈자신의 실패와 불행을 변명하려고 (……) 악의적인 세력〉을 항상 찾고, 그 악역이 과 거에는 〈가톨릭교도와 유대인과 이민자〉였지만 이제는 우리 를 새로운 세계로 인도하는 〈실력자와 협상가〉라는 것이 그린 필드의 설명이다.

『비즈니스 위크』의 편집진도 〈지금까지 대부분의 미국인은 개인적인 경제적 문제의 원인을 큰 정부에게 전가하는 경향을 띠었다. 그러나 이제 그들의 분노가 상당한 정도로 대기업으로 옮겨 가고 있다〉라고 덧붙였다. 게다가 많은 사람이 사회에서 기업의 역할에 대해 의문을 제기하기도 한다. 〈멍청한 사람만

14   Fones-Wolf, *Selling Free Enterprise,* pp. 44~45 and 117.

이 그 징후를 무시할 것이다.〉〈기업은 되살아나는 좌파를 약화시키려면 더욱더 책임감 있는 기업 시민이 되어야 한다.〉 경제 전문가, 존 리시오John Liscio(1949~2000)는 『배런스』에 기고한 글에서 〈채권 시장과 주식 시장이 지난 15년 동안 눈부시게 성장한 주된 이유는 자본이 노동을 완전히 지배한 덕분〉이었지만 〈이른바 생활 임금을 확보하기 위한 노동자의 공세〉가 점점 증가하고 있다. 더 큰 몫을 보장받으려는 이런 급조된 풀뿌리 민초들의 저항이 간혹 성공하며, 더는 무시할 수 없는 수준에 이르렀다.[15]

경제의 주인들이 노동자와 공동체에 대한 책임을 제대로 해내지 못한다는 국민의 반응, 그것도 거의 20 대 1의 절대적인 반응에는 더 큰 충격과 걱정이 뒤따랐다. 이 반응도 주목할 하다.

과거의 조화가 시끄럽고 잘못 이해한 대중과 냉소적인 정치인에 의해 깨졌기 때문에, 공개적인 담론의 선택 범위를 신중하게 결정해야 한다. 따라서 책임 토론이란 널찍한 스펙트럼의 한쪽 끝에는 민간 경제를 지배하는 사람들은 무자비하게 이익을 추구해야 한다는 주장이 있고, 반대편 끝에는 그들은 한층 자비로운 독재자가 되어야 한다는 주장이 있게 된다.

---

15   Meg Greenfield, "Back to Class War," *Newsweek,* 1996년 2월 12일, p. 84; Editorial, "The Backlash Building against Business," *Business Week,* 1996년 2월 18일, p. 102; John Liscio, "Is Inflation Tamed? Don't Believe It," *Barron's,* 1996년 4월 15일, pp. 10~11.

이 스펙트럼에서는 다른 있음직한 가능성들이 배제된다. 예컨대 〈금융 기관과 부유한 법인에 기초를 둔 단일하고 멋진 귀족 정부〉의 등장 가능성을 경고했던 토머스 제퍼슨의 생각은 제외된다. 제퍼슨은 그런 정부가 등장하면 소수가 〈쟁기질하는 사람과 가난한 자작농을 짓밟고 지배하게 될 것이고〉, 그런 정부에 완전한 자유가 주어지면 민주주의가 파괴되고 절대주의 체제가 부활하며 최악의 악몽을 넘어설 것이라고 생각했다. 또 알렉시 드 토크빌도 제퍼슨과 애덤 스미스를 좋아한 역사가답게, 조건의 평등을 자유롭고 정의로운 사회의 중요한 특징으로 여겼다. 토크빌은 〈조건의 항구적인 불평등〉을 위험하다고 생각하며, 〈우리 눈앞에서 하루하루 성장하는 제조업의 귀족들〉, 〈세계사에서 지금까지 냉혹한 집단〉이 그 한계를 넘어선다면 민주주의가 끝장날 것이라고 예언했다.

또 20세기 미국을 대표하는 사회 철학자, 존 듀이John Dewey (1859~1952)는 민간 권력의 체제하에서는 민주주의에 대한 진지한 논의 자체가 불가능할 것이라고 역설했다. 듀이는 〈오늘날 권력은 생산과 유통, 광고와 운송 및 통신 수단의 지배에 있다〉라며 〈그런 수단들을 소유한 사람들이 이 나라의 삶을 지배한다〉라고 덧붙였다. 또한 〈금융과 토지와 산업을 지배하고, 홍보와 프로파간다를 위한 수단인 언론과 언론 종사자 등을 동원해 그 지배력을 강화함으로써 이익을 도모하는 민간 기업〉이 이 나라를 지배하는 한, 정치는 〈대기업이 사회에 드리운 그림자〉에 불과하다. 자유와 민주주의의 이런 남용을 바로잡으려면, 노동자는 고용주가 임대한 단순한 도구가 아니라 〈자신의 산업적 운명을 스스로 결정하는 주인〉이 되어야 한다. 이런 관점은 고전적 자유주의classical liberalism의 기원까지 거슬러 올라가는 생각이다. 산업이 〈봉건적 사회 질서에서 민주적 사회 질서로 옮겨 가며〉 노동자의 통제 하에 있게 될 때까지, 민주주의는 여러 형태로 존재할 수 있겠지만 그 본질은 제한적일 수밖에 없다.[16]

이런 생각들은 미국 산업 발전의 초기 시대에는 노동계 언론에서도 다루어졌다. 숙련공과 〈여공factory girl〉 및 많은 노동자가 〈새로운 시대 정신: 자신 이외에 모든 것을 잊고 부를 추구하라〉는 구호에 저항하며 웅변적인 목소리를 냈기 때문이다. 그들은 자신들의 존엄과 자유와 문화를 〈제조업의 냉혹한 귀족들〉의 공격으로부터 지켜 내려고 싸웠다. 그들은 귀족들에게 더 많은 자비를 베풀라고 탄원하지 않고, 그들의 행위 자체를 불법이라 규탄하며 냉혹함과 자비로움을 결정할 권리가 그들에게 있다는 걸 부정했다. 또 노동자들은 경제계와 사

---

16 Charles Sellers, *The Market Revolution: Jacksonian America, 1815–1846* (Oxford: Oxford University Press, 1991), p. 106; Alexis De Tocqueville, *Democracy in America,* ed. Phillips Bradley (New York: Alfred A. Knopf, 1945), vol. 2, chapter 20, p. 161을 참조할 것. 존 듀이에 대해서는 On John Dewey, see particularly Robert Westbrook, *John Dewey and American Democracy* (Ithaca, NY: Cornell University Press, 1991)을 참조할 것.

〈동의 없는 동의〉 **139**

회계와 정치계에서 어떤 일이 일어날지 결정할 권리가 귀족에 있다는 것도 부정했다. 오랜 시간이 지난 후 듀이가 그랬던 것처럼, 노동자들은 〈공장에서 일하는 사람이 공장을 소유해야 한다〉라고 주장하며 진정한 민주주의를 꿈꾸었다.[17]

이 모든 것이 지극히 미국적인 것이고, 급진적인 지식인에게는 상당히 유리한 것이어서 미국의 진정한 역사에서 중요한 부분을 차지한다. 그러나 상위 500대 기업이 추종자들에게 더 친절하게 행동해야 한다는 생각 — 몇몇 대담한 사람들이 제안하듯이, 특별 감세로 유혹해 〈기업의 탐욕corporate greed〉을 억제해야 한다는 생각 — 을 용인하는 방향으로 스펙트럼을 넓히는 경우에도 이것들은 배제된다.

자비로운 독재 권력은 본질적인 불법성을 제외하더라도 실질적인 문제를 제기한다. 자비로운 독재 권력은 게임을 운영하는 사람들로 언제라도 그 게임을 취소할 수 있고, 기분에 따라 무자비하게 변한다. 〈복지 자본주의welfare capitalism〉의 역사를 살펴보면, 주인들이 민주주의의 위협을 차단하려고 시작했지만, 더는 도움이 되지 않고 더는 필요하다고 생각되지 않은 순간에 복지 자본주의는 취소된다. 이런 현상은 오늘날에도 다시 되풀이되고 있는 실정이다. 이런 현상의 교훈은 150년 전 동(東)매사추세츠주의 공원들에게 그랬듯이 오늘날에도

---

17 Norman Ware, *The Industrial Worker 1840~1860* (Chicago: Ivan R. Dee, 1990).

분명하다.

다시 예비 선거로 돌아가서, 그 선거에서는 무엇이 빠졌는지를 자세히 살펴보자.

첫째로는 상원 의원 필 그램Phil Gramm의 때이른 기권이었다. 정치 평론가 제임스 페리James Perry가 『월 스트리트 저널』에 보도한 바에 따르면, 상원 의원 필 그램은 충분한 선거 자금을 지원받고도 예비 선거에서 가장 먼저 기권했다.[18] 페리도 인정했듯이, 그램의 기권은 특히 주목해야 했다. 그램은 1994년 공화당의 역사적인 승리를 계기로 미래의 정치 풍경을 장기적으로 바꿔가려던 보수주의자들, 즉 잘못된 사회 계약을 되돌리고 찬란한 1890년대와 광란의 1920년대처럼 영광의 시대를 회복하려던 〈보수주의자들의 기준을 만족시키는 유일한 대통령 후보〉였기 때문이다. 토머스 퍼거슨의 표현을 빌리면, 그 시대는 〈민주주의를 조금이라도 닮은 곳에서는 진행될 수 없는 방법〉에 의해 자본이 노동을 완전히 지배하는 상황이 완전히 구축된 때였다.[19]

페리의 평가에 따르면, 의회 선거에서 공화당의 붕괴는 〈잔혹하기 그지없는 아이러니〉였다. 그런 사실이 무척 흥미롭다는 페리의 판단이 잘못된 것은 아니었지만, 깅그리치 공화당

18   James Perry, "Notes From the Field," *Wall Street Journal,* 1996년 2월 26일, p. A20.
19   Ferguson, *Golden Rule,* p. 72.

의 프로그램에 대한 반대가 많다는 걸 꾸준히 보여 준 여론 조사를 지켜본 사람들에게는 그런 사실이 조금도 놀랍게 여겨지지 않을 것이다.

선거가 끝나고 며칠 후, 『월 스트리트 저널』의 정치 평론가 앨버트 헌트Albert Hunt는 뉴햄프셔 예비 선거에서 〈뉴트 깅그리치나 미국과의 계약〉[20] 및 워싱턴 정가의 경제 보수주의자들이 좋아하는 주제에 대한 언급은 거의 없었다〉라고 보도했다.[21] 실제로 그랬고, 조금도 놀랍지 않은 보도였다. 1994년 11월에도 미국과의 계약에 대해 들은 유권자는 거의 없었다. 그 계약에 대해 많이 알게 되면, 대다수가 반대하는 목소리를 높였다. 대중을 맞닥뜨려야 할 때 정치인들은 자신의 의제를 뜨거운 감자처럼 포기해 버린다. 더 정확히 말하면, 그 의제를 언급하지 않는다. 이 정도는 잔혹한 아이러니가 아니라, 단순한 사실 확인에 불과하다. 대중이 무엇을 좋아하든 간에, 알렉산더 해밀턴Alexander Hamilton(1755~1804)이 〈거대한 야수great beast〉라 칭했던 〈국민〉이 울타리 안에서 조용히 지내는 한 원래의 의제는 예전과 똑같이 추구되는 게 사실이다.[22]

어쩌면 예비 선거에서 언급되지 않는 가장 극적인 사례는

20 Contract with America, 1994년 국회의원 선거에서 공화당이 발표한 문서 ─ 옮긴이주.

21 Albert R. Hunt, "Politics and People: The Republicans' Claiming High Ground," *Wall Street Journal*, 1996년 2월 22일, p. A15.

연방 부채와 연방 적자였을 것이다. 페리는 〈이제는 누구도 균형 예산에 대해 목소리를 높이지 않는다〉라고 보도했지만, 수주 전까지도 균형 예산은 가장 주된 쟁점이었다. 두 정당이 균형 예산을 향후 7년 이내에 성취해야 하느냐를 두고 언쟁을 벌일 때마다 연방 정부는 입을 다물 수밖에 없었다. 양쪽 모두가 〈분명히 해두겠습니다. 물론, 물론 균형 예산은 필요한 것입니다〉라는 현 대통령의 발언에 동의했다.[23] 그러나 국민을 더는 완전히 무시할 수 없게 되자 그 문제는 쟁점에서 사라졌다. 혹은 『월 스트리트 저널』이 즐겨 사용하는 표현을 빌리면, 〈유권자들이 균형 예산이라《강박》을 버렸다〉. 다시 말하면, 압도적 다수의 유권자가 균형 예산을 반대한다는 뜻이었고, 이런 해석은 정기적인 여론 조사에서 확인되는 것이었다.[24]

정확히 말하면, 적잖은 국민이 균형 예산에 대한 두 정당의 〈강박〉을 공유했다. 1995년 8월의 조사에서 국민의 5퍼센트가 적자 재정을 노숙자 문제와 더불어 미국에서 가장 중요한 문제로 선택했다.[25] 그러나 균형 예산에 집착하는 그 퍼센트

---

22   Henry Adams, *History of the United States of America during the Administrations of Thomas Jefferson* (New York: Literary Classics of the United States, Inc., 1986), p. 61.

23   "Clinton Warns of Medicaid Plan," *Boston Globe,* 1995년 10월 1일, p. 12.

24   Alan Murray, "The Outlook: Deficit Politics; Is the Era Over?" *Wall Street Journal,* 1996년 3월 4일, p. A1.

25   New York Times/CBS News Poll, *New York Times,* 1995년 10월 1일 p. 4.

가 미국에서 막강한 위치를 차지하는 사람들이었다. 『비즈니스 위크』는 기업의 중역을 대상으로 실시한 여론 조사를 바탕으로 〈미국 기업계는 연방 예산의 균형을 주장한다〉라고 발표했다.[26] 기업계가 그렇게 말하자, 정치계와 언론계도 이구동성으로 입을 맞추었고, 국민에게 〈미국인은 균형 예산을 선택했다〉라며 여론의 뜻에 따라 사회 보장비를 삭감해야 할 이유를 상세히 설명하는 친절을 베풀었다. 하지만 정기적인 여론 조사에서 입증되었듯이, 선거 기간과 그 이후에도 균형 예산에 대한 대대적인 반대가 있었다.[27]

정치인들이 거대한 야수를 맞닥뜨려야 했을 때 균형 예산이란 쟁점이 완전히 사라진 것은 조금도 놀라운 현상이 아니었다. 혹은 균형 예산이란 의제가 사회 보장비의 삭감과 국방비의 증액이란 이중의 목적을 추구하며 계속 시행되었더라도 그다지 놀라운 일은 아니었을 것이다. 국민 여섯 명 중 한 명만이 찬성하지만, 기업계가 두 정책을 강력히 지지하기 때문이다. 미국의 국방 시스템은 공공 자금을 첨단 산업 분야를 지원하는 방식으로 사용되므로, 국방 시스템이 국내에서 차지하는 역할을 고려하면 국방비가 증액되는 이유는 쉽게 이해된다. 따라서 뉴트 깅그리치의 부유한 유권자들은 연방 체제에서 소

26   Business Week/Harris Executive Poll, *Business Week,* 1995년 6월 5일, p. 34.
27   Robert Siegel, National Public Radio, *All Things Considered,* 1995년 5월 12일 방송.

외된 어떤 외곽 지역보다 더 많은 보조금을 연방 정부로부터 받아 시장의 가혹함으로부터 보호받지만, 그런 와중에도 뉴트 깅그리치는 큰 정부를 신랄하게 비판하며 기업자 정신의 가치와 철저한 개인주의를 찬미한다.

1994년 11월 선거가 시행되기 전의 일반적인 이야기는 자유 시장의 열렬한 지지자들이 미국과의 계약을 계속할 것이란 게 여론 조사에서 확인되었다는 것이었다. 하지만 그런 소문은 처음부터 거짓말이었던 게 분명했고, 그런 사기극이 이제 부분적으로 인정되었다. 공화당의 여론 조사 전문가, 프랭크 런즈Frank Luntz는 기자 회견에서 과반수의 미국인이 미국과의 계약 내용을 전적으로 지지한다고 기자들에게 확언했던 것은 국민에게 호감을 주려고 구호들을 국민이 좋아했다는 뜻이었다고 변명했다. 예컨대 표적 집단focus group을 분석한 결과에 따르면, 국민은 의료 체제의 전면적인 포기를 반대하며 오히려 〈다음 세대를 위해 의료 체제를 유지하고 보호하며 강화하기를 바랐다〉. 따라서 의료 체제의 포기는 〈노령층의 의료제도를 보호하고 유지하는 동시에 베이비 부머 세대를 위해 기초를 닦는 해결책〉(깅그리치)으로 제시된 것이라 설명했다. 로버트 돌 후보도 〈공화당은 의료 체제를 보호하고 유지할 것〉이라고 덧붙였다.[28]

마케팅에 막대한 비용을 퍼부으며 기업계가 좌지우지하는 사회에서 이런 현상은 당연한 것이다. 최근에 발표된 연구에 따르면, 마케팅 자금은 연간 1조 달러로 GDP(국내 총생산)의 6분의 1에 해당한다. 하지만 그 대부분이 세금 감면이란 혜택을 받아, 결국 기업계는 국민의 돈으로 국민의 생각과 행동을 조작하고 있는 셈이다.[29] 이 방법은 인위적인 욕구를 만들어 내고 생각의 방향을 조종함으로써 〈국민의 정신public mind〉을 통제하려고 고안된 많은 계책의 하나에 불과하다.

홍보 산업을 주도한 인물 중 하나인 에드워드 버네이즈 Edward Bernays(1891~1995)는 홍보에 대한 입문서에서 〈민주 사회에서 대중의 조직화된 습관과 생각을 신중하고 영리하게 조작하는 것은 반드시 필요한 작업〉이라고 말했다. 이 작업을 위해 영리한 소수는 프로파간다를 지속적이고 체계적으로 이용해야 한다. 국민의 작은 일부이지만 그들만이 〈대중의 심리 작용과 사회적 패턴을 이해하고 있어, 국민의 정신을 통제하는 끈을 잡아당기는 위치〉에 있기 때문이다. 우리 사회는 합리적이고 순조롭게 기능하는 〈열린 경쟁〉을 약속하며 자유 경쟁을 인정하기로 동의했다. 그런데 그 자유 경쟁은 리더십과

28 Knight-Ridder, "GOP Pollster Never Measured Popularity of 'Contract,' Only Slogans," *Chicago Tribune,* 1995년 11월 12일, p. 11; Michael Weisskopf and David Maraniss, "Gingrich's War of Words," *Washington Post* (national weekly edition), November 6~12, 1995, p. 6.

29 Michael Dawson, *The Consumer Trap: Big Business Marketing and the Frustration of Personal Life in the United States since 1945,* Ph.D. Dissertation, University of Oregon, August 1995.

프로파간다, 즉 〈국민의 마음을 통제하는 메커니즘〉으로 조직
된 것이다. 따라서 영리한 소수는 새롭게 얻은 힘을 원하는 방
향으로 행사할 수 있도록 대중의 마음을 끌어가며, 〈군대를 조
직적으로 편성하여 통제하듯이 국민의 마음을 작은 부분까
지 일일이 조직적으로 관리할 수 있다.〉[30] 버네이즈는 20년 후,
1949년 미국 심리학회로부터 공로상을 받기 직전에는 이렇
게 〈동의를 공작하는 과정〉이 〈민주적 과정의 본질〉이라고 말
했다.

　　프랭클린 루스벨트 시대에 활약한 충직한 자유주의자, 버네
이즈는 우드로 윌슨의 〈공보 위원회Committee on Public Infor-
mation〉(크릴 위원회)에서 실력을 연마했다. 공보 위원회는 미
국이 국가 차원에 운영한 최초의 선전 기관이었다. 버네이즈
는 프로파간에 대해 쓴 입문서에서 〈물론 전쟁 기간에 프로파
간다가 거둔 놀라운 성공은 삶의 모든 부문에서 대중의 마음
을 통제하는 가능성에 대해 영리한 소수의 눈을 뜨게 해준 것〉
이라고 말했다. 크릴 위원회는 지식인들이 〈미국 대통령이 시
행한 역사상 가장 큰 사업을 유리한 방향으로 충실히 해석하
는 임무〉를 맡은 공식적인 군사 작전 기관이었다(『뉴리퍼블
릭』). 군사적 승리 없는 평화라는 구호를 열심히 떠벌린 후에
제1차 세계 대전에 참전하기로 결정한 윌슨의 선택을 미화하

30　Edward L. Bernays, *Propaganda* [1928] (Brooklyn: Ig Publishing, 2004).

는 임무가 그들에게 맡겨졌다. 크릴 위원회가 훗날 밝혀졌듯이, 그들의 업적은 훈족[31]의 잔혹성에 대해 조작하는 프로파간다와 유사한 수단의 도움을 받아 〈저항하거나 무관심한 다수에게 그들의 의지를 관철한 것〉이었다. 뜻밖에도 이 프로파간다 조작법은 〈세계 사람들의 생각을 원하는 방향으로 유도하는 책임〉을 비밀리에 맡고 있던 영국 정보국의 좋은 수단이 되었다.

이 모든 것이 윌슨의 이상주의로 알려진 윌슨 독트린의 진면목이다. 안정과 정의를 지키기 위해서는 〈고귀한 이상〉을 가진 소수 엘리트가 필요하다는 게 윌슨의 생각이었다.[32] 역시 크릴 위원회에서 활동한 월터 리프만Walter Lippmann(1889~1974)은 민주주의를 다룬 논문에서, 소수의 영리하고 〈책임감 있는 사람들〉이 의사결정을 통제할 수 있어야 한다고 주장했다. 그 영리한 〈특수 계층〉은 건전한 여론을 형성하고 정책을 수립하는 책임을 떠안는 동시에, 〈무지하지만 참견하기를 좋아하는 국외자들〉을 견제해야 한다. 그런 국외자들에게는 문제의 본질을 다룰 능력이 없기 때문이다. 대중은 〈자신들의 자리를 지켜야 한다〉. 민주주의에서 대중의 역할은 참여자가 아니라 〈행

---

31   제1차 세계 대전 중에 독일인을 경멸적으로 가리키던 말 — 옮긴이주.

32   David S. Fogelsong, *America's Secret War Against Bolshevism: U.S. Intervention in the Russian Civil War, 1917~1920* (Chapel Hill, NC: University of North Carolina Press, 1995), p. 28.

동의 구경꾼〉이 되는 것이다. 구체적으로 말하면, 주기적으로 실시되는 선거에서 〈실질적으로 행동하는 위치에 있는 사람의 지지자로서 행동〉할 뿐이다.

현대 정치학를 정립한 학자 중 하나인 해럴드 라스웰은 『사회 과학 백과사전』에서 〈프로파간다〉에 대해 설명하며, 〈영리한 소수는 대중의 무지함과 우매함을 인식하고, 인간은 자신에게 이익이 되는 최선의 방향으로 판단하는 사람이란 민주적 교조주의에 굴복해서는 안 된다〉라고 경고했다. 달리 말하면, 대중은 자신의 이익을 위해서라도 통제받아야 한다는 뜻이었다. 그렇게 하는 데 필요한 힘이 사회의 관리자에게 허용되지 않는 민주 사회에서는 프로파간다라는 〈완전히 새로운 통제 기법〉에 눈을 돌려야 한다.

물론 숨겨진 전제가 있다. 영리한 소수는 실권이 어디에 있는지 알아낼 수 있을 정도로 충분히 영리해야 한다는 전제이다. 예컨대 윌슨의 원대한 시도에 깃든 고귀함을 인지하지 못한 까닭에 감옥에 수감되어야 했던 유진 데브스Eugene Debs(1855~1926)와는 달라야 한다. 감옥에 투옥되기 수년 전, 『뉴욕 타임스』는 데브스를 〈인류의 적〉으로 선포하며 〈그의 잘못된 가르침에서 비롯된 무질서는 진압되어야 한다〉라고 보도했다. 실제로 그런 진압이 행해진 까닭에 역사학자 데이비드 몽고메리David Montgomery(1927~2011)는 〈노동자의 항의를 짓밟고 만들어진 가장 비민주적인 미국〉이라고 말

했다.[33]

　이 문제는 요즘 들어 더욱더 실감나게 다가온다. 예컨대 레이건 시대가 시작되었을 때 하버드의 행정학 교수 새뮤얼 헌팅턴Samuel Huntington(1927~2008)이 설명했듯이, 〈당신이라도 현재 싸우고 있는 적국이 소련이라는 잘못된 인상을 심어주는 방향으로 간섭이나 그 밖의 군사적 행동을 선전할 수밖에 없지 않겠는가. 이 방법은 미국이 트루먼 독트린 이후로 줄곧 사용해 온 것이다.〉[34] 저항하는 대중은 폭력의 위험만을 감수해야 하는 것은 아니다. 저항하는 대중은 자유 기업 제도의 비용과 위험까지 떠안아야 한다. 대중에게 떠넘겨진 이런 책임들은 제2차 세계 대전 이후에 새로운 형태를 띠었다. 이때 기업계가 〈정부 보조금을 받지 않는 순수하고 경쟁력 있는 자유 기업 체제에서는 선진 산업이 만족스럽게 존재할 수 없고〉, 〈정부가 그들에게 유일하게 가능한 구세주라는 것〉을 깨달았기 때문이다(『포춘』, 『비즈니스 위크』). 기업계 지도자들은 경제 부양책도 다른 형태를 띨 수 있지만, 자칫하면 달갑지 않은 민주화와 재분배 효과를 유발할 수 있는 사회 비용보다 국방

33　Patricia Cayo Sexton, *The War on Labor and the Left* (Boulder, CO: Westview Press, 1991), p. 112; David Montgomery, *The Fall of the House of Labor: The Workplace, the State, and American Labor Activism, 1865~1925* (Cambridge: Cambridge University Press, 1987), p. 7.

34　Samuel Huntington, "Vietnam Reappraised," *International Security* 6, no. 1 (Summer 1981), p. 14.

비가 많은 점에서 유리하다는 것도 깨달았다. 냉전에 대해 〈잘 못된 인상을 심어 줌〉으로서 대중을 길들일 수 있다고 생각하는 데는 대단한 상상력이 필요한 게 아니었다. 해리 트루먼의 공군 장관은 이 점을 정확히 이해하고, 구세주가 비용과 위험을 사회화하는 걸 허용하도록 무지하지만 참견하기를 좋아하는 국외자들을 설득할 필요가 있을 때는 〈보조금〉보다 〈안보〉라는 단어를 사용하라고 조언했다. 선진 산업 경제에서는 실질적으로 모든 분야가 이런 조치에 의존해 왔다.[35]

레이건주의자들도 이 교훈들을 정확히 이해했다. 따라서 그들은 보호주의에서 새로운 전후 기록을 세우며, 전후에 항상 그랬듯이 선진 사업에 정부 보조금을 크게 확대했다. 헤리티지 재단와 뉴트 깅그리치는 물론이고, 일곱 살짜리 어린아이에게 시장의 장점을 설교하며 국방비 예산을 냉전 수준 이상으로 증액하자고 주장하는 사람들도 그 교훈을 이해하고 있는 게 분명하다. 러시아는 더 이상 적이 아니지만, 과거의 적이 종속적인 동맹이 되고 미국의 무기 생산에 기여할 때도 은밀히 나타나는 새로운 적 때문에 국방비 예산을 증액해야 한다는

---

35 Frank Kofksy, *Harry S. Truman and the War Scare of 1948* (New York: Macmillan, 1993); Noam Chomsky, *Turning the Tide: U.S. Intervention in Central America and the Struggle for Peace,* expanded ed. (Boston: South End Press, 1985). 이 책의 신간이 2015년 Haymarket Books에서 출간되었다. Noam Chomsky, *World Orders, Old and New,* 증보판 (New York: Columbia University Press, 1996).

게 그들의 주장이다. 베를린 장벽이 무너지고 수개월 후 부시 행정부가 의회에 설명했듯이, 제3세계의 갈등이 과학 기술적인 면에서 나날이 정교해지기 때문에, 또 새로운 시설과 설비 및 연구 개발에 투자하며 방위 산업 기지를 강화할 필요가 있기 때문에도 펜타곤의 예산은 대규모로 유지되어야 한다.

게다가 그 직후, 부시 행정부는 미국 무기를 제3세계에 대거 판매함으로써, 존 F. 케네디가 걱정한 〈획일적이고 무자비한 음모〉을 대체하며 시작된 위협을 오히려 부추겼다. 클린턴 행정부는 아예 한 걸음을 더 나아가, 〈미국 무기 제조업체의 건전성과 국내 경제 상황을 고려해서 외국 무기 판매의 승인 여부를 결정하는 정책〉을 처음으로 도입했다는 보도까지 있었다. 전통적인 핑곗거리이던 소련이 붕괴된 후로는 현실을 조금이나마 더 정직하게 직시할 필요가 있었던 까닭에 이런 변화는 자연스러운 것이었다.

비민주적인 국가로의 무기 판매는 국민의 96퍼센트가 반대했다. 민주주의를 관대하게 해석하는 경우에는 이런 국가에 판매되는 무기량은 상당하다. 군사비는 종종 〈일자리 프로그램 jobs program〉으로 묘사되지만, 국민은 〈일자리〉가 〈국민의 정신을 통제하는 새로운 기법〉에서는 〈이익〉을 뜻하게 되었다는 걸 아직까지 납득하지 못하거나, 확실하게 인식하지 못하는 듯하다.[36]

〈안정과 정의〉를 지키는 문제는 해외에도 역시 중대하

다. 금세기 초부터 잠재적인 〈남반부의 거인〉으로 여겨졌고, 1945년 미국이 〈자신의 이익을 위해서 세계 자본주의 체제의 안녕을 책임지는 역할을 떠맡았을 때 산업 발전을 위한 근대적인 과학적 방법론의 실험장〉[37]으로 삼았던 브라질을 예로 들어 보자. 1960년 브라질을 방문한 아이젠하워 대통령은 50만 명의 청중에게 〈우리의 양심적인 민간 기업은 모든 국민, 기업주와 노동자 모두에게 똑같은 혜택을 줄 것입니다. (……) 브라질 노동자들은 민주주의 체제하에서 자유를 만끽하며 삶의 즐거움을 행복하게 증명해 보이게 될 것입니다〉라고 약속했다. 그보다 수개월 전에는, 존 캐벗 무어스John Cabot Moors(1901~1981) 미국 대사가 리우데자네이루의 청중에게 〈미국이 남아메리카의 오래된 악습을 깨뜨렸습니다. 그리고 무상 의무교육, 법 앞에서의 평등, 상대적으로 계급이 없는 사회, 정부가 책임을 지는 민주주의 체제, 자유 경쟁 기업, 민중을 위한 생활 수준의 향상 등과 같은 혁명적인 사상을 도입했습니다〉라고 말했다.

그러나 브라질 사람들은 그런 행운을 황송스레 생각하지 않았고, 북쪽의 교사를 자처하는 미국이 가져온 반가운 소식에

---

36 Eyal Press, "GOP 'Responsibility' on US Arms Sales," *Christian Science Monitor*, 1995년 2월 23일, p. 19.
37 Gerald K. Haines, *The Americanization of Brazil: A Study of U.S. Cold War Diplomacy in the Third World, 1945~1954* (Wilmington, DE: Scholarly Resources, 1989), pp. ix, 121.

냉담하게 반응했다. 존 포스터 덜레스 국무장관은 국가 안전 보장 회의에서 〈라틴 아메리카의 엘리트는 어린아이와 같다. 실질적으로 그들에게는 자치 능력이 없다〉라고 보고했다. 더구나 〈미국은 순진한 사람들의 정신과 감성을 사로잡는 데는 소련에 비해 한참 뒤처져 있다〉라고도 말했다.[38] 수주 후, 덜레스는 〈대중 운동을 조종하는 공산주의자들의 능력에 우려를 표명했고, 우리는 흉내낼 수조차 없는 능력〉이라며, 〈가난한 사람은 공산주의자의 표적이고, 공산주의자는 예부터 부자들을 약탈하려고 했다〉라고 덧붙였다.[39] 곧이어 워싱턴은 안정과 정의를 유지하기 위해 한층 가혹한 조치를 취할 수밖에 없었다.

책임감을 갖고, 민주주의를 세계의 어린아이들에게 전해 주려고 애쓰는 사람들은 쉽지 않은 저항에 맞닥뜨린다. 따라서 민주주의를 확대하려는 워싱턴의 욕망이 일반적으로 효과를 거두지 못하고, 현란한 구호에 그치는 경우가 많다고 놀랍지는 않다. 토머스 캐로서스Thomas Carothers는 레이건 시대에

38　Stephen Streeter, "Campaigning against Latin American Nationalism: John Moors Cabot in Brazil, 1959~1961," *The Americas* 51, no. 2 (October 1994), pp. 193~218, 1958년 5월 21일 국가 안전 보장 회의에 제출된 보고서를 인용.

39　John Foster Dulles, Telephone Call to Allen Dulles, "Minutes of telephone conversations of John Foster Dulles and Christian Herter," June 19, 1958 (Eisenhower Presidential Library, Abilene, KS).

시행된 〈민주주의의 판촉promotion of democracy〉를 조사했고, 그 시도가 전반적으로 실패했지만 〈진지한 노력〉이었다고 평가했다.

캐로서스는 1985년부터 1988년까지 국무부의 법률 자문국에 근무한 까닭에 레이건 정부의 〈민주주의 지원 프로젝트〉를 내부자의 관점에서 되짚어 보았다. 그 프로젝트는 〈역사적으로 상당히 비민주적이었던 사회였더라도 본래의 기본적인 질서〉를 유지하며, 〈기존의 정치 경제적인 질서를 뒤엎는 위험이나, 좌파적인 방향으로 흘러갈 위험이 있는 대중 영합적인 변화〉를 피하려고 애썼다. 미국은 급진적인 변화를 요구하는 압력을 완화하는 수단으로 친민주주의적인 정책을 꾸준히 채택했지만, 〈미국과 오랫동안 동맹 관계에 있던 전통적인 권력 구조를 뒤엎는 위험을 무릅쓰지 않으려고 어쩔 수 없이 상의하달식의 민주적 변화를 제한적으로 실시했다〉. 〈어쩔 수 없이〉라는 표현은 지나칠 수 있다. 그러나 남아메리카에서 이른바 〈복지 자본주의〉와 민주적 개혁들은 마지못해 받아들여졌고, 그곳에서 실시된 정책들은 예상과 관례에서 크게 벗어나지 않고 민주주의의 지배적인 관념에 일치하는 것이었다. 캐로서스가 지적하듯이, 민주주의를 향한 진보가 미국의 영향과 음의 상관관계negative correlation를 보인 것은 그다지 놀랍지 않다.[40]

유사한 문제는 국제 기구에서도 제기되었다. 초기에 유엔은 여러 분명한 이유로 미국의 정책을 충실히 따르는 하수인이었고, 따라서 대대적으로 환영받는 기구였다. 그러나 식민지들이 독립하면서 〈다수의 횡포〉라 일컬어지는 새로운 고민거리가 대두되었다. 1960년대부터 워싱턴은 안전 보장 이사회의 결의안에 거부권을 행사한 횟수에서 1위가 되었고(2위는 영국, 3위는 프랑스), 유엔 총회의 결의안에도 단독으로 혹은 일부 위성국과 함께 반대표를 던지느라 진땀을 흘려야 했다. 결국 유엔은 못마땅한 기구로 전락하고 말았다. 미국이 유엔을 거부하는 게 아니라 유엔이 미국의 요구를 거부한다는 사실은 조금도 이상한 것이 아니다. 이제 워싱턴이 더 이상 〈자동적인 다수automatic majority〉를 안심할 수 없게 되었기 때문이다. 『뉴욕 타임스』의 기자, 리처드 번스타인Richard Bernstein은 국제 규범이 타락한 원인이 〈유엔의 구조와 정치 문화〉 및 미국의 외교력 부족에 있다고 평가했다.[41]

1980년대에 들자 미국은 국제 사법 재판소의 강제 사법권을 유사한 이유에서 인정하지 않았다. 당시 국무부 법무 보좌관이던 에이브러햄 소페어Abraham Sofaer(1896~1988)는 〈미

---

40   Thomas Carothers, "The Reagan Years: The 1980s," in Abraham Lowenthal, ed., *Exporting Democracy: The United States and Latin America* (Baltimore, MD: Johns Hopkins University Press, 1991), pp. 90~122; Thomas Carothers, *In the Name of Democracy: U.S. Policy Toward Latin America in the Reagan Years* (Berkeley, CA: University of California Press, 1991), p. 249.

41   Richard Bernstein, "The U.N. versus the U.S.," *New York Times Magazine,* 1984년 1월 22일, p. 18.

국이 그런 사법권을 인정했을 때 과거에는 대부분의 유엔 회원국이 미국과 동조하며 세계 질서에 대한 미국의 견해를 공유했다〉라고 말했지만, 그런데 상황이 달라졌다. 이제 〈상당수의 회원국이 유엔 헌장을 헌법적 개념으로 받아들이는 우리의 견해에 공유하지 않는 것〉으로 여겨진다며 〈때로는 과반수의 똑같은 회원국이 중요한 국제 문제에 대해 미국의 제안에 반대한다〉라고 덧붙였다. 따라서 〈기본적으로 미국 국내에 관할권이 있는 문제는 미국에 의해 결정되어야 하므로, 미국은 이런 문제와 관련된 분쟁의 강제 관할권을 인정하지 않는다〉라고 규정한 1946년의 코널리 유보Connally Reservation에 따라, 우리는 국제 사법 재판소가 특정한 사건에 대해 우리를 관할할 수 있느냐에 대한 결정권을 우리에게 되돌려야 한다. 여하튼 니카라과에 대한 미국의 행위는 훗날 국제 사법 재판소에서 〈위법한 무력 사용〉으로 판결을 받았다.[42]

미국 형사 소송 변호사 협회NACDL: National Association of Criminal Defense Lawyers의 로버트 포겔네스트 회장은 국내에서 일어난 유사한 사례를 언급했다. 포겔네스트는 배심원단의 비만장일치 평결을 허용하려는 캘리포니아주의 조치에 대해

---

42 Abram Sofaer, "The United States and the World Court," U.S. Department of State, Bureau of Public Affairs, *Current Policy*, no. 769 (December 1985). 상원 외교위원회에서 행한 진술. Tayyab Mahmud이 내게 이 진술을 알려주었다.

논의할 때, 〈사회적 합의가 되지 않는 경우가 증가하고 공동체 내에도 다양한 의견이 많다〉라는 캘리포니아주 지방 검사 협의회 대표들의 발언을 인용하며 그 조치의 타당성을 뒷받침했다. 포겔네스트의 지적에 따르면, 〈예전과 달리 이제는 여성과 유색인, 이민자와 동성애자, 반정부주의자, 심지어 변호사까지 자랑스레 배심원으로 일하려 한다.〉[43] 이렇게 보면, 국제 기구를 무시하는 미국의 태도는 전통적인 권력 구조에 대한 도전을 다루는 방식과 크게 다르지 않은 듯하다. 구체적으로 말하면, 민주적인 관례이더라도 〈안정과 정의〉를 유지하지 못하면 철회되어야 한다.

국내외에서 진행되는 이런 행위들도 지극히 미국적인 것들이다. 이와 관련된 기본적인 핵심은 사회학자 프랭클린 헨리 기딩스Franklin Henry Giddings(1855~1931)이 필리핀 해방을 다룬 글에서 설득력 있게 설명해 주었다. 20세기로 전환되던 시기에 미국은 필리핀을 해방시키고 있었다. 다시 말하면, 수십만 명의 영혼을 삶의 슬픔과 고통에서 해방시키고 있었다. 언론의 표현을 빌리면, 〈우리가 원주민들을 영국식으로 학살한 까닭에, 잘못 판단하여 우리에게 저항하는 사람들도 결국 우리 무기를 존중하게 될 것이고, 우리가 어쩔 수 없이 그들에게 대량 학살을 시행하지만 궁극적으로는 그들의 자유와 행복

---

43 Robert Fogelnest, "President's Column," *The Champion,* March 1996, p. 5.

을 바랐다는 걸 깨닫게 될 것이다〉.

이런 만행을 올바른 문명인의 시각에서 설명하려고 기딩스는 〈동의 없는 동의〉라는 개념을 만들어 내며, 〈세월이 지난 후, 정복 당한 사람들이 예전의 불편한 관계가 더 많은 이익을 위한 것이었다는 것을 깨닫게 된다면, 피지배자의 동의하에 권위가 부여되었다는 합리적인 주장이 가능할 수 있다〉라고 설명했다. 비교해서 말하면, 분주한 도로에 뛰어들려는 어린 아이를 붙잡는 어머니의 모습과 다를 바가 없었다는 것이다.[44]

〈동의 없는 동의〉라는 유용한 개념은 약간 변형된 형태로 법정에서도 채택되었다. 예컨대 오하이오의 공장들이 상대적으로 임금이 낮은 주로 이전함으로써 일자리를 상실한 노동자들의 항소를 기각하며, 제6연방 순회 항소 법원은 〈미국에서 주와 카운티는 이전을 모색하는 기업을 유치하기 위해 서로 경쟁하는 관계에 있다고 판결했다. 따라서 노동법으로 그런 이전을 막을 수 없고, NAFTA(북미 자유 무역 협정)로 예견되었듯이 해외로 혹은 미국 내의 다른 지역으로 공장을 이전하기 위해 노동조합이 결성된 공장을 폐쇄하는 걸 금지할 수 없다는 게 항소 법원의 결정이었다. 게다가 의회와 법원은

---

44 Stuart Creighton Miller, *Benevolent Assimilation: The American Conquest of the Philippines, 1899~1903* (New Haven, CT: Yale University Press, 1982), pp. 74, 78, 123.

좋든 나쁘든 간에, 우리의 자본주의 체제는 다원주의와 관계가 있지만 효율성과 경쟁력과 관련된 변수들을 계산한 결과를 근거로 한 기업의 이전을 막을 수 없다는 게 사회적 판단이다. 시장 법칙이 지배한다. 현재의 법 이론과 경제 이론에 따르면, 정부 기관들은 그렇게 상업적 이익을 고려함으로써 사회 전체의 장기적인 최고 이익을 꾀한다. 미국이 따르기로 선택한 기본적인 사회 정책이 바로 그런 것이다.[45]

국민의 〈동의 없는 동의〉가 없었다면, 미국은 그런 길을 따르기로 선택하지 않았을 것이다. 시장 법칙이 지배한다는 것도 진실이 아니고, 노동자와 가난하고 약한 사람을 제외하면 자본주의 체제도 결코 다원주의(생물학과는 아무런 관계도 없는 사회적 다원주의)가 아니다. 노동자와 가난하고 약한 사람은 의회와 법원이 수립한 사회 정책에 실질적으로 종속되기 때문이다. 물론 의회와 법원은 존 듀이가 말한 〈그림자〉 안에서 움직이며, 법 이론과 경제 이론이 〈사회 전체의 장기적인 최고 이익〉에 역사적으로 어떻게 도움을 주었는지에 대해 약간은 생각해 보았을 것이다.

〈동의〉라는 개념을 올바로 이해한 사람이면, 여론의 반대를 무릅쓰고 기업계의 과제를 시행하기 위해서는 〈피지배자의

45 Allen v. *Diebold, Inc.*, 33 F. 3d 674 (United States Court of Appeals, Sixth Circuit, 1994년 9월 6일의 판결).

동의〉, 즉 일종의 〈동의 없는 동의〉가 필요하다고 결론지을 것이다. 다시 말하면, 사회가 대중의 마음을 조종할 권한을 〈리더십과 프로파간다〉에 부여하는 데 동의했다는 뜻이다. 따라서 군인들이 잘 짜인 군대에서 그렇듯이, 대중은 자유로운 사회에서 각자의 의무를 행하게 된다. 특히 최고의 이익이 무엇인지 이해하는 사람들의 지지자로서 행동하라고 요청할 때 〈무지하지만 참견하기를 좋아하는 국외자들〉에게 이런 상황을 적절하게 설명하는 것은 책임 있는 사람들에게 맡겨진 힘들고 까다로운 과제이다. 그 과제가 정치 시스템 내에서는 까다롭고 어렵지만, 경제 시스템 내에서는 그렇지 않다. 경제의 지배권은 실질적으로 아무런 책임도 지지 않는 권력 집단의 손에 항상 안전하게 존재하기 때문이다.

대중이 원하는 것과 공공 정책 사이에는 격차가 있는 경우가 많다. 최근 들어 국제 경제의 변화로 자애로운 귀족들이 〈복지 자본주의〉를 지향하는 것처럼 행동할 필요가 없게 되자, 그 격차가 더 커졌다. 또 〈계급 전쟁에서 새로운 전선〉이란 불길한 징조가 1996년 초에 감지되기 전에도 격차가 심화된 것으로 여겨졌다.

〈동의 없는 동의〉를 얻는 문제가 현대 미국에서 처음 제기된 것은 아니었다. 데이비드 흄David Hume(1711~1776)는 통치의 제1원리에서 〈어떤 사회에서나 통치자는 여론 이외에 믿을 것이 없다. 정부는 여론에 바탕으로 세워진 것이기 때문이다. 이 원칙은 가장 자유롭고 가장 대중적인 정부에게 는 물론이고 가장 전제적이고 가장 무력적인 정부에도 적용 된다〉라고 말했다. 하지만 라스웰을 비롯해 여러 학자가 일 찌감치 지적했듯이, 가장 대중적인 정부에게는 민중의 마음 을 통제할 수 있는 한층 정교한 수단들이 필요하다. 〈피지배자 의 동의〉를 끌어내는 방법이 대표적인 예이다. 흄과 거의 같 은 시대에 살았던 도덕주의 철학자, 프랜시스 허치슨Francis Hutcheson(1694~1746)은 〈어리석고 편견에 사로잡힌 국민이 나중에라도 진심으로 동의한다면, 현재 거부하는 계획을 지배 자가 강요하더라도 그것은 피지배자의 동의라는 원칙을 위배 하는 것이 아니다〉라고 주장했다.[46] 이런 논리에 따르면, 국민 은 〈동의 없는 동의〉를 제공한 것이 된다.

하지만 국민은 시시때때로 저항하며 민주주의를 위기에 빠 뜨린다. 민주주의에 대한 그런 위협을 억누르는 문제는 흄과 허치슨의 시대보다 한 세기 전에 제기된 적이 있었다. 하찮은 대중이 왕이나 의회에게 통치 받기를 거부하며, 당시 발간된 소책자의 표현을 빌리면 〈기사와 귀족이 우리를 대신해 법을 만드는 한 그 세상은 좋은 세상일 수 없다. 그들은 두려움을 조

46　Francis Hutcheson, A System of Moral Philosophy [1755] (New York: August M. Kelley, 1968); Sheldon Gelman, "'Life' and 'Liberty': Their Origi-nal Meaning, Historical Antecedents, and Current Significance in the Debate over Abortion Rights," *Minnesota Law Review* 78, no. 585 (February 1994), p. 644, Hutcheson, *A System of Moral Philosophy,* p. 231에서 인용.

장하며 우리를 억압할 뿐이고 우리의 아픔을 모르기 때문〉이
라는 이유로 〈우리가 무엇을 원하는지 잘 아는 우리와 같은 서
민들〉에게 통치 받기를 원한 때, 즉 최초로 민주화 열기가 고조
된 때였다. 이런 사상은 현대사에서 끊임없이 되살아나며 책임
있는 사람들을 괴롭혔다.[47] 18세기 영국의 〈양식 있는 사람들〉
도 국민들의 이런 생각에 압박감을 느꼈던지 국민에게 합당한
범위 내에서 이런저런 권리를 허용하기로 마음먹었다. 하지만
〈우리가 말하는 국민에는 분별력이 떨어지고 난잡한 사람들이
포함되지 않는다〉라는 조건이 더해졌다. 그로부터 한 세기 후,
존 랜돌프John Randolph는 이런 조건을 거의 똑같은 표현으로
되풀이하며, 〈내가 말하는 민중에는 오직 합리적인 사람만이
포함된다. 무지한 평민은 정부의 고삐를 조종할 능력이 없는
만큼, 풍습의 판단자로도 부적합하다〉라고 말했다.[48]

　물론 미국의 사례가 세계사적으로 유일한 것은 아니지만 무
척 흥미롭고 중요한 사례이기 때문에, 오늘과 내일의 세계를
이해하고자 한다면 미국의 사례를 신중하게 연구해 볼 필요가
있다. 미국이 지닌 막강한 힘과 우월한 지위가 하나의 이유이

47　Gordon S. Wood, *The Radicalism of the American Revolution* (New York: Vintage, 1991), p. 245를 참조할 것.

48　James G. Wilson, "The Role of Public Opinion in Constitutional Interpretation," *Brigham Young University Law Review* 1993, no. 4 (November 1993), p. 1055. John Randolph, *Considerations on the Present State of Virginia* (1774)를 인용.

지만, 미국의 안정되고 지속적인 민주적 제도도 또 다른 이유이다. 게다가 미국은 현 세계에 찾아낼 수 있는 백지상태의 국가에 가장 가깝다. 1776년 토머스 페인이 말했듯이, 미국은 원하는 만큼 행복해질 수 있었고, 무엇이든 그려 넣을 수 있는 백지였다. 원주민 사회는 거의 소멸되었다. 상대적인 기준에서 보면, 미국에는 초기 유럽 사회나 보수적 전통의 잔재가 거의 남아 있지 않다. 자본주의 이전 체제부터 시작된 지원 체제와 사회 계약에서 미국이 상대적으로 취약한 이유의 하나가 여기에 있다. 미국의 사회 정치적인 질서도 전례가 없을 정도로 세심한 계획에 따라 구축되었다. 역사 연구를 위해 실험을 해볼 수는 없다. 그러나 미국은 현 세계에서 찾아지는 자본주의적 민주주의 국가의 이상적인 사례에 가깝다.

게다가 미국을 만들어 낸 핵심적인 설계자는 치밀하고 빈틈없는 정치 사상가 제임스 매디슨James Madison(1751~1836)이었던 까닭에 그의 견해가 폭넓게 반영되었다. 따라서 학계는 그의 세계관을 신중히 연구했고 다양한 결론을 끌어냈다.[49] 매

---

49 최근의 중요한 연구로는 Jennifer Nedelsky, *Private Property and the Limits of American Constitutionalism: The Madisonian Framework and Its Legacy* (Chicago: University of Chicago Press, 1990); Richard Matthews, *If Men Were Angels: James Madison and the Heartless Empire of Reason* (Lawrence, KS: University Press of Kansas, 1994); Lance Banning, *The Sacred Fire of Liberty: James Madison and the Founding of the Federal Republic* (Ithaca, NY: Cornell University Press, 1995) 등이 있다.

디슨은 조지 워싱턴을 위해 작성한 취임 연서에서 〈자유의 성화(聖火)〉를 지켜야 한다고 웅변적으로 호소하며, 민주화된 지금까지도 책임 있는 사람들의 생각에 영향을 미치는 근심거리를 거듭 언급했다. 또 연방 헌법의 제정을 위한 토론에서, 매디슨은 〈영국에서도 지금 투표권이 모든 계층의 국민에게 주어진다면, 지주들의 재산권이 안전하지 못할 것〉이고, 토지 분배법이 실제로 시행되면 재산권을 침해할 것이라고 지적했다. 이런 부당함을 방지하기 위해서 〈우리 정부는 혁명적 변화로부터 국가의 항구적인 이익을 안전하게 지켜야 하고〉, 투표 방식 및 견제와 균형을 통해 〈다수로부터 부유한 소수를 보호해야 한다〉.[50]

역사학자 랜스 배닝Lance Banning(1942~2006)은 〈다수에 의한 권리 침해로부터 소수를 보호하겠다는 결정에서 보듯이, 매디슨이 재산을 보유한 소수에 특별한 관심을 기울였던 것은 분명하다〉라고 말했다. 이런 이유에서 매디슨은 〈상원은 부유한 계층, 즉 가장 유능한 계급에서 선출되고, 그들을 대표해야 하며〉, 민주적 법규에 대한 제약들도 도입되어야 한다고 주장했다. 배닝의 지적에 따르면, 매디슨의 버지니아 플랜Virginia Plan에서 〈상원은 소수의 권리와 다른 공공선을 지속적으로 보

---

50   Jonathan Elliot, ed., *The Debates in the Several State Conventions: On the Adoption of the Federal Constitution, as Recommended by the General Convention at Philadelphia, in 1787,* 4 vols. (Philadelphia: J. B. Lippincott Company, 1907), p. 45.

호해야 한다〉라고 규정되었다. 그런 실제로는 특정한 소수의 권리가 보호된 것이었고, 심지어 공공선도 재산을 지닌 부유한 소수로 여겨졌다.

재산권을 중요시한 매디슨의 견해는 헌법에도 그대로 반영되었다. 매디슨이 〈국민의 통치권에 재산권의 보호와 동등한 중요성을 부여함으로써 제헌 회의에 참석한 다른 위원들과는 확연히 달랐다〉(배닝)라는 것을 보여 준 성명에서도 재산권의 우월적 지위는 명확히 제시되었다. 배닝의 설명에 따르면, 매디슨은 〈정의롭고 자유로운 정부에서는 재산권과 인격권이 실질적으로 보호되어야 한다〉라는 원칙을 평생 지키며 살았다. 하지만 이 주장은 좀더 면밀하게 살펴볼 필요가 있다. 엄격히 말하면, 〈재산의 권리rights of property〉는 없지만, 표현의 자유 등과 같은 다른 권리들과 더불어 인격권의 하나로 〈재산에 대한 권리rights to property〉는 있다. 그런데 어떤 사람이 어떤 재산의 소유권을 지니면 다른 사람은 그 권리를 누릴 수 없다는 점에서, 재산에 대한 권리는 다른 권리들과 다르다. 따라서 매디슨의 원리를 실질적을 해석하면, 정의롭고 자유로운 정부는 일반적으로 인격권을 보호해야 마땅하지만, 특정한 계급의 사람들, 즉 재산을 보유한 사람들의 권리를 특별히 추가로 보장함으로써 다수에 대한 부유한 소수를 보호해야 한다는 뜻이 된다.

매디슨이 1787년 6월의 연설에서 예측했듯이 〈가혹한 삶의 환경에서 힘겹게 일하며, 이런저런 축복의 더 공평한 분배를 바라며 은밀히 한숨짓는 사람들의 비율〉이 꾸준히 증가한 때문에, 민주주의의 위협도 한층 커졌다. 셰이즈의 반란Shay's Rebellion[51]에 영향을 받았던지, 매디슨은 〈투표권이 평등하게 주어지면 언젠가 그들의 손에 권력이 넘어갈 것〉이라고 경고하며 〈아직 우리나라에서는 토지 분배법이 시행되지 않았지만 평준화된 정신의 징조가 (······) 몇몇 지역에서 이미 확연히 나타나며 장래의 위험을 경고하고 있다〉라고 덧붙였다. 요컨대 가난한 사람들이 〈부자의 약탈〉이란 역사적 소명을 되풀이하고, 그렇게 되면 〈단순하고 순진한 국민들의 정신과 정서를 통제〉하려는 미국의 노력이 방해받을 수 있다는 뜻이었다.[52]

매디슨이 오랫동안 지속되기를 바라는 시스템을 구축하며 예견한 기본적인 문제는 〈투표권의 보편적인 평등화에서 비롯될 위험으로부터 재산권[정확히 말하면, 재산에 대한 특권층의 권리]를 안전하게 보호하기 위해서라도 부유한 소수가 실질적인 지배자가 되도록 보장하는 것〉이었다. 요컨대 재산에 대한 권리를 일반 국민과 공유하지 않고 그 소수가 완전히 장악하도록 해주어야 했다. 따라서 1829년 매디슨은 〈재산이 없는 사람, 혹은 재산을 취득할 희망이 없는 사람에게 재산권에 대한 이해를 충분히 기대할 수 없으므로, 재산권을 다룰 권

---

51 1786~1787년에 매사추세츠주 중부와 서부에서 일어난 무장 봉기 — 옮긴이주.

52 주 39를 참조할 것.

한을 안심하고 맡길 수 없다〉라고 생각했다. 매디슨이 생각해 낸 해결책은 사회를 조각내고 대중의 정치 참여를 제한하는 것이었다. 다시 말하면, 정치 권력을 부자와 그들의 대리인에게 실질적으로 쥐어주는 것이었다. 랜스 배닝은 매디슨이 민중 정치의 정착을 위해 헌신했다고 가장 강력하게 주장한 매디슨주의자였지만, 〈연방 헌법은 본질적으로 당시의 민주적 추세를 억누르려고 설계된 귀족주의적 문서〉였다는 역사학자 고든 우드Gordon Wood의 주장에 동의한다. 우드의 주장에 따르면, 연방 헌법은 국민 중에서도 〈고상한 사람들〉에 권력을 부여하고, 〈부자가 아니고 명문가 출신이 아니며 유능하지 않은 사람이 정치 권력을 휘두르는 것〉을 배제하려고 고안된 것이었다.[53]

내가 앞에서 제시한 현대적 해석은 스펙트럼에서 여전히 자유주의적인 면을 견지하지만, 보수적인 것을 판단되는 반동적인 변수를 배제하고 공동체와 시민 사회를 강화하라는 요구를 받아들인 것이다. 이때 공동체는 시민 사회는 좁은 의

---

53 Gordon S. Wood, *The Creation of the American Republic* (Chapel Hill, NC: University of North Carolina Press, 1969), pp. 513~514. 우드의 주장을 요약하면, 그런 시도는 실패했다. 그 결과로 나타난 〈민주 사회〉는 혁명적 지도자들이 원하던 기대하던 사회, 즉 공화주의적 미덕과 계몽정신에 기반한 사회가 아니었기 때문이다(p. 365, 주 44). 하지만 공화주의의 실패가 민주주의의 승리로 이어졌느냐는 민주주의라는 개념과 이 이후의 사건들을 어떻게 이해하느냐에 따라 달라진다. 다수의 백인 노동자 계급을 포함해 많은 사람의 생각이 달랐다.

미로 이해된 것이다. 따라서 이런 의미에서 시민 사회에 참여
한다는 것은, 한 세기 전에 존 D. 록펠러John Davison Rockefel-
ler(1839~1937)가 좋아하던 복음주의 설교자가 말했듯이 〈노
동 분규보다 더 고상한 사상〉을 얻기 위해 교회에 다닌다는 뜻
이었다.[54] 또 일자리를 갖고, 정치는 부자와 권력자의 손에 맡
겨 두고 정치권에서 멀찌감치 떨어져 열심히 일한다는 뜻이었
다. 게다가 부자와 권력자는 여러 타당한 이유에서 눈에 띄지
않아야 한다. 새뮤얼 헌팅턴이 소비에트의 위협에 대해 국민
을 속일 필요성을 설명하며 말했듯이 〈미국에서 권력의 설계
자는 느껴질 수 있지만 보이지는 않는 힘을 만들어 내야 했다.
권력은 어둠 속에 있어야 강력한 힘을 발휘한다. 햇빛에 노출
되면 권력은 증발하기 시작한다〉.[55]

　민주주의에 대한 지배적인 개념의 뿌리를 매디슨의 철학
에서 찾으려는 이런 시도는 중요한 점에서 타당하지 않다. 애
덤 스미스를 비롯해 고전적 자유주의classical liberalism의 창시
자들과 마찬가지로, 매디슨도 자본주의가 도래하기 전의 지식
인이었고, 〈새로운 시대 정신: 자신 이외에 모든 것을 잊고 부

54　Gerald Colby and Charlotte Dennett, *Thy Will Be Done: The Conquest of
the Amazon; Nelson Rockefeller and Evangelism in the Age of Oil* (New York: Harp-
er Collins, 1995), p. 15.
55　Sidney Plotkin and William E. Scheurman, *Private Interests Public Spend-
ing: Balanced-Budget Conservatism and the Fiscal Crisis* (Boston: South End
Press, 1994), p. 223.

를 추구하라〉는 구호에도 공감하지 않았을 것이다. 하지만 매디슨이 죽고 오랜 시간이 지나지 않아 뉴잉글랜드에 등장한 그 구호는 노동자 혁명의 실패를 뜻했다. 배닝의 지적에 따르면, 지금의 우리는 도무지 상상할 수 없을 정도로 매디슨은 명예를 중요하게 생각한 18세기의 신사였다. 매디슨은 〈계몽된 정치인〉과 〈자애로운 철학자〉가 권력을 공유하며 행사하기를 바랐다. 〈그들은 더할 나위 없이 순수하고 고결한 이상, 지성과 애국심, 재산과 독립심을 지닌 사람들이며, 조국의 진정한 이익을 최적으로 판단할 수 있는 지혜만이 아니라 단기적이고 불완전한 이익을 위해 조국을 희생할 가능성이 전혀 없을 정도로 애국심과 정의감을 지닌 시민들에게 선택받은 집단일 것이다.〉 따라서 그들은 국민의 견해를 걸러내고 확대함으로써, 민주적 다수의 오류로부터 공익을 지키게 된다.

애덤 스미스가 예언한 대로 〈부유한 소수〉가 자신들에게 허용된 새로운 힘을 지나치게 남용하며 〈사악한 원칙vile maxim〉을 추구하자, 매디슨은 금세 현실을 깨닫게 되었다. 1792년 매디슨은 알렉산더 해밀턴의 이론에서 잉태한 자본주의 국가는 공공의 의무보다 개인의 이익을 우선시하는 정부가 될 것이고, 〈다수가 겉으로는 자유를 누리지만 결국 소수가 실질적으로 지배하는 사회로 전락할 것〉이라고 경고했다. 또 그보다 수개월 전에 제퍼슨에게 보낸 편지에서는 〈주식 투기꾼들이 정부의 너그러운 보조금에 대한 보답으로 정부의 집정관과 손발이 되지만, 한편으로는 목소리와 힘을 합해 정부를 위협하게 될 것〉이라며 〈위험한 타락〉을 한탄했다. 또 주식 투기꾼들이 지금 우리가 〈정치〉라고 칭하는 그림자로 사회를 뒤덮어 버릴 것이라는 경고도 있었다. 훗날 존 듀이도 표현만 달리한 똑같은 경고를 되풀이했지만, 이런 경고는 결국 애덤 스미스까지 거슬러 올라가는 것이다.

지난 200년 동안 많은 변화가 있었지만 매디슨의 경고는 여전히 유효하다. 그의 경고에 비추어 보면, 금세기 초에 막강한 힘을 인정받았지만 거의 책임을 지지 않는 거대 기업 — 제퍼슨의 표현을 빌리면 〈금융 기관과 부유한 법인〉 — 의 횡포는 새로운 의미를 띠게 된다. 민간의 대기업들은 내적인 구조에서 전체주의적 형태를 띠고, 국가로부터 막대한 보조금을 받으면서도 오히려 국가를 지배한다. 대기업들은 국내외 경제만이 아니라 정보와 믿음의 시스템까지 거의 지배하며, 〈국민의 요구를 알지 못하는 국민의 정부, 또 국민의 요구를 정확히 획득할 수단이 없는 국민의 정부는 비극이나 웃음거리, 혹은 그 둘 모두에 이르는 서곡일 따름이다〉라고 말했던 매디슨의 또 다른 걱정을 떠올려 주고 있다.

이런 현실의 배경은 그다지 모호하지 않지만, 시장 민주주의의 성공에 대한 논의는 현실 세계와 제한적으로만 관련이 있을 뿐이다. 민주주의에 관련해서도 〈느껴질 수 있지만 보이지 않는 힘〉이 어떻게 작동하는지 제대로 이해하든 않든 간에 대부분의 국민에게 문제는 상당히 명확한 듯하다. 또 여기에서 시장에 대해 깊은 분석할 수는 없지만, 〈미국과 일본의 경우 국제 무역의 50퍼센트 이상, 또 영국 공산품 수출의 80퍼센트가 엄격히 말하면 국제 거래가 아니라 기업 내 거래〉라는 사실을 고려하면, 시장과 무역에 대한 논의도 좋게 말해서 그릇된 인상을 심어줄 뿐이다.[56] 요컨대 거래가 명확히 보이는 손에 의해 주도되며, 시장의 규율을 회피하는 온갖 수단이 동원된다. 경제 언론이 〈효율 지향 시대〉를 언급하며, 1990년대의 눈부시고 엄청난 이익 성장을 실감나게 표현하기에 적합한 수식어를 찾아낼 수 없을 정도라고 말하는 것은 분명히 오해의 소지가 있다. 실제로 『비즈니스 위크』는 「현재의 문제: 그 많은 현금으로 무엇을 할까」라는 제목의 기사에서, 〈치솟는 이익에 미국 경제계의 금고가 넘쳐흐르고〉 배당금도 두둑해지고 있다고 보도했다. 〈인원 감축〉에 따라 사회 전반에 야기된 고통에 대해 말하면 이야기가 완전히 달라진다. 노동 통계국의 추정에 따르면, 미국 기업에서 경영진과 관리직과 행정직에 속한 사람들은 1983년부터 1993년까지 거의 30퍼센트가량 증가했다.[57] 특히 경영진에 대한 보상은 성과와 상관없이 급등했

---

56 Vincent Cable, "The Diminished Nation-State: A Study in the Loss of Economic Power," *Daedalus* 124, no. 2 (Spring 1995), 유엔 세계 투자 보고서 (*UN World Investment Report,* 1993)을 인용.

고, 전체 인건비와 비례해서 세계 최고 수준을 쉽게 유지하고 있다.[58]

신흥 시장의 경이로운 성장을 찬양할 때도 신중할 필요가 있는 듯하다. 캐나다를 제외할 때 서반구에서 미국의 해외 직접 투자가 가장 많은 곳은 버뮤다이다. 4분의 1이 버뮤다에 투자되었고, 20퍼센트는 또 다른 조세 피난처로 흘러들었다. 나머지의 대부분은 멕시코처럼 워싱턴 합의[59]를 예외적으로 충실히 따른 결과로 압도적 다수에게 결코 유쾌하지 않은 결과를 안겨 주는 〈경제 기적〉을 이루어 낸 국가들에 투자되었다.[60]

엄격히 말하면, 민주주의라는 개념과 마찬가지로 자본주의와 시장이란 개념 자체도 우리 의식에서 사라지고 있는 듯하

---

57   Robert Hayes, "U.S. Competitiveness: 'Resurgence' versus Reality," *Challenge* 39, no. 2 (March/April 1996), pp. 36~44. 미국 기업의 "비대하고 상급직인 많은 관리·감독의 관료적 조직"(독일이나 일본의 3배) 및, 비대한 기업 구조와 박한 임금의 관계에 대해서는 David M. Gordon, *Fat and Mean: The Corporate Squeeze of Working Americans and the Myth of Managerial "Downsizing"* (New York: Free Press, 1996)을 참조할 것.

58   Judith H. Dobrzynski, "Getting What They Deserve? No Profit Is No Problem for High-Paid Executives," *New York Times,* February 22, 1996. 전반적인 자료에 대해서는 Lawrence R. Mishel and Jared Berenstein, *The State of Working America: 1994~95* (Armonk, NY: M. E. Sharpe, 1994)를 참조하기 바란다.

59   Washington Consensus, 미국식 시장 경제 체제를 도입하겠다는 합의 ― 옮긴이주.

60   US Department of Commerce, *Survey of Current Business,* 75, no. 8 (August 1995), pp. 97 and 112.

다. 예를 들어 설명해 보자.

『월 스트리트 저널』은 한 머리기사에서, 국가들이 기업을 유인하기 위해 취하는 〈숙명적인 선택〉에 대해 다루며 두 사례를 비교했다. 하나는 반기업 정서가 팽배한 메릴랜드였고, 다른 하나는 공화당을 지지하는 세력이 상대적으로 많아 기업의 성장에 열광하고 기업가의 선택에 호의적인 버지니아였다. 그런데 왜 두 지역을 예로 들었을까? 실제로 연구된 사례는 메릴랜드와 버지니아가 아니라, 워싱턴 도시권 지역, 즉 〈미국에서 새롭게 성장하는 첨단 기업들이 밀집된 지역 중 하나〉였다. 워싱턴 교외 지역들에서는 다양한 기업 전략이 추진되었다. 예컨대 메릴랜드는 의학과 제약과 생명 공학에 제공되는 연방 지원금에 기반한 〈강력한 경제 엔진〉에 의존했고, 버지니아는 국방비를 통한 전통적인 지원 방식, 즉 펜타곤 시스템을 신뢰했다. 행운이 함께한 덕분에, 버지니아의 상대적으로 보수적인 가치가 더 현명한 선택이었던 것으로 판명났다. 조지 메이슨 대학교의 선임 연구원이 지적한 바에 따르면, 〈생명의 과학life science〉에 투자한 기업가보다 〈죽음의 과학death science〉에 의지한 기업가들이 더 많은 공적 지원금을 받았다. 『월 스트리트 저널』도 〈버지니아가 컴퓨터 시스템과 네트워크 구축, 커뮤니케이션과 정보 기술, 군수품 조달에 할당된 미국 정부의 막대한 예산을 활용하여 미국에서 최첨단 기업이 가장 많이 모인 곳 중 하나를 구축함으로써 결국 승리한 것으로 드러

났다〉라고 보도했다.[61]

〈기업가의 선택〉은 공적 자금이 풍부한 곳에 집중된다. 의회에서 그들을 대변하는 뉴트 깅그리치의 표현을 빌면 〈광섬유 컴퓨터와 제트기로 가득한 노먼 록웰[62]의 세계에 기업가의 선택이 집중되고, 그곳에서 보수주의는 공적 자금으로 채워진 여물통에 코를 박고 배를 채운다.[63]

하버드 케네디 공공 정책 대학원의 조지프 나이Joseph Nye 학장과 윌리엄 오언스William Owens 제독은『포린 어페어스』에 공동으로 기고한 글에서, 미국의 막강한 힘이 지금까지 과소평가되었다고 주장했다. 워싱턴의 외교적 수완에는 눈에 띄지 않지만 〈국제 문제에서 원하는 결과를 얻어내는 능력〉이 있다는 것이다. 그 능력은 〈미국식 민주주의와 자유 시장의 매력〉 덕분에, 더 정확히 말하면 〈냉전 시대의 투자를 통해 미국 기업들이 통신과 정보를 처리하는 중요한 과학 기술을 지배할 수 있게 된 덕분에〉 더욱더 배가된다.[64] 따라서 국가 안보를 구실로 공적 기금에서 제공되는 막대한 보조금은 민주주의와 자

---

61 Bernard Wysocki Jr., "Life and Death: Defense or Biotech? For Capital's Suburbs, Choices Were Fated," *Wall Street Journal,* December 12, 1995, pp. Al and A5.

62 Norman Rockwell(1894~1978), 미국의 시사 만화가 — 옮긴이주.

63 Peter Applebome, "A Suburban Eden Where the Right Rules, with Conservatism Flowering among the Malls," *New York Times,* 1994년 8월 1일.

64 Joseph S. Nye and William A. Owens, "America's Information Edge," *Foreign Affairs,* March/April 1966, p. 20.

유 시장을 위한 공물(貢物)인 셈이다.

보스턴의 국제 변호사, 래리 슈워츠Larry Schwartz는 자유 시장을 옹호하는 탁월한 학자들의 결론을 인용하며, 실리콘 밸리와 보스턴의 128번 도로가 과거 공산주의 경제였던 국가에서 시장 원리를 시행하기에 가장 좋은 방법을 보여 주는 표본이라고 주장했고, 〈벤처 자본가와 기업가, 숙련된 노동력, 대학과 지원 체계 등이 쌍방향으로 교류하는 시스템〉이 갖추어진 때문이라고 그 이유를 설명했다. 슈워츠가 공공 보조금을 생략한 이유는 〈자유 기업 체제〉의 핵심적인 특징으로 당연시했기 때문이 아닐까?[65]

『뉴요커』의 기자, 존 캐시디John Cassidy는 중산 계급의 고난을 다룬 기사에서, 〈부자에게 쏠리는 전례가 없는 부의 집중〉을 염려하는 사람들의 의견에 동의하며 〈이런 현상은 누구의 잘못도 아니다. 자본주의는 워낙 이런 식으로 발전할 뿐이다〉라고 결론지었다. 또한 이런 현상은 〈자유 시장이 무한하고 신비로운 지혜로 이루어 낸 결과〉이므로, 정치인들도 각성해서 이 자연스런 현상을 인정하며 여기에 뭔가를 해볼 수 있을 거라는 기만적 행위를 포기해야 한다고 덧붙였다. 캐시디는

65   Larry W. Schwartz, "Route 128 May Be the Road to a Free-Market Economy," *Boston Globe,* 1996년 3월 22일, p. 23. 이 기사는 "Venture Abroad: Developing Countries Need Venture Capital Strategies," *Foreign Affairs,* November/December 1994, pp. 15~18을 보완하며 보스턴의 128번 도로를 덧붙인 것이다.

세 기업 — 맥도널 더글러스와 그러먼과 휴스 항공사 — 를 취재 대상으로 삼았다. 세 기업 모두 클린턴이 시애틀에서 열린 아시아 태평양 경제 협력체APEC: Asia Pacific Economic Coop-eration 정상 회담에서 자유 시장의 미래에 대한 원대한 비전을 설명하려고 선택한 기업(보잉), 뉴트 깅그리치가 총애하는 기업(록히드마틴, 혹은 『비즈니스 위크』가 1995년에 선정한 상위 1,000대 기업 중 〈미국에서 가장 가치 있는 기업으로 1위 자리〉를 유지한 기업(제너럴 일렉트릭)만큼이나 시장의 무한하고 신비로운 지혜를 명확히 보여 주는 증거였다.[66]

물론 미국의 이념가들이 앞장서고 있지만, 미국이 경제적 자유주의economic liberalism를 이렇게 해석하는 유일한 국가는 아니다. 5분위(상위 20퍼센트)에 속한 국가들과 1분위에 속한 국가들 간의 격차가 1960년 이후로 두 배로 확대된 주된 이유는 부유한 국가들의 보호 무역 조치였다는 것이 1992년 유엔 인간 개발 보고서HDR: Human Development Report의 결론이다. 1994년의 보고서는 이런 관례가 우루과이 라운드의 협상 과정에도 지속되었다며, 〈선진 공업국들이 자유 무역 원칙을 위반하며 발전 도상 국가들에게 매년 500억 달러 — 해외 원조의 총액과 엇비슷한 액수 — 의 비용을 떠안기고 있다〉라고 결론지었다.

66   John Cassidy, "Who Killed the Middle Class?," *New Yorker,* 1995년 10월 16일, pp. 113~124.

국가보다 선도적인 핵심 기업의 입장에서 이 문제에 접근한 최근의 연구에 따르면, 〈세계 최대의 핵심 기업들은 실질적으로 모두가 전략을 세우고 경쟁력을 확보하는 데 정부 정책과 무역 장벽으로부터 결정적인 영향을 받았다〉. 또 이 연구는 〈국제 경재에서 평평한 운동장은 역사적으로 존재한 적이 없었다. 앞으로도 평평한 운동장이 존재할지 의문이다〉라며 현실적인 결론을 내렸다. 지난 200년 전부터 정부의 간섭은 예외적인 조치가 아니라 규칙이 되었고 (……) 많은 제품과 과정의 혁신, 특히 항공 우주 산업과 전자 공학, 현대 농업과 재료 공학, 에너지와 교통 테크놀로지 및 정보 통신 기술의 발달과 확산에서 정부의 간섭은 핵심적인 역할을 해왔다. 물론 과거에는 섬유와 철강의 발달에 정부의 간섭이 큰 역할을 해냈다. 일반적으로 말하면, 〈정부 정책, 특히 국방과 관련된 프로그램이 세계 최대 기업들의 전략과 경쟁력 확보에 큰 영향을 미쳤다〉. 엄격히 말하면, 1993년 세계 100대 기업 중 적어도 20곳이 해당 국가의 지원에 없었다면 독립된 기업으로 생존하지 못했을 것이다. 달리 말하면, 〈대대적인 구조 조정을 하는 동안〉 손실을 사회화하거나 정부가 인수함으로써 살아남은 대기업이 한두 곳이 아니다. 공화당을 지지하는 보수적인 지역에 공장을 둔 기업, 록히드가 대표적인 예이다. 록히드는 닉슨 행정부가 20억 달러의 대출을 보증해 준 덕분에 파산을 모면할 수 있었다.[67]

이런 사례들은 조금도 새로운 것이 아니라는 사실에 주목해야 한다. 수세기 전, 영국은 인도에 시장의 기적을 설교하며 영국의 산업과 상업을 보호하며 인도를 착취했다. 미국의 옛 식민지들도 자유롭게 독자적인 길을 걸을 수 있게 되자마자, 인도가 과거에 겪었던 운명을 그대로 겪게 되었다. 〈양식 있는 사람들〉과 〈책임 있는 사람들〉은 유사 이래로 자신들에게 주어진 소명을 다하는 데 게을리하지 않았다.

하지만 탐욕의 역사에서도 항상 조그만 진전은 있을 수 있다. 낙관적인 영혼이라면 느릿하지만 꾸준한 진전을 식별해 낼 수 있을 것이다. 내가 낭만적으로 생각하는 것은 아니다. 지극히 현실적으로 생각하는 것이다. 예나 지금이나, 무엇인지 알 수 없는 기이한 사회적 제약에 우리가 얽매여야 한다고 믿어야 할 이유는 없다. 인간의 의지에 종속되는 제도가 만들어 낸 결정에 우리가 스스로 얽매일 이유는 더더욱 없지 않은가?

67　Winfried Ruigrok and Rob van Tulder, *The Logic of International Restructuring: The Management of Dependencies in Rival Industrial Complexes* (New York: Routledge, 1995), pp. 217 and 221~222.

5

신성한 살인 면허[1]

1   *Grand Street,* vol. 6, no. 2 (Winter 1987)에 게재한 "Le Divine License to Kil"을 옮겨 실은 것이다.

미국의 자유주의 사상은 전후 국제 질서의 성립과 유지에서 대체로 이론적인 토대 역할을 해왔다. 또한 민주주의와, 민주주의에 생기를 불어넣는 자유라는 개념을 뒷받침하는 것도 미국의 자유주의 사상이다. 민주주의와 자유는 국제 질서를 다룬 평론들의 주된 주제이기도 하다. 자유주의 사상이라는 포괄적인 이론에 대해서는 현실적으로 회의론도 있지만, 그런 포괄적인 지적인 흐름은 근본적인 연구보다 특정한 사례에 적용할 때 더욱더 분명히 이해되는 것이 사실이다. 따라서 근본적인 연구는 일반적으로 회피의 대상이지만, 약간의 예외가 있다. 이런 문제에 대한 지혜의 샘으로는 한 명의 지식인이 특별히 두드러진다. 현재의 세계 질서를 구축하는 데 크나큰 영향을 미친 사람들에게 존경받던 라인홀드 니부어가 그 주인공이다. 이 이유만으로도 니부어의 사상은 신중하게 살펴볼 만하다. 특히 국제 질서와 관련된 평론들의 관심사를 고려하면, 니부어의 영향력이나 그의 학문적인 기여와 도덕적 위상에 대한 높은 존경심이 어디에서 오는 것인지 탐구해 보는 것도 흥미로운 작업인 듯하다. 더구나 그의 전기가 최근에 발표되고, 그의 평론집까지 출간된 까닭에 이 문제를 다루기에 좋은 기회가 아닐 수 없다.[2]

니부어는 〈금세기 최고의 지식인이자 사회 평론가 중 한 명〉(데이비드 브라이언 데이비스), 〈도덕적 목적과 정치적 현실을 결합한 미국적 사고방식의 개발에 가장 큰 영향력을 미친 사람〉(맥조지 번디)으로 묘사되었다. 또 니부어는 〈현대 미국 자유주의를 이끈 공로로 미국 자유주의 공동체에서 존경받는 지위에 오른 성자 중 한 명〉(폴 로젠), 〈뛰어난 정신 능력을 지닌 사람〉(크리스토퍼 래시), 〈미국 지식인 세계에서 높은 산봉우리처럼 우뚝 솟은 인물로, 신학적 자유주의와 정치적 자유주의를 규정하는 결정적인 목소리〉(앨런 브링클리)였

2   Richard Wightman Fox, *Reinhold Niebuhr: A Biography* (New York: Pantheon, 1985); Robert McAfee Brown, ed., *The Essential Reinhold Niebuhr: Selected Essays and Addresses* (New Haven, CT: Yale University Press, 1986). 두 책에서, 혹은 별도의 표시가 없으면 두 책의 리뷰와 표지에서 인용한 것이다. David Brion Davis, *New York Review of Books,* 1986년 2월 13일; Christopher Lasch, *In These Times,* 1986년 3월 26일; Paul Roazen, *New Republic,* 1986년 3월 31일. Bundy의 발언은 Davis. Schlesinger, "Reinhold Niebuhr's Role in Political Thought," in Charles W. Kegley and Robert W. Bretall, eds., *Reinhold Niebuhr: His Religious, Social, and Political Thought* (New York: Macmillan, 1956)에서도 인용되었다. Kenneth W. Thompson, *Words and Deeds in Foreign Policy,* Fifth Annual Morgenthau Memorial Lecture (New York: Council on Religion and International Affairs, 1986).

다. 20세기 국제 정치학계의 거물, 한스 모겐소Hans Morgen-thau(1904~1980)는 니부어를 〈존 콜드웰 칼훈 이후로 가장 중요한 미국 정치 사상가〉(케네스 W. 톰슨)로 평가했던 것으로 여겨진다.

아서 슐레진저에 따르면, 니부어는 〈20세기의 가장 날카롭고 유익한 지성인 중 한 명〉이었고, 〈사회적 복음[3]과 실용주의를 매섭게 비판했지만, 어떤 의미에서는 사회적 복음과 실용주의를 재해석하며 강력하게 옹호하는 대변자가 되었다〉. 달리 말하면, 니부어는 사회적 복음과 실용주의를 철저하게 분석함으로써 각각에 내재한 가치를 끌어냈고, 그 타당성의 한계를 규정함으로써 둘을 살려 냈다. 결국 니부어는 사회적 복음과 실용주의의 본질적인 목적에 새로운 힘과 새로운 활력을 부여한 셈이었다. 또 니부어는 〈인간 본성과 역사와 공공 정책에서 까다롭기 그지없는 문제들에 밝은 빛을 던져 준 지성인〉이었다. 니부어는 사회 활동과 글쓰기만이 아니라, 〈미국 자유 민주주의에 새로운 힘을 부여한 현실주의, 더 정확히 말하면, 미국 독립 혁명 이후로 오랫동안 거의 방치되었던 힘의 근원을 되살려 낸 엄중한 현실주의〉로 〈한 세대만에 미국 자유주의적 정치 사상의 기초를 혁명으로 바꿔 놓는 데도 도움을 주었다〉.

3 Social Gospel, 20세기 초 미국에서 그리스도의 사회적 교훈을 사회적 삶에 적용하자고 시작된 종교 운동 — 옮긴이주.

제2차 세계 대전 이후로 케네디 시대까지 니부어는 〈공식적인 국정 신학자〉(리처드 로버스)였다. 니부어는 『타임』, 『룩』, 『리더스 다이제스트』, 『새터데이 이브닝 포스트』 등에서 특집으로 다루어져서 대중과 정부 관리 및 지식인 공동체에도 잘 알려진 인물이었다. 또한 몇몇 문헌에서 말하듯이, 모두에게 경외감까지는 아니더라도 존경을 받는 인물이었다.

로젠의 평가에 따르면, 리처드 폭스의 잘 빚어진 연구는 〈지식인 니부어의 멋진 전기〉이다. 그러나 나를 비롯한 많은 독자에게는 니부어의 업적이 세상에서 흔히 말하는 것처럼 많은 영향을 남긴 이유에 대해 많은 의문을 제공한다. 폭스는 니부어가 남긴 업적의 내용에 대해 자세히 설명하지 않는 경우가 많다. 특히 문화 역사학자 데이비드 브라이언 데이비스David Brion Davis는 이 문제를 언급하며 〈폭스가 니부어의 대표작 『인간의 본성과 운명』의 영향력과 심오함을 전달하는 데 실패한 편〉이라고 평가했다. 니부어가 1939년에 행한 기퍼드 강연을 보완해 두 권으로 엮어 많은 찬사를 받은 이 책의 내용을 설명하는 데 폭스가 단지 몇 페이지만을 할애한 것은 사실이다. 데이비스의 주장에 따르면, 이 책에서 니부어는 〈원죄 교리의 논거를 설득력 있게 입증했고, 신비주의나 초자연적인 구원에 대한 믿음에 빠지지 않고도 삶과 영원의 관계를 모색하는 방법을 제시했다〉. 따라서 독자는 기대감을 안고 니부어의 책에 눈을 돌리지만, 그의 책에는 어떤 명쾌한 논거도 없다. 독자에게 확신을 주는 게 있다면 논증의 힘이나 사실의 나열이 아니라, 그런 것이 전혀 없다는 것이다.

니부어가 제시하는 논거로는 〈삶과 영원의 관계를 모색하려는 시도〉에 별다른 인상을 받지 않는 사람들을 거의 설득하지 못할 것이다. 물론 니부어가 중점적으로 다른 주제 — 〈은총의 이중적인 면, 즉 삶에서 가능한 것들을 이행해야 하는 의무와 역사의 흐름에서 어김없이 나타나는 제약과 타락〉(『인간의 본성과 운명』 제2권) — 의 중요성에 큰 관심이 없는 사람도 니부어의 논거가 설득력 있게 받아들여지지는 않을 것이다.[4] 니부어가 주장하듯이 〈한쪽에서는 선의 실현 가능성을 높이도록 우리를 유도하지도 않고, 맞은편에서는 역사에서 선의 한계를 고발하지도 않는 사회적이고 도덕적인 의무는 없는 것〉인지도 모른다.

간혹 니부어는 자신의 메시지를 들어야 할 사람들을 〈합리주의자〉라고 칭했다. 그러나 그런 세속적인 합리주의자들도 니부어의 메시지를 진부하다고 생각할 것이다. 그들은 니부어의 주장, 즉 〈인간의 정신은 신의 초월성에서 편안한 안식처를 찾을 수 있으므로, 그 안에서 인간은 자유의 소중함과 자유의 한계를 이해할 수 있을 것〉이란 주장, 또 〈하느님이 세계를 창조하고 세계와 관계를 맺고 있다는 사실에서 (……) 인간의

4 여기에서 이후에 언급되는 문헌은 별도의 표시가 없으면 『인간의 본성과 운명』을 가리킨다.

유한성과 끊임없는 개입은 기본적으로 좋은 것이지 나쁜 것이 아니다〉(『인간의 본성과 운명』 제1권)라는 주장에서도 별다른 감흥을 느끼지 못했을 것이다. 실제로 그런 주장에는 실증할 수 있는 논거도 없다. 그 세속적 합리주의자들도 〈인간의 유한성〉을 명확한 것이라 생각할 것이고, 〈인간의 끊임없는 개입〉도 똑같은 정도로 명확한 도덕적 의무라고 여길 것이다. 그러나 〈이런 유한성과 개입이 기본적으로 좋은 것〉이 아니기 때문에 그들은 그 증거를 찾으려고 애쓰지도 않을 것이고, 고상하고 때로는 인상적인 미사여구로 가득한 책의 곳곳에서 제시된 부수적인 의견과 마찬가지로 니부어가 제시하는 어떤 증거도 설득력 있다고 생각하지 않을 것이다. 니부어는 〈하느님의 자비와 권능으로, 자연과 시간이 흐르는 과정에서 인간은 피조물로서 하찮은 존재에서 중요한 존재로 올라섰다〉라고 말한다. 〈태곳적 죄primal sin〉, 즉 원죄(原罪)는 〈자유를 남용하고, 인간에게 허용된 힘과 중대성을 과대평가하며 모든 것이 되려는 인간의 성향〉이며, 〈기독교 신앙이라는 전제 조건이 없다면 개인은 아무것도 아니거나, 모든 것이 된다〉(『인간의 본성과 운명』 제1권)라고도 말한다. 니부어의 세속적 적수들은 〈자유의 남용〉이라는 표현에 새삼스레 놀라지도 않았고, 〈개인은 아무것도 아니거나 모든 것이 된다〉라고 믿고 싶은 유혹에 휩쓸리지도 않았다. 따라서 그런 태곳적 병폐를 극복하려고 기독교 신앙에 호소하는 것은 아무리 좋게 생각해도 부적절한 듯하다.

니부어는 〈모든 역사적 성취를 더럽히는 죄의 오점 때문에 그런 성취의 가능성이 무너지거나, 역사에서 진실과 선행을 행해야 하는 의무가 사라지는 것은 아니다〉라고 주장한다. 이 주장은 니부어의 핵심적이고 가장 큰 영향력을 발휘한 사상이며, 한마디로 〈은총의 역설paradox of grace〉이다. 이 역설은 모든 인간 활동에 적용된다. 따라서 〈역사에서 의미를 남기는 행위는 실제로 더욱더 좋은 것이므로, 그런 행위를 위해서는 순수함을 성급히 요구해서는 안 된다〉.

진실의 추구와 정의를 위한 투쟁도 〈은총의 역설〉에서 벗어나지 못한다. 진실의 추구는 〈이해관계를 따지는 이념적 오점으로 예외 없이 더럽혀지고, 이 때문에 진실을 아는 것이 진실을 두려워하는 것보다 더 중요한 것이 되므로 진실에 대한 두려움이 우리에게는 진실이 된다〉(『인간의 본성과 운명』제1권). 니부어가 훗날 지적하듯이 사회학과 역사학은 〈역사 발전의 패턴〉을 찾아낼 수 있겠지만, 〈인과 사슬이 복잡한 데다 인과 관계에서 인간 자신이 원인이기 때문에도 원인의 추적은 무척 위험하다〉. 게다가 객관성을 담보하는 확실한 근거도 없다. 역사는 〈냉정한 정신보다 이해관계를 따지는 자아〉에 의해 해석되고, 〈어떤 과학적 방법도 자아가 자신에게 유리한 방향으로 이해관계의 합리화에 개입하는 걸 막을 수 없다〉. 우리는 진실을 추구해야 하지만 오류를 예상해야 하고, 다른 견해와 결론을 받아들이는 포용력도 유지해야 한다. 우리는 〈역사에서 이념적 갈등을 조금이라도 완화하는 적절한 과학적 방법에 대한 희망을 포기하지 않아야 하지만, 한편으로는 과학적 방법의 한계도 인정해야 한다〉(「이데올로기와 과학적 방법론」(1953), 『인간의 본성과 운명』 제2권).

〈정의를 위한 투쟁〉에 대해서도 똑같이 말할 수 있다. 정의를 위한 투쟁은 〈진실의 추구만큼이나 역사적으로 실존한 사건의 가능성과 한계를 철저하게 드러내 주기 때문이다〉.

정의를 위한 투쟁에서도 기독교 신앙은 〈역사는 하느님 왕국의 실현을 지향하지만 새로운 것이 실현될 때마다 하느님의 심판이 내려지고〉, 〈인간이 이루어 낸 모든 성취를 더럽히는 악〉에도 하느님의 심판이 내려진다고 말한다(『인간의 본성과 운명』 제2권). 우리는 인간의 가능성과 인간의 유한성, 둘 모두를 인정해야 한다. 인간의 가능성을 무시하면 문화 분야에서는 회의주의로 이어지고, 사회적 세계에서는 비도덕적인 참여의 거부로 이어진다. 한편 인간의 유한성을 무시하면 〈광신주의fanaticism〉로 이어진다. 니부어가 사회 과학의 〈지적 허세〉에서, 또 자유주의와 마르크스주의의 〈종교적 믿음〉에서 보았던 것이 그런 광신주의였다. 니부어의 저작을 관통하는 테제(正)와 안티테제(反)도 일종의 광신주의이고, 그 광신주의는 합(合)에 의해 극복된다. 그 합에 대해 더 구체적으로 말하면, 기독교 신앙, 즉 니부어가 전개한 원죄와 속죄의 교리가 제시하는 〈개혁과 부흥의 합〉이다.

니부어는 인간의 가능성과 한계에 대한 그럴듯한 주장들이 어떻게 기독교 신앙의 한 형태로 스며들 수 있는가를 보여 준다. 이런 지적인 노력이 쟁점들을 이해하고 결론들을 강화하는 데 도움이 되느냐 않느냐는 별개의 문제이다. 니부어의 결론들이 현실에 기반을 둔 것이고, 그렇게 이해될 수 있다는 것은 순전한 자만심에 불과하다. 니부어가 흔히 주장하는 것처럼, 그가 자신의 결론들을 입증했다는 것은, 그가 좋아하는 논쟁적인 표현을 사용하면 〈부조리하다〉.

그의 글에는 〈입증하다〉와 〈그 결과로〉라는 단어가 빈번하게 반복된다. 결국 그의 책은 논증 중심으로 쓰였다는 뜻이다. 따라서 우리는 자연주의의 비판서를 읽고 있는 셈이다. 〈하지만 개인이 피난처로 삼는 영원의 세계가 존재의 차별이 없는 왕국이고, 그 왕국은 모든 역사를 부정하고 역사의 의미를 부인한다면, 개인은 그런 부정에 삼켜진다. 이런 관계는 신비주의의 논리로 충분히 《입증》되는 것이다. 《그 결과로》 기독교 같은 예언적 종교에서만 명백한 개체로서의 존재가 유지될 수 있다〉(『인간의 본성과 운명』 제1권).

〈인간의 결정은 역사에 영향을 미치고, 인간의 행위는 자연에 영향을 준다. 이런 영향력에 스스로 놀라며 자신을 창조자로 생각하게 된 인간의 오만과 능력〉은 〈하느님이 보기에 모든 사람이 소중하다는 기독교 사상의 세속적인 해석〉이다. 이런 해석은 〈기독교가 고전주의의 영향으로 변형되었던 문화권에서는 비기독교 국가는 물론이고 가톨릭 국가도 역동적인 근대 상공업 문명에 크게 참여하지 않았다는 사실로 《입증》되었다〉(『인간의 본성과 운명』 제1권). 또 〈하느님이 세계를 창조하고 세계와 관계를 맺고 있다는 사실에서 인간의 유한성과 끊임없는 개입은 기본적으로 좋은 것이지 나쁜 것이 아니라는 게 입증〉되었기 때문에, 〈계시 종교만이 인간의 자유와 유한성을 제대로 다루고, 인간에게 내재된 사악한 면을 이해할 수 있다〉(『인간의 본성과 운명』 제1권)라는 결론이 내려진다.

이런 견해에 어떤 의미와 어떤 가치가 있는지 모르겠지만, 〈입증하다〉와 〈그 결과로〉라는 단어를 사용하기에 합당한 논거를 니부어의 글에서 찾아내기가 쉽지 않다. 위에서 인용한 구절들은 역사에 대한 니부어의 다소 무심한 면을 분명히 보여 준다. 리처드 폭스도 최근에 발표한 전기에서, 비판자들의 이론을 진지하게 받아들이지 않는 니부어의 태도를 간략하게 다루었다. 실제로 니부어는 짤막한 평론에서는 물론이고 장문의 논문에서도 비판자들의 사상을 거의 인정하지 않았다. 폭스의 평가에 따르면, 니부어는 〈기독교 신앙에서는 받아들일 수 없는 대안을 제시하는 것〉으로 시작하지만 〈상대의 의견을 단순화해서 제시하고는 그런 의견을 가볍게 일축해 버리는 오래된 토론 전략〉을 사용하는 기독교 변증론자였다. 그가 과거의 역사적 이야깃거리와 당시의 사건을 다룬 책과 논문에서도 출전(出典)에 대한 언급이 인색하다.

물론 그의 지적인 기여를 존경할 만하다고 인정하는 학자가 많지만, 그 영향의 기원이라 할 만한 사실에 기반한 주장이나 문서 혹은 사실에 근거한 자료를 찾기 힘들다. 일관성을 띠는 합리적 주장도 좀처럼 눈에 띄지 않는다. 물론 어딘가 다른 곳에 틀림없이 있을 것이라 반박할 수 있겠지만, 그럼 〈그곳이 어딘데?〉라는 재밌는 질문이 제기된다. 니부어의 전작을 훑어봐도 달라지는 것은 없다. 따라서 니부어는 자신이 어떻게든 해결하려고 애쓴 테제와 안티테제가 결핍된 면이 있지만 실질적으로는 종교적 신앙이라고 반복해서 강조한다.

엄격히 말하면 세속주의 같은 것은 없다. 신성한 것의 명확한 부정에는 성스러운 영역의 인정이 함축되어 있기 마련이다. 인간 존재의 의미를 설명하려면, 설명되지 않은 설명 원리들을 이용할 수밖에 없다. 또 가치의 평가에는 경험론적으로 찾아낼 수 없는 가치 기준이 개입되기 마련이다. 그 결과로, 명백히 세속적인 오늘날의 문화를 면밀히 살펴보면, 모든 존재를 예외없이 신성하게 여기는 범신론적 종교이거나 인간의 이성을 본질적으로 신이라 생각하는 합리주의적 인본주의이다. 혹은 개인적으로나 공동체에서 어떤 특별한 생명력을 신, 즉 무조건적으로 충성해야 할 대상으로 섬기는 활력론적 인본주의vitalistic humanism도 그런 세속적인 문화의 하나

이다.[5]

내가 여기에서 고딕체로 강조한 구절들은 그럴듯하게 읽히지만, 어떤 논증도 없이 제시된 전형적인 주장이다. 따라서 니부어가 인간의 활동 범위에서 선택한 두 의무, 즉 진실의 추구와 정의를 위한 투쟁은 사실이나 이성에 기반하지 않은 설명 원리와 가치 기준에 의존하며, 그런 의존은 필연적인 것으로 여겨진다. 이런 〈인간의 유한성〉에 대한 인정은 새로운 통찰이 아니다. 이렇게 인간의 유한성을 인정한다고, 그가 자세히 나열한 결과들이 뒤따르는 것도 아니다. 설명되지 않은 설명 원리와 가치 기준은 〈성스러운 영역〉으로 인정할 필요도 없다. 한편 듀이주의자를 비롯해 니부어를 비판한 학자들이라면, 설명되지 않은 설명 원리와 가치 기준은 진실의 추구와 정의를 위한 투쟁이 진행되는 동안 정교하게 다듬어져야 할 잠정적인 가설이나, 우리에게 생각과 행동, 목표와 이해의 기본 틀을 제시하는 본질적인 요소로 생각할 수 있다. 〈신성한 것〉을 이렇게 부정한다고, 새로운 형태의 숭배로 이어지는 것은 아니다. 신성한 것을 부정하는 의견이 합리적이라면, 회의적 위기에 대한 17세기의 대응과 18세기 계몽주의에 기원을 둔 실질적

5 Reinhold Niebuhr, "The Christian Church in a Secular Age," 1937, in Brown, ed., *The Essential Reinhold Niebuhr*. 고딕체로 강조된 부분은 내가 표시한 것이다.

인 진실로 여겨져야 마땅하다.

니부어는 〈합리주의자와 낭만주의자 간의 갈등은 종교적이고 정치적으로 가능한 모든 함의를 담고 있어, 우리 시대에 가장 숙명적인 쟁점의 하나가 되었다〉라는 주장으로 기퍼드 강연을 시작했다. 합리주의자는 관념론자이든 자연주의자이든 간에 〈인간을 원초적으로 생명력을 지닌 존재로 해석하며, 인간의 진정한 본질을 찾는 열쇠가 희박한 이성이나 기계적인 본성에 있다고 생각하지 않는 낭만적 자연주의자의 반론〉에 직면한다. 〈요컨대 현대인은 자신을 이해하려고 할 때, 인간에게만 허락된 이성이라는 관점과 자연과의 유사성이라는 관점 중 어느 것을 우선시해야 하는지 결정할 수 없다. 만약 후자라면, 인간의 본질을 파악하는 진정한 열쇠가 자연의 무해한 질서와 평화인지, 자연의 생명력인지 알 수 없다. 따라서 현대인에 관련해 확실한 것들 중 일부는 서로 모순되고 충돌한다. 그런 충돌이 현대 문화가 그 쟁점에 접근하는 전제 조건들 내에서 해결될 수 있는지도 의문일 수 있다.〉

계속해서 니부어는 그런 갈등의 제기가 미심쩍을 뿐만 아니라 잘못된 것이라며, 자신의 예언적인 기독교 신앙만이 모순된다고 추정되는 갈등을 해결할 수 있다고 주장한다. 〈생명력과 형태의 문제를 해결하는 것은 가능하지 않다. 달리 말하면, 합리적이든 낭만적이든 간에 현대 문화가 이 문제를 접근하는 차원의 범위 내에서는 인간의 창의성과 파괴성이라는 모순을 완전히 이해할 수 없다. 그 범위 내에서 현대 문화는 똑같은 정도로 불안정한 네 방향 중에서 선택해야 한다.〉그 네 방향은 파시즘, 자유주의, 마르크스주의 혹은〈프로이트주의에서 그렇듯이 임시 처방에 만족하는〉체념의 길이다(『인간의 본성과 운명』 제1권).

니부어를 비판하는 세속의 학자들도 이런 논의에서 약간의 의미와 가치를 찾아낼 수 있다. 또 현대 사상에서 그가 찾아낸 흐름이 존재하는 것도 사실이다. 그러나 현대 세속 문화의 전제에는 확실한 것이 굳이 필요하지 않고, 인간에게만 허락된 이성이라는 인식과 인간은 자연의 일부라는 인식 사이의 모순을 찾아낼 필요도 없다. 현대 세속 문화에서는 니부어가 역설과 모순을 찾아낸 문제들이 인지되지만, 그 문제들이 부분적으로는 인간의 지적 능력을 넘어선다는 결론이 잠정적으로 내려질 수 있다. 인간이 실제로 자연계의 일부라면 이런 결론은 조금도 놀랍지 않다. 기독교 신앙은 니부어의 길을 따르기로 선택한 사람들에게 영적인 자양물을 공급할 수 있지만, 그 이상의 것은 요구할 수 없다. 이런저런 임의적인 신앙에서 위안을 얻지 못하는 사람들, 또 니부어에게 그 이상의 것을 얻지 못하는 사람들은 진실와 정의를 계속 추구하겠지만, 그렇다고 많은 것이 인간 능력의 한계를 넘어서고, 이런 조건은 인류의 역사에서 영원히 계속될 것이라는 사실까지 부정하지는 않을 것이다. 의도를 모호하게 표현하는 반계몽주의를 심원한 사상으로 위장하기에는 둘의 차이가 너무도 크다.

니부어는 사상가로서만이 아니라 사회 정치적인 문제에 참여한 운동가로도 명성을 얻었다. 그의 삶은 글과 설교와 강연 및 다양한 활동으로 끊임없이 참여한 삶의 연속이었다. 이런 활동에 대한 그의 글에 눈을 돌리면, 기본적으로 똑같은 문제점이 발견된다. 증거가 희박한 데다 의심스런 경우도 많기 때문에 합리적인 사람이면, 그의 글에서 논증의 끈을 찾아내기 힘들다. 한마디로 니부어는 여러 쟁점을 다루면서도 깊이 파고들지 못하고 겉핥기에 머물렀다. 예컨대 진정한 마르크스주의자라면, 〈우리의 역사에서 드높은 이상을 완전히 실현해 보려는 희망에 의존하는 낙관주의는 결국 환멸을 겪기 마련〉이라는 통찰에는 누구도 감동받지 않겠지만, 〈마르크스주의는 또 다른 형태의 유토피아적 이상주의〉라는 주장에 모두가 화들짝 놀랄 것이다.[6] 마르크스는 공산주의의 본질에 대해 거의 말하지 않았고, 공산주의 사회의 본질을 자세히 설명하려는 시도를 비롯해 〈유토피아적 이상주의Utopianism〉를 경멸했을 뿐이다.

『한 시대의 종말에 대한 성찰』(1934)에서, 니부어는 〈이 시대의 뜨거운 열풍이 지나가고, 현대 문명이 과학 기술 시대와 양립할 수 있는 기본적인 정의를 제공하는 사회 시스템을 완

6 Reinhold Niebuhr, "Optimism, Pessimism, and Religious Faith," 1940, in Brown, ed., *The Essential Reinhold Niebuhr*.

성해내면, 인류의 역사에서 계속 반복되던 문제가 다시 드러날 것이다〉라고 말했다. 니부어는 듀이주의자와 마르크스주의자를 비판했지만, 그들이 사고하는 방향까지 몰랐다고 상상하기는 어렵다. 예컨대 시드니 혹Sidney Hook(1902~1989)은 1933년에 발표한 책에서 마르크스주의를 듀이의 관점에서 자세히 설명하며, 〈마르크스의 변증법적 방법론에서는 완벽한 사회, 완벽한 사람이 언젠가는 실현될 것이란 순진한 믿음을 허용하지 않는다. 그러나 완벽함은 도달할 수 없는 수준이기 때문에 어떤 유형의 인간 혹은 사회가 존재하느냐는 중요하지 않다는 정반대의 믿음도 마르크스의 변증법적 방법론으로는 설명되지 않는다〉(훗날 니부어가 제기한 〈은총의 역설〉을 세속적으로 해석한 것이다).[7]

〈인간의 불완전한 존재이므로 (……) 인간의 모든 제도는 불완전하다는 것은 자명하다〉라는 마르크스의 말을 인용한 후, 시드니 혹은 헤겔과 마르크스의 관점에서 문화의 진보는 이런저런 문제를 더 높고 더 포괄적인 수준으로 끌어올리는 데 있다고 덧붙인다. 그러나 문제는 항상 존재한다. 따라서 혹은 〈역사는 새로운 의문을 제기하는 방식으로만 과거의 의문에 답할 뿐이다〉라고 말한다. 예컨대 공산주의하에서 인간은 더 이상 동물로서는 고통받지 않지만 인간으로서 고통받고,

7 Sidney Hook, *Towards the Understanding of Karl Marx* (New York: John Day, 1933).

가련한 삶에서 비극적인 삶으로 옮겨 간다. 니부어가 훗날 제기한 견해와 무척 유사하지만, 니부어는 당시의 흔한 저작과 그 이전의 연구에 구애받지 않고 마르크스주의와 듀이의 자유주의를 변형된 형태의 〈유토피아적 이상주의〉라고 비판하며, 그것을 기독교 신앙으로 극복해야 한다고 주장했다.

리처드 폭스의 평가에 따르면, 〈니부어가 1940년대의 지적인 삶에 기여한 핵심적인 공로는 인간의 실존에 내재한 한계에 대한 음울한 주장이었다〉. 1940년대는 그의 영향력이 최고조에 접근하던 때였다. 니부어가 기퍼드 강연 및 정치에 관련한 글을 포함해 여러 곳에서 설명한 바에 따르면, 인간은 선을 추구하는 과정에 이해관계와 악이 필연적으로 끼어들고, 인류의 역사에서 〈완전한 실현〉이 불가능하다는 걸 인정하며 진실과 정의를 추구해야 한다. 이런 주장들은 상당히 그럴듯하게 들리지만 주목할 만한 가치는 없다. 니부어의 저작에서, 이미 다른 논거에서 설득되지 않은 사람을 설득할 만한 자료는 거의 찾아볼 수 없다.

니부어가 정치적인 쟁점들을 실질적으로 다룬 글들의 성과도 대단하지는 않다. 그가 『빛의 자녀와 어둠의 자녀』(1944)에서 민주주의를 옹호한 부분이 좋은 예이다. 〈자유로운 사회를 위해서는 구성원들이 충돌하는 이해관계를 무리없이 조정할 수 있고, 개개인의 이해관계를 초월한 공의(公義)의 개념을 도달할 수 있을 것이란 신뢰가 있어야 한다〉라는 주장에는 누구나 동의할 수 있을 것이다. 그러나 현대 민주주의, 혹은 이상적인 민주주의의 탐구가 여기에서 끝날 수는 없다. 그렇다고 아래의 개략적인 설명으로 크게 진척되는 것도 아니다.

니부어의 민주주의는 〈사회주의보다, 뉴딜 정책을 추진하는 혼합 경제와 열린 사회에 훨씬 더 가까운 듯하다〉라고 아서 슐레진저는 평가했고, 이런 평가는 충분히 동의할 만하다. 그러나 〈루스벨트는 민주주의의 역량을 훌륭히 끌어냄으로써 불황과 전쟁을 극복했다〉라는 슐레진저의 평가는 과장된 것이다. 불황을 극복한 것은 뉴딜 정책이 아니라, 전시 군사적 케인스주의wartime military Keynesianism였다. 역사학자 찰스 비어드Charles Beard(1874~1948)가 당시에 발표한 책에서 지적했듯이, 루스벨트의 참전 결정은 많은 장점이 있었더라도 민주주의의 표본은 아니었다. 이 책은 매섭게 정곡을 찔렀던 까닭에, 비어드는 온갖 비난을 감수해야 했다. 슐레진저와 니부어는 우리가 호소력 있게 〈민주주의의 옹호〉를 부르짖을 때 곧바로 제기되는 중대한 문제에는 관심이 없었고, 투자 결정권이 민간의 손에 있을 때 어떻게 민주주의가 충돌하는 이해관계를 조정해야 하는가를 묻지도 않았다. 또 국가와 이념적 기관의 통제에 대해서는 말할 것도 없고, 공공 정책의 범위와 관련해서 비롯되는 결과에 대해서도 무관심했다.

이런 점에서, 니부어의 역사적 논평은 엄격히 말하면 놀랍기만 하다. 예컨대 〈동양의 전통 문화권과 그 밖의 비산업 사회에서는 정직의 기준이 낮기 때문에 민주주의가 성장할 수 없다〉라는 그의 결론이 대표적인 예이다.[8] 니부어는 미국 민주주의에서 헌법 제정자들의 시대까지 거슬러 올라가는 부패의 역사를 제대로 알지 못하는 듯하다.[9] 리처드 폭스는 니부어가 민주주의를 막연히 찬양하면서 사회 운동가와 평론가로 활동하던 초창기의 뛰어난 호기심과 통찰력을 내팽개쳤다고 평가했다. 〈젊은 시절의 니부어가 주장한 바에 따르면, 이성은 항상 사회적 상황의 이해관계에 휘둘리는 종이었다. 또 이성은 어떤 주제에는 관심을 쏟고 어떤 주제는 쓰레기통에 버리는 관심사에 따라 형성되었다.〉 니부어가 기득권층의 예언자라는 중요한 역할을 맡고 있었기 때문에 민주주의에 관한 중대한 의문들도 이런 운명을 벗어나지 못했다.

그런데 그가 〈무리없는 조종〉이라 표현했지만 프로파간다의 주된 목적이 기업의 이익에 맞추어졌다는 건 아이러니가 아닐 수 없다. 게다가 프로파간다는 그 이후로 놀랍도록 효과적으로 전개되며, 1930년대에 시작된 민중의 제한된 정치 참여와 노동조합을 방해했고, 기업이 주도하는 보수적인 의제에 공공 정책을 굳건히 포함시켰다. 이런 방식은 그들이 제1차 세

---

8 Reinhold Niebuhr, *The Irony of American History* (New York: Charles Scribner's Sons, 1952), p. 115.
9 Nathan Miller, *The Founding Finaglers* (New York: David McKay, 1976)을 참조할 것.

계 대전 이후로 시행했고, 1960년대 〈민주주의의 위기〉— 즉, 민주주의에 대한 위협적인 조치 — 에 대응한다며 다시 들먹인 방식과 다를 바가 없었다.

니부어의 후기 저작도 심각한 신체적 장애에 방해를 받았던지 크게 달라지지 않았다. 예컨대 『미국 역사의 아이러니』(1952)는 자가당착으로 가득하고, 미국 역사에 대한 통찰은 거의 없다. 〈아이러니〉는 바랐던 목적과 도달한 결과의 부조화를 뜻한다. 그 책이 〈행운〉을 누리는 데 그치지 않고 행위자의 역할도 부각된 까닭에 〈아이러니〉이지만, 〈선을 위한 악의 의식적인 선택〉의 〈비극적인 면〉과는 확연히 다른 것이다.

니부어는 그 시대의 사건들을 무미건조하게 늘어놓는다. 〈우리가 참여하는 세계 투쟁의 명확한 의미를 이해하지 못하는 사람은 없다. 우리는 독재로부터 자유를 지키고, 악의 제국의 약탈로부터 정의를 보호하려고 노력한다〉라는 선언으로 『미국 역사의 아이러니』는 시작된다. 지금도 그렇지만, 당시에도 현실은 그처럼 단순하지 않았다. 이 책이 출간되기 겨우 1년 전에, 한스 모겐소가 〈볼셰비즘의 악을 근절하기 위한 성전〉 뒤에 〈사회 개혁을 주창하는 모든 민중 운동을 도덕적이고 법적으로 배격하고, 그런 식으로 변화를 거부하고 현상을 유지하려는 운동〉이 숨어 있다고 말하지 않았던가.[10] 물론 그 현

---

10   Hans J. Morgenthau, *In Defense of the National Interest: A Critical Examination of American Foreign Policy* (New York: Alfred A. Knopf, 1951).

상은 미국 사회를 지배하는 부자와 권력자 및 그들의 시종들에게 절대적으로 유리한 현상이다. 니부어의 산만하고 추상적인 글에서는 끊임없이 변하는 현실이 거의 반영되지 않는다. 따라서 우리의 역사적인 〈무고함innocence〉에는 작은 오점이 있었다는 암시만이 있게 된다.

니부어는 〈우리는 반세기 전에 무책임에 대한 무고함으로 무고했다〉라며 〈우리 문화는 권력를 사용하고 남용하는 데 익숙하지 않다〉라고 덧붙인다. 정확히 반세기 전인 1902년은 필리핀인에 대한 학살이 끔찍한 최정점에 이른 해였다. 따라서 아메리카 원주민의 운명이 〈대륙 전체로의 우리 보병대 파견은 (……) 무고하지 않았다〉라는 한 문장으로 요약되기에는 턱없이 부족할 것이다. 〈우리 뒷마당〉의 피해자들이 〈권력의 사용과 남용〉에 대한 우리의 자제력을 고마워했던 것처럼, 흑인과 노동자, 여성 등 소수 집단도 〈우리의 무고함〉에 대해 말하고 싶은 게 있었을 것이다.

니부어는 〈우리의 세상을 바꾸려는 메시아적 꿈〉에 대해 설명하면서도 〈그 꿈이 다행히 권력욕에 의해 부패되지 않았지만, 그 꿈의 실현을 위험에 떨어뜨리는 도덕적 교만moral pride을 떨쳐 내지는 못했다〉라는 관습적인 표현을 벗어나지 못했다. 또 우리의 방식을 방해하는 사람들의 숙명에 대해서는 한마디도 언급하지 않았고, 물론 〈메시아적 꿈〉도 그 꿈을 선전하는 사람들의 실제 생각에 의해 더럽혀지지 않았다. 예컨대 우드로 윌슨Woodrow Wilson(1856~1924)은 공권력을 사용해서라도 세계를 상인과 제조업자를 위한 시장으로 만들어 가야 한다며, 〈문을 굳게 닫은 국가들의 문은 두들겨 부숴야 한다 (……) 반항하는 국가들의 주권이 그 과정에서 침해되더라고 상관없다〉(1907)라고 주장하지 않았던가. 그런데도 니부어는 그런 생각이 〈도덕적 교만〉을 드러내는 건 최악의 경우라고 변명하다.

1952년 니부어는 미국이 상대적으로 무고한 수세기의 시간을 보낸 후에 〈번영과 미덕 간에 해결할 수 없는 모순〉에 직면했다고 주장했다. 〈이런 모순의 출현은 우리 문화를 절망적으로 위협한다.〉 따라서 우리는 〈번영과 미덕은 조화롭게 결합될 수 있는 것인가〉라는 문제에 처음으로 맞닥뜨리게 되었다. 미국 역사에 대한 니부어의 연구에는 이런 주장들이 난무한다. 따라서 미국 역사의 〈아이러니〉는 고사하고 이런 연구를 어떻게 생각해야 할지조차 모르겠다. 미국은 일편단심으로 자유와 정의를 지키려고 전심전력을 다했다지만, 니부어의 연구에서는 당시 실제로 전개된 현실이 거의 언급되지 않기 때문이다.

니부어의 주장대로 미국은 〈도덕적 위험〉에 맞닥뜨렸지만, 그 위험은 〈의식적인 악의와 명백한 권력욕에서 비롯된 위험은 아니었다〉. 오히려 〈지나치게 미덕에 의존하게 됨으로써 얄궂게도 미덕이 악덕으로 변질되는 경향〉이 도덕적 위험의 원인이었다. 이런 잘못된 추락은 미국의 역사와 전후 세계가 가르쳐 주는 교훈이었다. 니부어는 〈유엔이라는 국제 기관에서는 가장 강력한 민주국가도 자체의 정책을 추진할 때 세계 여론을 고려해야 한다〉라며, 우리가 미덕의 과도한 추구를 억제할 수 있도록 유엔이 본연의 역할을 해낼 수 있을 거라고 생각하는 듯했다. 이런 생각을 편안히 받아들이려면, 미국의 힘이 국제 조직을 좌지우지하기에 충분해야 한다는 뜻이었다. 예컨대 니카라과에 〈불법적인 무력 사용〉을 삼가라고 결정한 국제 사법 재판소의 요구를 미국이 거부하더라도 미국의 시종 국가들과 더 나아가 지식인 공동체는 미국의 거부를 거의 만장일치로 승인해야 하는 것이 원칙이다. 그런데 국제 조직이 그렇게 통제하기 힘든 지경에 이르면, 워싱턴이 결국 국제법과 국제 기관을 무시하게 될 것이라고 예측하지 못했다는 이유로 니부어를 나무랄 수는 없다. 그러나 미국 역사의 아이러니를 진지하게 연구한 학자였다면, 무척 유사한 상황이 우드로 윌슨 시대에 있었다는 걸 확인할 수 있었을 것이다. 이때 중앙아메리카 사법 재판소Central American Court of Justice가 니카라과 문제에 대해 미국에 불리한 판결을 내리자, 미국은 자신이 주도적으로 설립한 그 사법 재판소를 실질적으로 해체해 버렸다. 물론 이 사건에도 〈아이러니〉 이상의 것이 있어, 다른 사건들과 더불어 이 사건도 제대로 분석했더라면, 미국의 통제를 벗어나는 〈세계 여론〉을 대하는 미국의 의지에 대해 많은 의문을 제기할 수 있었을 것이다.

『미국 역사의 아이러니』에서 니부어가 미국의 과거와 현재를 그려 낸 모습은 전혀 사실에 근거하지 않고, 사회와 역사의 현실에 눈을 감아 순전한 감상의 표출에 불과하다. 니부어는 〈우리의 실질적인 정의보다 반(半)공식적인 이데올로기에 대해 더 많이 알고 있는〉 유럽의 여론을 비판한다. 그러나 니부어는 사실과 자료를 근거로 하지 않고, 대외적으로 공언된 이상을 기초로 역사를 해석하는 이상한 일관성을 보인다. 이런 태만은 미국의 역사와 정치와 사회적 삶에 대한 그의 설명만이 아니라, 〈모두가 행복할 수 있다는 불가능한 꿈에 의지가 영향을 받기 때문에 얄궂게도 더욱더 반항적이고 잔혹해지는 무자비한 적〉에 대한 그의 묘사에도 악영향을 미친다. 스탈린은 고사하고 레닌과 트로츠키까지 그런 낭만적인 꿈에 젖었던 것으로 묘사된 이유는 도무지 이해가 되지 않는다. 실제로 소비에트의 독재와 억압 시스템에 대한 니부어의 설명은 얄궂게도 인간의 유한성에서 비롯된 악덕으로 〈얄궂게도〉 항상 더럽혀지는 미국의 역사까지 꿈과 메시아적 비전, 무고함과 미덕으로 설명하는 방식만큼이나 신비적이고 추상적이다.

니부어는 일관된 논증이나 증거에 기반한 역사적 사실을 설득력 있게 제시하지 못하고 도덕적 수칙을 제시할 뿐이다. 그런 수칙들은 겉으로는 그럴듯하게 들리지만 내용적으로는 고리타분하다는 주장이 있을 수 있다. 물론 그 도덕적 수칙들에서 마음의 위안와 영감을 얻고, 행동과 탐구의 유용한 지침을 찾아낸 사람도 적지 않겠지만, 니부어의 글에 합리적인 분석과 논증이 턱없이 부족한 것은 사실이다. 리처드 폭스의 평가에 따르면, 니부어가 마르크스주의에 관심을 가졌던 1930년에 발표한 저작들은 〈1930년대 미국 좌파의 지배적인 가설, 즉 사회적 투쟁은 가장 설득력 있는 논증이 아니라 가장 그럴듯하게 들리는 프로파간다에 의해 결정된다는 가설을 강력하게 뒷받침해 주었다.〉 특히 정치학자 해럴드 라스웰Harold Lasswell(1902~1978)은 프로파간다를 옹호하면서 그 〈지배적인 가설〉을 상당히 폭넓게 강조했다. 여하튼 폭스의 이런 평가는 니부어의 전작에 적용된다.

니부어는 평생 설교자였다고 흔히 평가된다. 이 평가는 대체로 사실이지만, 여하튼 이 평가를 그대로 인정한다면, 그가 사실과 기록에 근거한 증거를 활용한 정도, 상대방 이론의 핵심을 파헤친 방법, 혹은 자신의 결론에 일관된 논증을 제시했느냐를 기준으로 그가 지적 세계에 미친 기여를 판단하고 설명할 이유는 없다. 정확히 말하면 그의 글들은 훈계의 형태를 띠어, 좋게 보면, 우리가 경험이나 직관적 판단을 통해 가치 있고 소중한 것으로 인식했지만 우리 사고 체계에 그런 자극이 없으면 무심히 넘겨버릴 수 있는 통찰과 자각에 관심을 갖게 한다. 하지만 나쁘게 보면, 그가 강조했지만 인정하지 않은 타산적 계산을 합리화하게 된다. 그의 설교는 분류에 가깝지 평론이 아니다. 따라서 그가 제시한 구상과 결론의 타당성에 의문을 제기할 필요도 없다. 더구나 몇몇 글, 특히 일반적이고 추상적인 성격을 띤 글들은 특별히 놀랍거나 참신하고 계몽적이지는 않지만 상당히 합리적이다. 하지만 많은 평론가와 동료가 어마어마했다고 생각하고, 마땅히 그럴 만했다고 생각하는 그의 영향력이 대체 어디에서 나오는 것인지는 여전히 의문이다.

장수하면서도 활동적인 삶을 살았던 니부어는 많은 중요한 쟁점에서 자신의 견해를 적극적으로 밝혔다. 1920년에는 디트로이트에서 기독교 좌파에 가담했고, 〈완전한 수준까지는 아니어도 산업의 민주화와 재산의 사회화가 모든 정치 사회적인 삶이 지향해야 할 궁극적인 목표이어야 한다〉라고 주장했다. 니부어는 산업계에서 인간이 겪는 희생을 규탄했고, 〈부와 권력이 소수의 손에 지나치게 집중되는 현상〉을 비난했다. 또한 〈평화와 질서의 미덕을 극찬하는 사람들의 성향〉에 따라 평화주의의 가치를 역설하는 〈도덕적 이상주의자〉의 냉소주의도 매섭게 나무랐다. 다른 지역과 마찬가지로 디트로이트에서도 무척 중요했던 인종 문제에 대해 니부어는 상대적으로 신중한 태도를 취했다는 게 폭스의 평가이다. 1930년대에는 당시 대부분의 지식인이 그랬듯이 니부어도 일종의 마르크스 사회주의Marxian socialism로 전환하며, 〈보통 사람은 어리석기 때문에〉 지식인의 역할은 〈프롤레타리아〉에게 〈필요한 환상necessary illusion〉을 제공하는 것이라는 의견에 적극적으로 동조했다.

하지만 〈공식적인 국정 신학자〉로 올라서기 전에 니부어는 원죄의 필연성이란 교리가 더해진 자유주의적 정통파로 되돌아갔다. 제2차 세계 대전 동안, 그는 국가가 비상사태에 있을 때 필요한 〈더 큰 강제 조치〉에 대해 잡지 『네이션』에 기고했다. 그는 〈불온한 프로파간다를 확산할 자유의 침해〉와 〈반항적이고 반역적인 부류를 제거하는 행위〉를 용납하며, 당시 자유주의자들의 전통적인 입장에서 벗어나지 않았다. 제1차 세계 대전 동안에도 니부어는 〈철저한 충성심〉을 요구했고, 정부 검열에 대한 온건한 비판마저 신랄하게 비난하며 〈신생 국가에는 하나로 단결하기 위해 민감하게 대응할 권리가 있다〉라고 주장했다. 물론 미국이 초강대국의 공격을 받은 것은 아니었다. 게다가 미국의 영토는 1812년 전쟁 이후로 위협받은 적이 없었다. 〈아이러니〉를 찾아내는 심미안이 있는 사람들은 보수주의자부터 진보주의자까지 현대판 니부어 추종자들의 행위를 평가할 때, 격분한 평론가들에게도 직접적인 책임이 있는 훨씬 더 끔직한 상황에서 국가의 현재 적들이 행하는 강제 조치까지 고려할 수 있기를 바랄지도 모른다.

1948년 3월 니부어는 〈우리가 그리스와 터키에서 취하고 있는 전략적 조치들은 절대적으로 필요한 것〉이라 확신했다. 그 조치들은 소비에트의 공격으로부터 그리스를 방어하겠다는 핑계로, 나치 부역자들까지 동원해 반란을 진압하고 구질서를 회복하려던 군사 작전이었다. 이때 니부어는 패트릭 매커런Patrick McCarran과 윌리엄 제너William Jenner 상원 의원이 주도한 상원 국가안보위원회의 결정을 강력히 지지했다. 그 위원회의 결정은 〈대단히 훌륭했다〉. 리처드 폭스의 평가에 따르면, 조지프 매카시Joseph McCarthy(1908~1957)는 공산주의자만이 아니라 니부어의 〈민주적 행동을 위한 미국인들ADA: Americans for Democratic Action〉의 동료들까지 비방했지만, 국가 안보 위원회는 〈공산주의자만을 효과적으로 사냥했기〉 때문이다. 1956년 니부어는 이스라엘-프랑스-영국의 이집트 침략에 대해 비판적인 태도를 취한 아이젠하워를 비판했다. 〈우리 시대의 평화〉라는 환상에 사로잡혀, 이스라엘 같은 전략적 요새를 상실할 수 있다는 이유였다. 또 1967년 6월에는 이스라엘의 1956년 침략을 찬성했던 입장을 유지하며, 〈이스라엘이 나세르와 아랍 부족들에게 세 번째로 충격적인 패배를 안겨 주었기 때문에 역사적인 신앙과 군사 전략의 우월성과 잘 배합한 그 작은 나라를 대신해 신에게 감사하고 싶다〉라고 말했다. 이런 태도에서, 전후 지식인 세계에서 그가 사랑받은 이유를 충분히 짐작할 수 있는 듯하다.

니부어는 사실 검증과 논증을 회피했지만 오히려 그런 관례로 찬사를 받았다. 또 니부어는 전통적인 정통파에 굳건히 머문 사람들에게 제공된 호사를 누리며 규칙대로 게임을 즐겼다. 자신에게 이익이 되는 퍼레이드에 동참하지 않으려는 사람에게는 더 까다로운 기준이 요구되는 법이기 때문이다. 그의 글이 불러일으키는 경건한 경외감은 지배적인 지적 문화의 얕은 천박함, 어쩌면 동서고금의 특징을 보여 주는 부분적인 증거일 수 있다. 그러나 〈공식적인 국정 신학자〉라는 그의 지위를 설명하려면, 그의 훈계에서 끌어낼 수 있는 교훈에도 관심을 기울여야 한다.

리처드 폭스의 평가에 따르면, 케네디 시대의 자유주의자들은 니부어라는 이름을 〈사용〉했다기 보다는 그의 관점에 진 빚을 갚은 기분이었을 것이다. 그들이 혼란스러운 세계, 니부어의 표현을 빌리면 죄로 가득한 세계에서 정치적 행동자로서 자신들에 대한 믿음을 유지하는 데는 그의 지적인 도움이 컸다. 위험은 컸고 적들은 교활했다. 따라서 책임을 떠맡는다는 것은 위험을 감수한다는 뜻이었다. 니부어는 도덕적인 사람이 되려면 강경한 자세를 취해야 한다고 가르쳤다.

여기에서도 유익한 교훈이 얻어진다. 니부어가 초기에 가르쳤던 교훈, 정확히 말하면 1939년 영국을 방문했을 때 남긴 교훈이다. 폭스의 표현을 빌리면, 니부어의 강연에 영감을 받아 쓰인 오행시가 모두에게 사랑을 받았다. 〈스완윅에서 니부어가 떠났을 때 / 한 젊은이가 소리쳤다. 이제야 깨달았다! / 우리는 옳은 일을 할 수 없기 때문에 / 오늘밤이라도 올바른 죄를 찾아내서 / 그 죄를 범해야 한다!〉라는 교훈이었다.

〈모든 역사적 성취를 더럽히는 죄의 필연적인 오점〉, 〈선을 위해 악을 의식적으로 선택할 수밖에 없는 필연성〉 등 이 모든 것은 〈권력의 책임을 마주하려는 사람들〉, 기탄없이 말하면, 죄로 가득한 삶을 살겠다고 다짐하는 사람들의 마음을 달래 주는 달콤한 주장들이 아닐 수 없다. 또한 조지 케넌George Kennan(1904~2005)이 1948년의 비밀 문서에서, 우리는 〈이상적인 구호〉는 제쳐 두고 〈권력이라는 개념을 솔직하게 다루어야 할 준비〉를 해야 한다고 주장하며 정곡을 찔렀듯이, 우리는 더없이 풍요롭고 다른 사람들은 가난한 〈현재의 차이를 유지〉하기 위해 강경한 자세를 취하려는 사람들에게도 위의 주장들은 커다란 위안이 될 것이다.

바로 여기에 니부어가 엄청난 영향력을 행사하며 성공을 거둔 비밀이 있다.

6

나는 예외다[1]

1   *Inquiry*(1978년 4월 17일)에 게재한 "An Exception to the Rules"을 옮겨
실은 것이다. Michael Walzer, *Just and Unjust Wars* (New York: Basic Books,
1977)의 리뷰.

국제 문제에서 폭력의 사용이 정당화되는 때는 언제일까? 전쟁을 수행할 때 어떤 행위가 적법할까? 이 질문들은 윤리적 판단과 역사적 분석과 관련하여 까다로운 문제를 제기한다. 정치 철학자, 마이클 왈저Michael Walzer는 〈주변에서 흔히 제시되는 판단과 변명에 구속되지 않아야만, 우리는 이런 도덕적 주장들을 분석해서 그 안에서 일관성을 찾아내고, 그 주장들에 담긴 원칙들을 밝혀낼 수 있다〉라고 주장했고, 이 주장은 조금도 틀린 데가 없다. 왈저의 목적은 〈도덕적 세계moral world〉라는 개념을 정립하고, 거기에서 역사적 사건에 대한 구체적인 판단과 미래의 딜레마를 해결하기 위한 기준을 끌어내는 것이다.

이 문제들에 대해서는 폭넓게 확산되어 〈기준〉이라 일컬어질 만한 믿음들이 있다. 예컨대 폭력 사용과 관련한 기준에 따르면, 자국을 방어하거나 임박한 무장 공격에 대응할 목적에서 사용되는 폭력은 정당화된다. 왈저가 인용했듯이 자위권의 필연적 전제 조건은 흔히 〈급박성과 압도성, 대안 및 수단 부재, 숙고할 시간적 여유 부재〉이며, 이 조건은 대니얼 웹스터 Daniel Webster(1782~1852)가 〈캐롤라인호 사건〉에서 규정한 것이었다. 왈저의 표현을 빌리면, 이 기준은 〈법률 지상주의적 패러다임legalist paradigm〉에 해당되는 것이다. 한편 무력 사용과 관련한 또 하나의 기준은 왈저가 〈전쟁 협약war convention〉이라 칭한 것으로, 예를 들면 포로를 죽여서는 안 되고 시민을 직접적인 공격 대상으로 삼아서는 안 된다는 것과 같은 원칙들로 이루어진다.

다양한 국제 관례에서 성문화된 기준에 따르면, 전쟁의 개전과 전쟁에 사용되는 수단은 도덕적 담론에 속한다. 베트남 전쟁은 왈저가 연구 대상으로 삼기도 했지만, 베트남 전쟁을 중심으로 이 쟁점에 대한 광범위한 논의가 있다. 그 기준은 걸핏하면 위배되지만, 그래도 그 기준을 평가하고 정교하게 다듬어 가기 위해 노력할 만한 가치가 있다.

왈저의 주장에 따르면, 법률 지상주의적 패러다임은 어떤 면에서 지나치게 제한적이다. 하지만 다른 면에서 왈저는 전쟁 협약을 해석할 때처럼 법률 지상주의적 패러다임을 엄격하게 해석한다. 왈저는 제2차 세계 대전에서 추축국에 맞선 연합군의 저항을 〈정당한 싸움의 (……) 전형적인 예〉로 보았고, 〈나치즘은 기본적인 요건의 바깥쪽 한계, 즉 우리가 두려움과 혐오감에 하나로 단결하게 되는 지점에 있었다〉라고 생각한다. 하지만 왈저는 법률 지상주의적 패러다임의 관점에서, 처칠이 나치 독일의 광석 수송을 방해하려고 중립국이던 노르웨이 영해에 기뢰를 부설한 행위를 위법적이었다고 비판한다. 또한 독일 도시들을 겨냥한 전략 폭격terror bombing도 전쟁 협약의 심각한 위반이었다고 평가한다. 이런 예들에서 보듯이, 왈저는 나치에 저항한 극단적인 경우에서도 기준을 무척 엄격하게 해석한다.

왈저가 고백하듯이, 그의 연구 범위 내에서 어떤 역사적 주장을 정교하게 제시하는 것은 불가능하다. 하지만 내가 판단하기에, 적어도 위의 결론들은 상당히 합리적인 듯하다. 게다가 왈저는 폭넓게 인정되는 의견, 예컨대 전략 폭격에 대한 일반적인 의견에 반론을 제기하기도 했다. 〈연합군과 추축국이 도시 파괴라는 야만적 행위를 저질렀고, 연합군이 훨씬 성공적인 성과를 거두었기 때문에 공중 폭격을 명령했다는 이유로 독일이나 일본의 지도자를 형사 고발할 근거는 없었다〉라는 텔퍼드 테일러Telford Taylor(1908~1998)의 발언에서 명백히 드러나듯이, 뉘른베르크 재판의 근본적인 도덕적 결함을 기억하는 것만으로도 왈저의 반론이 타당하게 여겨지기에 충분하다. 결국 〈전쟁 범죄〉는 승전국이 아니라 패배한 적국이 범한 범죄적 행위로 정의되었다. 이런 도덕적 입장의 결과는 곧 한국 전쟁과 베트남 전쟁에서도 명백히 드러날 것이다. 그렇다고 도덕적 비판이 진정으로 가해졌더라면, 뉘른베르크 원칙에서 용납되거나 무시된 범죄적 행위가 그후에는 예방되었을 것이라 생각한다면 순진한 판단이겠지만, 그럼에도 불구하고 뉘른베르크 재판은 왈저가 다룬 주제의 중대함을 분명히 보여주는 사례이다.

〈기준〉은 실질적으로 인정되지 않더라도 여하튼 원칙적으로는 인정되기 때문에 기준의 정당화 자체는 그다지 중요하지 않다. 따라서 왈저의 연구에서 중요한 부분은, 그가 전쟁 협약을 제한적으로 해석하듯이 수정하고 개선하려는 부분에 있다. 한편 정당화와 변명이라는 부담은 무력을 사용한 쪽에 있기 때문에, 그의 연구에서 더욱더 중요한 부분들은 기준을 일탈하며 기준의 완화를 옹호하는 경우들에 있다. 그 경우들은 정당한 무력 사용을 규정하는 법률 지상주의적 패러다임과 관계가 있다.

왈저는 법률 지상주의적 패더다임을 확대하는 네 가지 수정안을 제시한다. 그중 셋은 〈국가가 침략을 받으면 1) 대표성을 입증한 분리 독립 운동을 지원하기 위해서, 2) 이미 시작된 타국의 개입을 상쇄하기 위해서, 3) 학살의 위협을 받는 사람들을 구조하기 위해서 전쟁을 시작할 수 있다〉. 이런 확대는 〈인도주의적 개입〉이라는 주제하에서 다루어졌다. 왈저는 〈인도주의적 간섭이라고 명백히 일컬어질 만한 사례는 무척 드물다. 정확히 말하면 단 한 건도 찾아내지 못했다. 인도주의적 동기가 여러 동기 중 하나에 불과한 복합적인 사례만이 존재할 뿐〉이라고 주장한다. 왈저는 인도의 방글라데시 침략을 그런 유일한 사례로 인용하며, 〈그 침략이 좁은 의미로 엄격히 해석해도 구조였고, 인도군이 신속히 방글라데시에 진입했다가 빠져나갔기 때문〉이라고 그 이유를 설명했다.

기준의 제약을 완화하자는 제안으로 진진하게 고려해야 할 하나의 경우가 더 남아 있고, 이 경우는 왈저의 연구에서 상당히 중요한 부분을 차지한다. 바로 〈선제 타격preemptive strike〉의 경우이다. 왈저는 〈성격상 예방적인 수단에 불과하더라도 적이 의도적으로 행동할 때까지 기다리지 않고 어떤 형태로든 대응하는 공격 자체를 거부하는 도덕적 필연성〉을 인정한다. 따라서 노르웨이 영해에 기뢰를 설치한 행위도 규탄받아 마땅한 행위가 된다. 그러나 왈저의 생각에, 캐롤라인호 사건의 기준은 지나치게 협소한 것이었다. 왈저의 수정안에 따르면, 〈해치려는 명백한 의도가 있고, 그런 의도가 실질적인 위험으로 발전할 만한 상당한 정도의 적극적인 준비가 있을 때, 혹은 당장 싸우지 않고 기다리면 위험이 크게 확대되는 게 뻔한 상황〉에서는 선제 타격이 정당화된다.

왈저는 하나의 예 — 1967년 6월 5일, 이스라엘이 행한 선제 타격 — 를 제시한다. 왈저의 진단에 따르면, 이 선제 타격은 〈합리적인 예상이 명백한 경우〉이다. 달리 말하면, 2,500년의 역사를 다룬 왈저의 책에서 상대국의 직접적인 무력 사용이 있기 전에도 군사력을 사용할 수 있다는 것을 보여 주려고 인용된 유일한 사례였다. 왈저는 이스라엘이 1967년 〈침략의 피해자〉였다고 주장하지만, 정작 군사적 행위가 이스라엘에 가해진 적은 없었다. 게다가 우리는 이스라엘의 사례에 대해 어떤 의혹도 가질 수 없다면서 왈저는 이렇게 말했다.

명확히 규정하기 어려운 경우가 있지만, 대부분의 경우에 선제 타격론의 정당성은 쉽게 확인된다. 그래도 내 생각에 명백한 침략에 해당되는 몇몇 사례를 언급해 둘 필요가 있는 듯하다. 1914년 벨기에를 공격한 독일, 이탈리아의 에티오피아 정복, 일본의 중국 공격, 독일과 이탈리아의 스페인 내란 간섭, 러시아의 핀란드 침략, 나치의 체코슬로바키아·폴란드·덴마크·벨기에·네덜란드 정복, 러시아의 헝가리·체코슬로바키아 침략, 1967년 이스라엘에 대한 이집트의 도전 등이 대표적인 예이다.

따라서 이스라엘에 대한 이집트의 〈도전〉은 명백한 침략에 해당되는 경우이며, 언급된 다른 모든 경우와 똑같이 무력이 직접적으로 사용된 사례이다. 그런데 왈저의 판단에 법률 지상주의적 패러다임은 만족스럽지 않다. 그 이유가 무엇이겠는가? 캐롤라인호 사건에서 제안된 기준을 고려하면, 법률 지상주의적 패러다임은 이런 공격에 대한 이스라엘의 대응을 용납하지 않기 때문이다.

 왈저의 주장을 뒷받침하는 이집트의 도전을 깊이 분석해 보자. 2,500년의 역사를 다룬 왈저의 책에서, 이집트의 1967년 도전은 무력을 직접적으로 동원하지 않고도 〈침략〉으로 규정된 유일한 사례이다. 그렇지만 조금도 모호하지 않은 사례이며, 어떤 의혹도 제기되지 않는 사례이다. 한편 이스라엘의 선제 타격은 〈예상〉을 허용하도록 법률 지상주의적 패러다임을 수정할 필요성을 보여 주는 유일한 역사적인 사례이다. 게다가 선제 타격에 대한 재정의는 기준 완화에 관련된 역사적 사례들을 다루기 위해 제안된 유일한 수정안이다. 왈저가 이 책에서 제안하는 것은 〈법률 지상주의적 패러다임의 근본적인 변경〉이며, 그 이유를 〈현재의 정의에 따르면, 침공이 군사적 공격이나 침략이 없는 경우만이 아니라 그런 공격이나 침략을 시작할 즉각적인 의도가 없는 경우에도 행해질 수 있기 때문〉이라고 설명한다. 이 사례에 담긴 의미를 고려할 때 역사적 사실들에 대한 진지한 탐구가 반드시 필요한 듯하지만, 왈저는 그런 연구를 외면했다. 왈저는 객관적인 근거도 없이, 〈첫째로는 이스라엘이 실제로 위험에 빠져 있었고 (……) 둘째로는 나세르가 특별히 다른 목적도 없이 군대를 이동시켰기 때문에, 이스라엘의 불안은 정당한 두려움just fear의 전형적인 예인 듯하다〉라고 주장할 뿐이다.

 이스라엘 장군들의 생각은 왈저의 주장과 상당히 달랐

다. 당시 공군 사령관이던 에제르 바이츠만Ezer Weizman (1924~2005) 장군은 이렇게 말했다.

이스라엘 국가의 존립을 파괴할 만한 위협은 없었다는 주장을 인정한다. 그렇다고 이집트와 요르단과 시리아에 대한 공격을 자제할 수 있었을 것이라는 뜻은 아니다. 우리가 선제 공격을 감행하지 않았다면, 이스라엘 국가는 질적으로나 양적으로 지금과 같은 기상과 기백과 정신으로 존재할 수 없었을 것이다 (……) 우리는 6일 전쟁을 시작한 목적은, 외부의 압력에 시달리지 않고 우리가 원하는 방향으로 우리 삶을 꾸려 갈 수 있는 위치를 확보하기 위한 것이었다.

『르몽드』의 이스라엘 특파원, 암논 카펠리우크Amnon Kapeliouk(1930~2009)는 마티탸후 펠레드 장군과 하임 바레브 전(前) 참모총장의 확증적인 발언을 인용하며 〈세 장군의 논지를 반박할 만한 어떤 진지한 주장도 제기되지 않았다〉라고 썼다. 미국 정보기관들도 이집트가 공격을 계획하고 있다는 어떤 증거를 발견하지 못했고, 어느 쪽이 먼저 공격하더라도 이스라엘이 쉽게 승리할 것이라 추정하며, 암논 특파원의 평가를 확인해주었다. 게다가 5월 26일 미국 합동 참모본부 의장, 얼 휠러Earle Wheeler(1908~1975)는 린드 존슨 대통령에게, 큰 혼란이 닥치지 않으면 이스라엘이 당시의 동원 상태를

2개월 동안 유지할 수 있을 것이라고 보고했다. 〈군사적으로 말하면, 시간이 임박하지는 않았다〉라는 뜻이었다.[2]

선제 타격에 대한 바이츠만 장군의 정당화는 1914년 벨기에를 공격한 후 베트만 홀베크 독일 재상이 내세운 주장에 비견된다. 〈프랑스는 언제라도 침략할 준비가 되어 있었다. 프랑스는 기다릴 수 있었지만 우리는 기다릴 수 없었다. 프랑스가 라인강 하류에서 우리 쪽을 공격하면 크나큰 재앙일 수 있기 때문이다. 따라서 우리는 벨기에 정부의 적법한 항의를 무시해야만 했다. (……) 우리처럼 위협을 받아 최고의 재산을 지키려고 싸우는 국가는 난관을 뚫고 나아갈 수 있는 방법만을 고민할 뿐이다.〉

왈저는 비군사적인 가능성이 모두 배제되었던 것은 아니라고 지적하며 베트만 홀베크의 정당화 노력을 일축해 버리고, 〈명예와 영광〉(바이츠만에서는 〈기상과 기백과 정신〉)을 뜻하는 독일의 〈최고의 재산〉이란 것을 조롱한다. 또 왈저는 〈힘의 증대가 전쟁의 허가장일 수 없고, 허가의 시작일 수도 없다〉고 주장한다. 이스라엘의 공격과 독일의 공격 사이에서는 누구나 여러 차이, 심지어 결정적인 차이까지 어렵지 않게 찾아낼 수 있다. 이스라엘의 선제 타격과 러시아의 핀란드 침략 사이에서도 마찬가지이다. 독일이 공격하면 레닌그라드의 방어

---

2   William Quandt, *Decade of Decisions: American Policy Toward the Arab-Israeli Conflict, 1967-1976* (Berkeley: University of California Press, 1977).

가 위태로운 지경에 빠질 수 있었기 때문에, 영토를 교환하자는 제안을 핀란드가 거부한 후에 러시아가 핀란드를 침략함으로써 레닌그라드를 나치의 포위 공격으로부터 구해낼 수 있었다는 걸 인정하면서도, 왈저는 러시아의 핀란드 침략을 침공의 명백한 사례 중 하나로 꼽았다. 그러나 두 가지는 꼭 언급해 두어야겠다. 첫째, 왈저가 관련된 역사적 배경을 진지하게 다루지 않았다는 것이다. 이스라엘의 선제 타격이 그의 주장에서 차지하는 중요한 역할을 고려하면, 또 이스라엘의 선제 타격이나 독일과 러시아의 공격은 똑같은 정도로 〈명백한 사례〉이지만 도덕적 판단에서 완전히 반대편에 위치한다는 그의 주장을 고려하면, 역사적 배경에 대한 간과는 커다란 실수가 아닐 수 없다. 둘째는 1967년 사건을 진지하게 분석하면, 왈저의 주장과 달리 온갖 의혹과 모호함으로 가득하다는 게 금세 밝혀진다는 것이다.

게다가 왈저는 1967년 전쟁으로 발전한 사건들에 대해 이스라엘 쪽의 의견만을 소개한다. 아랍 쪽의 의견은 물론이고, 어느 쪽에 속하지 않는 중립적인 평론가들의 널리 알려진 분석도 무시되었다. 왈저는 1966년 11월 이스라엘이 요르단의 에스 사무 마을을 공격해서 18명을 죽음에 몰아넣은 사실도 언급하지 않았다. 시리아가 촉발한 것으로 추정되던 테러 공격에 대한 〈보복〉이었고, 이 때문에 미국과 유엔의 비난을 받았다. 게다가 〈이스라엘 전투기가 먼저 출격하고 뒤이어 시리아 전투기도 출격한 끝에 다마스쿠스 외곽에서 이스라엘 공군이 여섯 대의 시리아 전투기를 격추한 사건〉 — 이스라엘 쪽은 아무런 손상도 입지 않았다 — 으로 발전한 1967년 4월 7일의 교전도 왈저는 다루지 않았다.[3]

나세르의 군사 이동은 이스라엘을 위험에 빠뜨리려는 목적 이외에 다른 목적이 없었다는 왈저의 부적격한 주장은 많은 다른 관찰자의 판단과 완전히 상충된다. 예컨대 미국 외교관, 찰스 요스트Charles W. Yost(1907~1981)는 이스라엘의 여러 발언이 강한 분노를 유발하며 〈오랫동안 축적된 부싯깃에 불을 당겼다〉라고 지적했고, 〈에스 사무가 공격받은 때와 4월 7일 사건〉에서의 실패로 인해 나세르가 직면한 문제까지 다루었다. 또 왈저는 이집트가 유엔 긴급군UNEF: United Nations Emergency Force을 시나이와 가자에서 추방했고, 이스라엘 선박이 티란 해협을 항행하는 걸 금지했다고 비난하지만, 이스라엘은 유엔 긴급군의 입국 자체를 허락하지 않았다는 사실을 언급조차 않는다. 게다가 이집트가 유엔 긴급군에게 자국의 영토에서 부분적으로 철수해 달라고 요청한 후, 유엔 긴급군이 이스라엘 영토에 주둔하는 걸 허락해 달라는 유엔 사무총장의 요청마저 이스라엘이 거절했다는 사실도 왈저는 언급하지 않는다. 이집트는 유엔 긴급군에게 샤름엘셰이크에서도 철

---

3   Charles W. Yost, "The Arab-Israeli War," *Foreign Affairs,* January 1968; Yost는 이 교전을 〈6일 전쟁의 서막〉으로 해석했다.

수하라고 요구하지는 않았다. 독일의 벨기에 공격에 대해 왈 저가 적절하다고 판단한 추론 방식을 티란 해협의 폐쇄에 적 용했더라면, 당시 사용되지 않은 방법을 시도함으로써 평화 적 해결이 가능할 수 있었을 것이다. 예컨대 그 문제는 이집트 는 1957년 이후로 꾸준히 요구했듯이 국제 사법 재판소ICJ: International Court of Justice 에 회부될 가능성도 있었다. 그 제 안을 이스라엘은 한사코 거부했다. 존 포스터 덜레스John Foster Dulles(1888~1959) 미국 국무장관도 〈국제법적 관점에서 보면, 아랍 측의 주장에 상당한 타당성이 있다〉라며 이집트의 제안에 동의한 때문이었을 것이다. 하지만 미국은 이 문제와 관련된 결의안에도 반대했다.

〈언제 어디를 어떻게 타격할지를 우리가 선택할 것〉이라 는 레비 에슈콜Levi Eshkol(1895~1969) 이스라엘 총리의 선 언을 들었을 때, 또 이스라엘 군 정보 국장 아론 야리브Aharon Yariv(1920~1994) 장군이 세계 언론에 〈이 문제를 안전하고 확실하게 해결하는 유일한 방법은 시리아를 상대로 대규모 군 사 작전을 강력하게 시행하는 것〉이라고 알렸다는 걸 알게 되 었을 때, 나세르가 우려했을 것이란 추정은 무척 합당할 수 있 다. 나세르는 5월 23일의 연설에서 시리아에 대한 이스라엘 의 위협들을 지적하며, 그런 불안감을 넌지시 내비쳤다. 게다 가 이집트가 국경의 소요를 진정시키려고 진지하게 노력하던 1956년, 이스라엘의 감행한 기습 공격을 기억에 떠올렸다면 나세르의 불안감은 더욱더 증폭되었을 것이다.

이런 지적들은 문제의 핵심을 건드리지 못하고 피상적으로 다루고 있을 뿐이다. 핵심은 역사적인 기록이 왈저가 보여 준 것보다 훨씬 더 복잡하고 모호하다는 것이다. 이집트의 〈도전〉은 나치의 유럽 정복에 비견될 정도로 명백하고 확실한 침공의 사례라는 왈저의 주장은 진담으로 받아들여지기 힘들 지경이다. 게다가 왈저는 이스라엘의 공격에서 비롯된 후유증도 다루지 않았다. 방글라데시에 진입한 인도군의 경우와 달리, 이스라엘군은 점령지를 떠나지 않았다. 오히려 이스라엘은 일부 지역을 궁극적으로 합병할 목적을 가진 정책을 명백히 선언하며, 점령을 계속할 태세를 갖추었다. 그리하여 실제로 동예루살렘이 합병되었고, 점령 지역들을 통합하여 그곳에 이스라엘 국민을 정착시키는 프로그램 ― 국제 사회의 거의 일치된 비난에도 불구하고 계속되는 프로그램 ― 을 진행하고 있다.

1967년 이스라엘의 공격이 계속되는 동안, 약 20만 명의 아랍인이 웨스트 뱅크(요르단강 서안 지구)를 떠났다. 휴전 후에도 거의 같은 수의 아랍인이 그곳을 떠나거나 강제로 추방되었다. 오랜 시간이 지난 후, 유엔 휴전 감시 기구 참모장, 오드 불Odd Bull(1907~1991) 장군은 〈이스라엘은 1948년에 그랬던 것처럼 다양한 수단을 동원해 아랍인들을 떠나도록 독려했다〉라며 〈이듬해 11월 말쯤에는 수많은 아랍인이 요르단강을 넘어 이스트 뱅크로 피신한 것은 거의 확실한 듯하지만, 그들을 떠나게 하려고 강제적 수단이 사용되었다는 명확한 증거는 없는 듯하다〉라고 덧붙였다. 따라서 그 땅은 〈해방〉된 것이었다. 달리 말하면, 그곳의 대다수 주민들로부터 자유로워졌다. 이스라엘이 점령 지역에 세운 군사 정권은, 미국 언론에서 주로 우호적으로 언급되는 군사 정권들과는 다르다. 왈저가 자신의 책에서 다룬 다른 사례에서도 유사한 현상의 관련성을 지적했듯이, 점령 이후의 현상들은 이스라엘의 공격에 대한 평가와 밀접한 관계가 있는 듯하다.

내가 이 특정한 사례에 초점을 맞추는 이유는, 왈저가 제시하는 〈도덕적 세계〉의 구조에서 이 사례가 중요한 위치를 차지하기 때문이다. 이 사례를 제외하면, 왈저는 법률 지상주의적 패러다임의 일탈 가능성이 학문의 공론에 머물지 않고, 역사적 사건과 관계 있다는 걸 보여 주지 못한다. 달리 말하면, 어떤 역사적 실례도 구체적으로 제시하지 못한다. 그렇다고 법률 지상주의적 패러다임의 일탈이라는 논의 자체가 무가치하다는 뜻은 아니다. 이 쟁점은 순전히 추상적으로 다루더라도 상당히 흥미로운 주제이다. 그러나 이 책이 부제에서 말한 것처럼 〈역사적 실례를 통한 도덕적 논쟁〉은 없다. 적어도 기준의 제약을 완화하려는 중대한 사건에서 도덕적 논쟁은 없다. 더 정확히 말하면, 명백한 역사적 사례들과 어떤 관련도 없는 도덕적 주장이 있을 뿐이다.

〈평화로운 시기의 보복〉에 대한 왈저의 분석도 기준의 완화에 적용될 수 있는 듯하다. 왈저는 〈보복은 여러 국가의 관례에서 명백히 허용되는 것이다. 그 관례를 뒷받침하는 (도덕적) 이유는 종래로 충분한 듯하다〉라고 말한다. 그가 제시하는 도덕적 논거는 약한 듯하고, 주장의 수준을 넘어서지 못한다. 그가 적법한 보복으로 제시한 단 하나의 사례도 역시 이스라엘이다. 1968년 이스라엘이 베이루트 공항을 급습하여, 두 명의 테러리스트가 아테네에서 이스라엘 민간 항공기를 공격한 사건에 대한 보복으로 열세 대의 민간 항공기를 파괴한 사건이었다. 엄격히 말하면, 이 보복은 거의 효과를 거두지 못했다. 오히려 〈레바논의 팔레스타인인들에 대한 동정심을 불러일으켰고, 그들의 활동이 세상에 더욱더 알려졌기 때문이며〉,[4] 이런 결과는 충분히 예측할 수 있는 것이었다. 왈저가 자신의 입장에 대해 자연스럽게 결론을 끌어냈더라면, 예컨대 미국이 획책한 테러 행위에 보복으로 쿠바 특공대가 워싱턴 국립 공항의 민간 항공기를 파괴하는 것도 적법한 보복일 것이란 결론을 끌어냈다면 자신의 의견을 한층 확고히 할 수 있었을 것이다.

왈저는 이스라엘의 보복이 불법적이었던 경우도 사례로 제시했다. 요르단의 키비아라는 마을과 아무런 관계도 없는 테러리스트가 이스라엘에서 범한 살상에 대한 보복으로, 이스라

---

4   John Cooley, *Green March, Black September: The Story of the Palestinian Arabs* (London: Frank Cass Publishers, 1973).

엘 특공대가 1953년 그 마을을 공격해 40명 이상의 주민을 학살한 사건이었다. 왈저는 그 사건에서 〈그 살상은 범죄였다〉라고 결론짓지만, 〈그런 사례들에서 어떻게 행동해야 하는지 알고 행동하기는 무척 힘들기 때문에 이스라엘의 그 특이한 대응은 무척 미심쩍었다〉라는 개인적인 판단을 덧붙였다. 왈저는 이스라엘에 대한 테러 공격을 비슷한 논조로 변명해 주지 않는 이유에 대해서 함구한다. 예컨대 1954년 3월, 11명의 이스라엘인이 네게브의 버스에서 살해되는 사건이 있었다. 이스라엘 국가가 세워진 이후로, 아랍인이 행한 가장 중대한 테러이기도 했다. 이에 대한 보복으로 이스라엘군은 그 테러와 아무런 관계도 없는 나할린이란 요르단 마을을 공격해 아홉 명의 주민을 살해했다. 왈저는 이스라엘의 이런 보복을 〈미심쩍다〉라고 보았다. 그렇다면 아랍인의 최초 공격도 〈미심쩍지〉 않을 이유가 없지 않은가? 또 이스라엘 특공대를 〈폭력배와 광신자〉 — 왈저가 『뉴 리버블릭』에 기고한 글에서 아랍 테러리스트를 지칭할 때 사용한 표현 — 라고 표현하지 못할 이유도 없지 않은가? 당시 알려진 바에 따르면, 버스 승객들을 학살한 범인들은 이스라엘군에 의해 사막으로 쫓겨난 베두인족이었다. 이스라엘이 비무장 지역을 조금씩 잠식한 1949년부터 1954년까지 7,000명 이상의 베두인족이 쫓겨났다. 물론 왈저라면, 베두인족이 물과 풀이 있는 고향에서 쫓겨나 사막에 내버려졌을 때 〈어떻게 행동해야 하는지 알고 행동하기는 무척 힘들었을 것〉이란 걸 인정해야 했다. 또 수년 전, 같은 지역에서 수천 명의 농민이 불도저로 초토화된 마을들에서 쫓겨났을 때도 〈어떻게 행동해야 하는지 알고 행동하기는 무척 힘들었을 것〉이다. 나는 이 만행들을 줄곧 글로 고발하고 있지만, 미국 언론은 침묵으로 일관할 뿐이다.

왈저는 테러리즘를 다루고 있지만, 그의 설명은 흠결투성이이다. 왈저의 주장에 따르면, 〈테러리즘terrorism〉이라는 용어를 〈혁명적 폭력revolutionary violence〉로 제한하려는 경향은 〈테러가 횡횡한다는 걸 뻔히 알면서도 질서를 옹호하는 사람들의 작은 승리〉이다. 국가가 획책한 테러리즘을 배제할 목적에서 그 용어가 최근에 어떻게 제한되어 사용되었는가를 살펴보면 무척 흥미롭다. 왈저는 〈요즘의 테러 공격은 국격이 급격히 추락한 사람들, 예컨대 북아일랜드의 프로테스탄트, 이스라엘의 유대인에게 주로 초점이 맞추어진다〉라고 주장하고는 〈엄격한 의미에서의 테러리즘, 즉 무고한 사람의 무작위적인 살상은 제2차 세계 대전 이후에야 혁명적인 투쟁 전략으로 등장했다는 게 정확한 역사적 사실〉이라고 덧붙인다.

하지만 그의 〈정확한 역사적 사실〉라는 표현은 명백한 오류이다. 그가 좋아하는 사례를 정확히 분석해 봐도 충분히 입증되는 오류이다. 1938년 7월의 3주 동안, 이르군 즈바이 레우미Irgun Zvai Leumi(히브리어로 〈민족 군사 조직〉이라는 뜻. 메나헴 베긴(1913~1992)의 멘토이던 제브 자보틴스키

(1880~1940)의 이상을 추구했고, 나중에는 베긴이 지휘한 유대인 우익 지하 운동 조직)가 아랍 시장을 비롯해 여러 공공장소에서 테러 공격을 자행하며 76명의 아랍인을 살해했다. 제2차 세계 대전에도 이와 유사한 사례가 많았다. 예컨대 아랍 영화관에 설치된 폭탄, 아랍 지구와 아랍인을 태운 기차를 저격한 테러 등이 있었다. 이런 테러가 성공하면 유대인 테러 집단의 선전원들은 승리를 거두었다고 기뻐했다. 이스라엘 현 총리의 정당, 헤루트당의 영웅들에는 아랍 버스에 총격을 가한 죄로 영국들에게 교수형을 당한 사람도 있다.

팔레스타인에 있던 유대인 공동체의 준군사 조직은 무작위 테러를 조직적으로 행하지는 않았지만, 그렇다고 테러를 수치스럽게 생각한 것도 아니었다. 한 사례를 예로 들면, 하가나[5]가 1924년 정통파 유대교 시인 야코프 이스라엘 더 한Jacob Israël de Haan(1881~1924)을 암살한 사건과, 아랍 젊은이들이 유대교 신자들을 희롱한 죄를 보복하겠다며 하가나가 예루살렘 통곡의 벽 근처에 있던 한 아랍 주택을 폭파한 사건 — 〈천만다행으로 당시 그 집에는 아무도 없어〉[6] 한 명의 사상자도 없었다 — 이 공식적인 역사에서 동일한 페이지를 차지한다.

왈저의 주장과 달리, 무고한 사람의 무작위적인 살상은 아

---

5   팔레스타인의 유대인 준군사 조직 — 옮긴이주.

6   Yahuda Slutzky, *Sefer Toldot Hahaganah* [*The History of the Haganah*] (Tel Aviv: Zionist Library, 1972).

일랜드 공화국군 임시파Provisional IRA와 팔레스타인 해방 기구PLO: Palestine Liberation Organization가 전후에 범한 행위가 아니다. 〈국격이 급격히 추락한 사람들〉에 대한 왈저의 정의는 〈이스라엘의 유대인〉에게만이 아니라 팔레스타인의 아랍인에게도 똑같이 적용된다.

왈저의 〈도덕적 세계〉에서 이스라엘이 차지하는 특수한 위치는 전쟁 협약 — 전쟁이 시작된 후에 적용되는 일련의 원칙들 — 에 대한 그의 논의에서도 고스란히 드러난다. 왈저는 미라이를 공격한 미군에 내려진 명령과, 1967년 6월 전쟁 동안 나블루스에 들어간 이스라엘군에게 내려진 명령을 비교하며 이스라엘 병사들 사이의 대화록을 인용한다. 그 대화록이 이스라엘군의 인도적인 면모를 보여 주는 가장 객관적인 증거라는 왈저의 주장은 설득력이 떨어진다. 그러나 이 사건을 제쳐 두고 왈저는 그 책에서 다른 사례들, 예컨대 이스라엘군이 라트룬 마을을 점령하고 주민들을 쫓아낸 사례를 인용했을 수 있었다. 또 한 걸음 더 나아가, 〈저놈들은 신경쓰지 말라. 저들은 아랍놈들일 뿐이야!〉라고 병사들에게 명령하는 장교들의 지휘하에 라트룬과 인근 마을들을 불도저로 밀어 버리는 장면을 묘사한 이스라엘 기자 아모스 케난Amos Kenan(1927~2009)의 목격담을 인용했을 수도 있었다. 혹은 〈들판이 우리 눈앞에서 황량하게 변해갔다. 그날 펑펑 울며 길을 따라 터벅터벅 걷던 아이들은 19년 후에 페다이[7]가 될 것이다〉라는 케난의 예언적 결론을 인용했더라면 더 나았을 것이다.

이 책의 후기에서 왈저는 기준에 대한 평화주의적 비판을 간략히 논평하며, 비폭력적 조치는 〈적의 기본적인 인간애〉(네덜란드계 미국인 정치 운동가 에이브러햄 요하네스 머스티Abraham Johannes Muste의 표현)에 호소하는 것이므로 그 호소가 먹히지 않으면 효과가 의심스럽다고 주장한다. 평화주의 이론은 대체로 두 가지 심리 원칙 — 1) 비폭력은 감성적인 사람들의 심금을 울린다는 것이고, 2) 폭력적인 저항은 그렇게 저항하는 사람의 성격을 명확히 규정하므로 공격자와 저항자의 차이가 사라질 것이다 — 에 기초한다. 머스티의 표현을 빌리면 〈친절이 친절을 낳는다〉. 〈정당한 전쟁이더라도 전쟁 후의 문제는 승자의 손에 떨어진다. 승자는 전쟁과 폭력은 손해가 아니라는 걸 증명했을 뿐이라고 생각한다. 그럼 누가 승자에게 교훈을 가르치게 될까?〉 왈저는 비폭력저항의 이런 기본적인 전제들을 직접적으로 다루지는 않는다. 나는 그 기본적인 전제들이 궁극적으로 유지되지는 못하더라도 쉽게 묵살되지는 않을 것이라 생각한다. 나는 이 문제를 다른 곳(『미국의 힘과 새로운 지배 계급』)에서 이미 다루었기 때문에 여기에는 생략하기로 하겠다.

왈저의 책에서는 그 밖에도 많은 까다롭고 중요한 문제가

7   반이스라엘 무장 조직 — 옮긴이주.

제기되었고, 대체로 박학하면서도 감칠맛 나게 쓰였다. 하지만 내가 집중적으로 다룬 사례들에서는 도덕적이고 지적으로 중대한 결함이 드러남으로써 글의 전반적인 신뢰가 떨어지고 말았다. 물론 이스라엘에 특별한 지위를 부여하고, 그 기준에 따라 〈도덕적 세계〉를 재구성하려는 왈저의 시도는 미국 사회의 전반적인 합의를 대변한 것이지만, 이 시대의 병적인 측면을 그대로 반영한 것이기도 하다. 소련의 예외적인 지위에 대한 엇비슷한 판단들이 과거였다면 전혀 이상하게 들리지 않았을 것이다. 또한 전반적인 합의가 진실이나 공정성을 판단하는 기준이 아니다!

7

지식과 권력

지식인과 호전적인 복지 국가[1]

1 *The New Left,* ed. Priscilla Long (Boston: Porter Sargent, 1970), pp. 172~199에 실린 "Knowledge and Power: Intellectuals and the Welfare-Warfare State"를 옮겨 실은 것이다.

미국이 제1차 세계 대전에 참전했을 때 랜돌프 본Randolph Bourne(1886~1918)은 고전적인 논문에서 〈전쟁은 국가의 건강〉이라고 말했다.

전쟁이 시작되면 사회 곳곳에서 정부에 적극적으로 협력하고 획일적으로 행동하라고 요구하는 불가항력이 자동적으로 작동하며, 집단의식이 부족한 소수 집단과 개인에게 복종을 강요한다. (……) 예술 창작, 지식과 이성, 미학의 추구와 생활 수준의 향상 등 다른 가치들은 즉각적이고 거의 일괄적으로 희생된다. 자진해서 국가의 열렬한 대리인이 된 중대한 계급들은 자신들의 이익을 위해 그 가치들을 적극적으로 희생하는 데 그치지 않고, 다른 사람들에게도 그 가치들을 버리라고 압력을 가한다.

사회의 〈중대한 계급들significant classes〉을 섬기는 인텔리겐
치아는 〈실용주의적인 교육을 받아, 행정부의 명령에는 즉각
적으로 반응하지만 안타깝게도 지적인 해석 능력이 떨어지고
이상적인 목표에 집중하지 못하는 사람들〉이다. 그런 인텔리
겐치아는 〈전쟁 기술을 개발하는 데 열중해 왔다. 전쟁과 그들
사이에는 예부터 특별한 친화성이 있었던 듯하다. 달리 말하
면, 전쟁과 그들은 서로를 학수고대하며 기다렸던 듯하다〉.[2]

랜돌프 본은 국가 동원national mobilization의 이데올로기적
영향, 즉 국가에 복종하고 〈중대한 계급들〉의 요구에 순응하라
고 설득하며 〈획일적으로 행동하라고 요구하는 불가항력〉을
강조한다. 하지만 전쟁을 위한 동원에는 경제적 효과가 있을
수 있다. 특히 제2차 세계 대전과 냉전 기간에 국가 동원의 경
제적 효과가 명확히 드러났다. 정부가 경제에 개입함으로써
불경기가 막을 내렸고, 파괴와 낭비라는 사회적 목표에 광범
위하게 맞추어진 경제의 〈건강한 기능〉이 보장되었기 때문이
다. 전쟁을 위한 동원이 있을 때 〈전쟁 기술을 개발하는 데 열
중한〉 인텔리겐치아는 권력과 영향력을 갖게 될 것이라는 본
의 예측은 여러 사건에서 입증되었다. 본의 논평은 1961년부
터 1966년까지 국무부와 백악관에서 동아시아 전문가로 근무
한 제임스 톰슨James Thomson의 주장과 비교된다.

2   인용된 구절들은 Carl Resek, ed., *War and the Intellectuals* (New York: Harper, 1964)에 실린 여러 시론에서 발췌한 것이다.

다양한 대(對)게릴라전 이론을 개발하고 그 이론들을 시험해 보려는 군사 전략가들과 사회 과학자들이 새롭게 부상함에 따라 그렇잖아도 뜨겁던 베트남에 대한 관심이 한층 더 고조되었다(특히 그런 사회 과학자들 중 일부는 새 정부의 관리로 발탁되었다). 일부에게 〈대게릴라 계획〉은 세계의 불안정에 대처하는 새로운 만병통치약으로 여겨졌다. (……) 대베트남 정책의 결과로, 베트남을 새로운 외교 정책의 궁극적인 시험대로 생각하는 이념 집단이 부상했고, 그 결과는 미국 외교 정책의 장래를 위험에 빠뜨릴 가능성이 높았다. (……) 어떤 의미에서 그들은 공산 진영의 극단적 좌파 몽상가에 해당하는 민주 진영의 몽상가였다. 요컨대 그들은 테크노크라시의 모택동주의자들이었다. 이제 그들은 워싱턴에서 물러났지만, 그들이 남긴 정책은 여전히 막강한 영향력을 행사하고 있다.[3]

3 Richard M. Feffer, ed., *No More Vietnams? The War and the Future of American Foreign Policy* (New York: Harper, 1968)에서 인용. 이탤릭체로 강조된 부분은 톰슨이 직접 표시한 것이다. 마오쩌둥이 당의 관료 조직화에 반대했고, 〈공산주의자〉와 〈전문가〉의 갈등에서 실제로 행한 역할을 고려하면, '테크노크라시의 볼셰비키들'이란 표현이 더 적절한 듯하다. 특히 두 집단의 갈등을 다룬 문헌은 상당히 많은 편이다. 예컨대 Benjamin Schwartz, "The Reign of Virtue: Some Broad Perspectives on Leader and Party in the Cultural Revolution," *China Quarterly,* July 1968을 참조하기 바란다. 이 논문에서 Schwartz는 마오쩌둥이 〈테크노크라시적 요소〉를 반대하며 〈전체적인 정치 과정에 적극적이고 완전히 참여하는 인민이란 개념〉을 현실화하려고 시도했다고 강조한다. Schwartz가 인용한 마어쩌둥의 이론에 따르면, 이때 사회를 도덕화하는 역할을 위임받은 〈윤

수년 전부터 폭넓게 논의되는 주제인 유사한 현상에 관련해서는 이 주장에 또 하나의 주장이 덧붙여질 수 있다. 〈시간이 지남에 따라 경제적인 삶에서 힘은 땅과의 관련성에서 자본과의 관련성으로 넘어갔고, 다시 최근에는 지식과 능력을 겸비한 테크노스트럭처[4]로 옮겨 갔다. (……) 다시 말하면, 집단 의사 결정에 필요한 지식과 재능 및 경험을 정부와 기업에 적용할 수 있는 사람들을 수용하는 집단으로 넘어갔다.〉[5]

의사 결정에서 전문 지식을 지닌 인텔리겐치아의 역할은 경제에서도 〈전쟁 기술을 개발하는 데 열중하는〉 분야와 우주 개발 경쟁 분야에서, 또 안보와 성장을 우선시하는 정부와 밀접히 관련된 분야에서 두드러진다. 따라서 전문 지식을 지닌 인텔리겐치아들이 배링턴 무어Barrington Moore(1913~2005)가 〈국내에서는 주화 개혁, 개혁, 해외에는 반혁명적 제국주의에 해당하는 약탈적 해법〉이라 칭한 짓에 전념하는 것도 전혀 놀랍지 않다.[6] 또 배링턴은 〈국내외에서 들리는 미국의 두드러진 목소리〉가 미국 사회 경제적인 엘리트 집단의 욕망을 표현한

리적으로 선택된 사람들〉이 인민을 인도하며 〈본보기와 교육과 적절한 정책을 통해 인민을 바꿔 가야 한다〉.

4 Technostructure, 전문 지식을 가진 사람들로 구성된 의사 결정 조직 — 옮긴이주.

5 John K. Galbraith, *The New Industrial State* (New York: Houghton Mifflin, 1967).

6 Barrington Moore Jr., "Revolution in America?," *New York Review of Books,* 1969년 1월 30일.

것에 불과하다고 요약했다. 또한 그 욕망은 미국의 많은 지식인들을 통해 다양한 수위로 제기되며, 〈풍요한 사회에서 일정한 몫〉을 확보한 과반수로부터 확보한 지지를 얻는다고도 덧붙였다.

누구든지 말로는 원하는 만큼 얼마든지 저항할 수 있다. 우리가 진정으로 권하고 싶은 자유에는 단 하나의 조건만이 덧붙여진다. 그 저항이 효과를 얻지 못하면 최대한 소리 높여 저항하라는 것이다. 그 때문에 우리는 당신들이 받는 고통을 무척 안타깝게 생각하며 어떤 조치를 취하고 싶지만 (실제로 우리는 당신들의 고통을 신중하게 연구했고, 그 문제에 대한 우리 의견을 당신들의 지도자와 직속 상관에게 이미 전달했다), 당신들이 무력으로 압제자를 제거하려고 시도한다면 그 시도는 문명화된 사회와 민주적 과정에 대한 위협이 된다. 그런 위협을 우리는 용납할 수 없고, 용납해서도 안 된다. 당신이 무력을 동원한다면, 우리는 그에 상응해서 하늘에서 불덩이를 내리는 조치로 당신을 지구상에서 없애 버릴 것이다.[7]

---

7   Barrington Moore Jr., "Thoughts on Violence and Democracy," *Proceedings of the Academy of Political Science* 29, no. 1 (1968); Robert H. Connery, ed., *Urban Riots: Violence and Social Change* (New York: Vintage Books, 1969).

이런 목소리가 두드러진 사회는 국가 동원을 통해서만 유지될 수 있다. 국가 동원은 작게는 자원의 상당한 투입부터, 무력과 폭력을 통한 위협까지 무척 다양한 형태로 전개될 수 있다. 국제 정치의 현실을 고려할 때, 일종의 국민 정신병national psychosis이 없다면 미국에서 이런 국가 동원이 유지될 수 없다. 예컨대 〈모든 경쟁자가 유리한 위치를 차지하려는 전쟁터에서 사투를 벌이는 진짜 전쟁에 우리가 말려들었다〉[8]라는 현 국방 장관의 목소리가 국민 정신병을 퍼뜨리고 있는 셈이다. 결국 우리가 크레믈린의 관료, 아시아의 소작농, 라틴 아메리카의 학생, 또 미국 내의 〈도시 게릴라〉 등 많은 얼굴로 변장해

8   Melvin Laird, *A House Divided: America's Strategy Gap* (Washington, DC: Henry Regnery, 1962). 놀라운 것도 아니지만, Laird는 〈군사 전략의 첫 단계는 우리의 핵심적 이익을 보호하기 위해서라도 필요하면 선제 공격하겠다는 우리의 단호함을 확실히 선언하는 것이다〉라고 결론지었다. 이렇게 해야만, 〈세계 문명을 파괴하려는 공산주의를 견제할 목적에서 우리 힘을 건설적으로 사용하는 도덕적인 책임〉을 온전히 행사할 수 있다. *I. F. Stone's Weekly*, December 30, 1968을 참조하기 바란다. 『뉴욕 타임스』의 군사 전문가로 Hanson Baldwin의 기사와 비교해 보기 바란다. Baldwin은 베트남 전쟁 이후의 시대에 대비해서 〈우리는 인력보다 과학 기술의 활용을 단계적으로 확대하는 방법을 모색해야 한다. 그때는 공격받는 정부를 지원하고, 은밀히 다가오는 공산주의로부터 정부를 보호하는 게 어려울 것이기 때문이다〉라며 〈그 단계적 확대에는 전혀 새로운 전통적인 무기의 사용이나, 표적과 지형이 허용하는 제한적인 조건에서 《방어적》 목적으로 소형 핵폭탄의 사용이 포함될 수 있다〉라고 덧붙였다(*New York Times Magazine*, June 9, 1968). 무엇보다 〈방어적 목적〉이란 개념이 흥미롭다. 은밀히 다가오는 공산주의로부터 약한 정부를 지원해야 한다는 뜻일 것이다. 내가 아는 범위에서, 미국은 전쟁을 담당하는 국방장관이 예방 전쟁preventive war의 가능성을 공개적으로 발언하고, 주요 언론의 군사 전문가가 핵무기의 선제 사용을 옹호한 유일한 국가이다.

서 나타나는 적을 상대로 전쟁을 벌이고 있다는 뜻이다. 물론 훨씬 분별력 있는 목소리도 들리지만, 전반적인 인식에서는 크게 다르지 않다.[9] 어쩌면 그 두드러진 목소리의 전국적인 노력이 성공을 거두었다는 증거일 수 있다. 여러 증거에 근거한 무어의 판단에 따르면, 〈조작을 위한 그들의 공작에는 전략적 후퇴를 포함해 상당한 융통성과 여유가 있다〉.[10] 여하튼 심각한 정신적 타락이 수반되어야만 그들의 조작이 성공할 수 있다는 것만은 분명하다. 달리 말하면, 풍요한 사회에서 풍요를 누리는 사람에게는 삶이 무의미하게 느껴지고, 과테말라의 소작농들에게는 삶이 절망적으로 느껴지게 만들어야 한다. 어쩌면 〈전쟁은 국가의 건강〉일 수 있다. 하지만 증가하는 GNP(국민 총생산)에 네이팜탄과 미사일, 폭동 진압 장비를 개발하는 비용, 감옥과 임시 수용소를 유지하는 비용, 인간을 달에 보내는 비용 등이 포함되어야 경제가 〈건강하다〉라는 뜻에서만 그 말은 성립된다.

〈건강〉을 이런 뜻으로 해석하는 경우에도 현시대에서 국가의 건강은 전쟁이 아니다. 정확히 말하면, 항구적인 전쟁 준비이다. 전면전은 게임에 이미 패했다는 걸 뜻한다. 국지전 lim-

---

9 이 논제에 대해서는 내가 쓴 *American Power and the New Mandarins* (New York: Pantheon, 1969), 특히 3장, "The Logic of Withdrawal."을 참조하기 바란다(2002년 The New Press에서 재출간되었다).

10 Moore Jr., "Revolution in America?"

ited war도 주식 시장의 변동과 항공 우주 산업계 경영진의 불평에서 보듯이 경제에 해로울 수 있고,[11] 장기적으로는 무력 사용에 불리할 수 있다. 평화 운동이 베트남에 대한 공격을 제약하는 데 큰 성공을 거둔 이유는 현 정권의 신중한 판단 때문이 아니라, 배링턴 무어가 정확히 파악한 〈두드러진 목소리〉에 한층 포괄적이고 광범위하게 가해진 위험 때문일 수 있다. 지배 계급의 입장에서는 반대 의견을 베트남에서 행해진 구체적인 잔혹 행위에 국한하며 초기에 싹을 잘라 내고, 미국 사회와 미국의 국제적인 역할에 대해 심각한 의문을 제기할 수 있는 운동을 차단하는 게 더 낫다. 따라서 우리가 북베트남을 폭격함으로써 도덕적 분노를 불러일으키며 정치적 통일체body politic[12]의 안정을 위협한 것이나,[13] 식민 전쟁을 수행하려고 징집병을 동원한 것은 실수였다는 이야기가 이제 주변에서 자주 들린다. 또한 다른 곳에서 또 다른 베트남 전쟁을 시행할 때 저항의 불길을 식히기 위해서라도 〈시장 가격〉으로 모병제를 운

11 　많은 면에서 경제에 해로울 수 있다. 많은 학자가 지적하듯이, 전쟁으로 정부 지출이 예컨대 군화와 탄환의 생산에 투입되므로 테크놀로지의 개발에 소홀할 수 있다. 〈상대적으로 노동집약적인 제품들로 회귀함으로써 베트남 전쟁은 테크놀로지를 후퇴시키는 영향을 남겼다〉라고 논평한 Michael Kidron, *Western Capitalism since the War* (London: Weidenfeld and Nicholson, 1968)을 참조하기 바란다.

12 　조직된 정치 집단으로 여겨지는 한 국가나 그 국민 — 옮긴이주.

13 　특히 냉소적인 예로는 Pfeffer, ed., *No More Vietnams?*에 실린 Ithiel Pool의 논문을 참조하기 바란다. 이 논문에 대한 저자 본인의 직접적인 해석은 *New York Review of Books*, letters, February 16, 1969에 게재되었다.

영하라는 제안도 흔히 들린다.

여기에서 나는 랜돌프 본의 두 관점 — 하나는 국가의 건강을 보장하는 전쟁 준비의 기능, 다른 하나는 현재의 조건이 〈미국의 새로운 이념 집단〉에게 제공하는 기회 — 에 대해 자세히 살펴보고, 지식인들이 본의 관점에 반박하려고 동원하고 싶어 하는 것까지 역사적인 관점에서 고찰하며 논해 보려 한다.

전통적으로 지식인은 진실과 권력의 모순된 요구에 갈등하는 존재로서 살아왔다. 물론 지식인은 진실을 찾아내고, 그렇게 찾아낸 진실을 가감 없이 말하며, 혼자서라도 불의와 억압에 실천적으로 저항하고, 더 나은 사회 질서를 잉태하는 데 도움을 주려고 노력하는 사람으로 남들에게 보이고 싶어한다. 이 길을 선택한 지식인은 무시되고 욕을 먹는 외로운 늑대가 되기 십상이다. 하지만 권력자를 위해 자신의 재능을 사용하는 길을 선택한 지식인은 명망과 풍요를 누릴 수 있다. 지식인은 〈중대한 계급들〉 옆에서 권력의 행사를 인도적이 되게 할 수 있다고 확신하기도 하고, 때로는 그런 확신이 정당하기도 하다. 또 지식인은 〈중대한 계급들〉과 협력하기를 바라거나, 사회를 관리하고 궁극적으로는 효율과 자유를 증진하기 위한 역할에 그들을 대신하기를 소망하기도 한다. 이런 역할을 갈망하는 지식인은 혁명적 사회주의나 복지 국가의 사회 공학적 미사여구를 동원하며, 지식과 전문 능력이 권력으로 이어지는 능력주의meritocracy를 추구할 가능성도 있다. 또 지식인은 새로운 사회로 가는 길을 선도하는 〈혁명 전위대〉의 일원을 자처하거나, 근본적인 변화가 없을 때 문제에 부딪칠 수 있는 사회의 관리에 〈단편적인 테크놀로지piecemeal technology〉를 적용할 수 있는 전문가를 자처할 수도 있다. 일부 지식인에게, 어떤 길을 선택하느냐는 상충되는 사회적인 힘들social forces의 상대적 영향력에 대한 평가에 따라 달라진다. 따라서 급진적인 학생이 대반란 전문가가 되는 경우처럼, 역할이 비일비재하게 바뀐다고 놀라울 것은 없다. 어떤 경우이든 지식인의 주장은 의심을 받게 된다. 지식인은 〈능력주의 사회의 엘리트meritocratic elite〉처럼 자기중심적인 이데올로기를 주창할 것이고, 마르크스의 표현을 빌리면 〈부르주아의 해방을 위한 특별 조건이 현대 사회가 구원받을 수 있는 유일한 일반 조건〉이라고 규정할 것이기 때문이다. 여하튼 자기 주장을 논리적으로 정당화하지 못하면 의심을 확인해 줄 뿐이다.

오래전, 표트르 크로폿킨은 〈요즘의 급진주의자는 중앙 집권주의자이고 열렬한 국가주의자이며 철저한 자코뱅파이다. 사회주의자가 그 길을 따르고 있다〉라고 말했다.[14] 〈과학적 사회주의〉는 결국 〈수적으로 소수이며 전문가로 구성된 새로운 귀족의 노동 집단에 대한 전제적인 지배〉,[15] 즉 〈우리 세기가

14 Peter Kropotkin, *The State: Its Historic Role* [1896] (London: Freedom Press, 1911).

창조한 가장 사악하고 끔찍한 거짓말〉인 것으로 입증된 〈붉은 관료주의red bureaucracy〉로 왜곡될 수 있다는 미하일 바쿠닌Mikhail Bakunin(1814~1876)의 경고를 반복했다는 점에서 크로폿킨은 대체로 옳았다.[16] 서구의 평론가들은 볼셰비키 지도부가 바쿠닌의 평론에 간략히 서술된 역할을 어떻게 떠맡게 되었는가를 지체없이 지적해 왔다.[17] 그 역할은 로자 룩셈부르크Rosa Luxemburg(1871~1919)가 정확히 반세기 전에 독일 사회주의 정부의 군대에게 살해되기 수개월 전에야 감지했던 것이기도 하다.[18]

볼셰비즘에 대한 로자 룩셈부르크의 비판은 연민과 형제애에 기반한 것이었지만, 매서웠고 오늘날의 급진적 지식인들에게도 유효한 것이었다. 세상을 떠나기 14년 전에 발표한 「레닌주의 혹은 마르크스주의」에서, 룩셈부르크는 레닌주의자의 조직 원리를 비판하며 〈이 관료주의적인 구속복은 신생 노동 운동을 무력화하여 중앙 위원회 같은 것에 의해 조종되는 꼭두각시로 전락시킬 것이기 뻔하기 때문에, 이보다 확실히 신

15   Mikhail Bakunin, *The State and Anarchy*. Daniel Guèrin in *Jeunesse du socialisme libertaire* (Paris: Marcel Rivière, 1959)에서 재인용.

16   Aleksandr Herzen과 Nikolai Ogareff에게 1866에 보낸 편지. Guèrin, *Jeunesse du socialisme libertaire*에서 인용.

17   예컨대 Daniel Bell이 쓴 유익한 논문, "Two Roads from Marx을 참조하기 바란다. 이 논문은 그의 책 *The End of Ideology: On the Exhaustion of Political Ideas in the Fifties* (New York: Free Press, 1960)에 재수록되었다.

18   Rosa Luxemburg, *The Russian Revolution*, 1918년 감옥에서 쓴 책이다.

생 노동 운동을 권력에 굶주린 지식인 엘리트의 노예로 만드
는 것은 없을 것이다〉라고 주장했다.[19] 그녀는 볼세비키 혁명
이 초기 단계에서부터 권위주의으로 중앙 집권화되는 위험한
경향을 정확히 꿰뚫어 보았다. 그녀는 볼세비키 지도부를 공
포와 독재로 끌어가는 조건들을 면밀히 조사했다. 〈지도자 역
할을 맡은 소수가 계급의 이름으로〉, 〈대다수 민중의 정치 훈
련〉에 기여하기는커녕 오히려 억누르는 독재였다. 로자 룩셈
부르크는 당연히 해야 할 일을 하고 공을 과시하지는 말라고
경고했고, 권위주의적인 관습을 새로운 엘리트 계급의 지배
방식으로 미화하지 말라고도 경고했다. 민주적인 제도에는 본
유적 결함이 있다며, 그녀는 〈그러나 트로츠키와 레닌[20]이 찾
아낸 해법, 즉 민주주의라는 것의 제거는 치료해야 할 질병
자체보다 더 나쁘다. 민주주의를 없애 버리면, 사회 제도의 모
든 본유적 결함을 교정되는 방향으로 끌어가는 살아 있는 근
원마저 사라지고 말 것이기 때문이다. 그 근원은 대다수 민중
의 능동적이고 자유로우며 역동적인 정치적 삶이다〉라고 말

19   이 논문의 영역본은 Bertram Wolfe: Rosa Luxemburg, *The Russian Rev-olution and Leninism or Marxism?* (Ann Arbor: University of Michigan Press, 1961)에 *The Russian Revolution*과 함께 실렸다. 강조된 부분은 톰슨이 직접 표시한 것이다.
20   물론 1918년의 글에서 로자 룩셈부르크는 훗날 러시아의 독재자가 된 〈레닌〉이란 이름을 언급하지 않았다. 레닌의 손에서 이런 두려움은 누구도 예상하지 못한 극단적 현상으로 구체화되었다.

했다.

대다수 민중이 경제 사회적인 삶의 모든 면을 결정하는 데 참여하지 않는다면, 새로운 사회가 민주의 창조적인 경험과 자발적인 행동에서 잉태되는 게 아니라면, 그 사회는 새로운 형태의 억압에 불과할 것이다. 〈사회주의는 십여 명의 지식인이 공식적으로 차지한 극소수의 책상에서 결정〉되지만, 〈수세기 동안 부르주아 계급의 지배로 붕괴된 민중의 완전한 영적인 변화를 요구한다〉. 그 변화는 부르주아 사회의 자유를 확대하는 제도권에서만 일어날 수 있는 변화이다. 사회주의를 위한 명확한 비결은 없다며, 로자 룩셈부르크는 〈경험만이 새로운 길을 바로잡으며 개척할 수 있다. 방해받지 않는 활기찬 삶만이 수많은 새로운 형태와 즉흥성을 잉태하고, 창의력을 개발하며, 모든 잘못된 실수를 바로잡을 수 있다〉라고 말했다.

따라서 지식인과 급진적 행동주의자의 역할은 감정하고 평가하며, 설득하고 조직화하려는 시도이어야 하지, 권력을 잡고 지배하려는 것이 되어서는 안 된다. 〈역사적으로 말하면, 지극히 영리한 중앙 위원회의 무류성보다 진정한 혁명 운동이 범한 실수가 훨씬 더 유익하다.〉[21] 로자 룩셈부르크의 비판은 급진적 지식인에도 유용한 지침이다. 이 비판은 좌파의 담론

---

21 Rosa Luxemburg, *Leninism or Marxism?*의 마지막 구절이다.

에 가득한 일반적인 독단성을 깨끗이 씻어 주는 해독제이기도 하다. 그런 담론은 도무지 이해되지 않는 문제에 대한 근거 없는 확신과 종교적인 열정으로 가득한 까닭에, 바다에서 헤엄치는 물고기가 세상을 인식하듯이 자신의 이데올로기에 사로잡혀 현상을 옹호하는 사람들의 으스대는 모습에 해당하는 자기 파괴적인 좌익의 자화상일 수 있다.

이 글의 논지에서 벗어나지만, 혁명적 상황과 그 이후의 상황에서 급진적 지식인과 전문직 인텔리겐치아 및 대중과 민중에 기반한 조직 간의 상호 작용을 되짚어 보는 것도 유익할 듯하다. 이런 조사 연구의 한쪽 끝에서는 볼셰비키의 경험과 진보적 테크노크라시가 다루어질 수 있을 것이다. 그 둘은 대중 조직과 대중 정치는 겉으로 드러나지 않아야 한다고 믿는 점에서 동일하기 때문이다.[22] 반대편 끝에서는 1936~1937년 스페인에서 일어난 아나키스트 혁명과, 그 혁명에 대한 진보적 지식인과 공산주의 지식인의 반응이 다루어질 수 있을 것이다.[23] 오늘날 유고슬라비아에서 공산당과 민중 조직(노동

---

22 진보적 테크노크라시에 대해서는 Michael Rogin이 자유주의 사회학적 관점에서 행한 〈현대 산업 사회의 다원론적 옹호〉의 탁월한 비판을 참조하기 바란다. Michael Paul Rogin, *The Intellectuals and McCarthy: The Radical Specter* (Cambridge, MA: MIT Press, 1967).

23 스페인 아나키스트 혁명과 그 반응에 대해서는 내가 쓴 *American Power and the New Mandarins,* 제1장, "Objectivity and Liberal Scholarship."을 참조하기 바란다.

자 평의회와 지방 자치 공동체) 간에 진화하는 관계도 관련이 있지만,[24] 국공 내전이라 일컬어지는 중국 공산 혁명의 순간을 다룬 윌리엄 힌턴William Hinton(1919~2004)의 설명에 극적인 긴장감을 더해 준 당 간부진과 농민 조직 간의 애증 관계도 마찬가지이다.[25] 역사학자 더글러스 파이크Douglas Pike(1924~2002)의 『베트콩』과[26] 그 밖의 더 객관적인 자료들에서[27] 묘사된 것처럼 남베트남 민족 해방 전선의 경험도 좋은 예가 될 수 있을 것이고, 쿠바의 변화를 다룬 많은 다큐멘터리 기록에서도 적절한 사례를 찾아낼 수 있을 것이다. 이런 사례들이 선진 산업 사회의 문제와 관련 있다고 과장할 필요는 없겠지만, 이런 사례들을 통해서 다른 형태의 사회 조직도 얼

---

24 이에 대한 간략하지만 유익한 설명이 George Zaninovich, *The Development of Socialist Yugoslavia* (Baltimore, MD: Johns Hopkins University Press, 1968)에 실려 있다.

25 William Hinton, *Fanshen* (New York: Monthly Review Press, 1966). 미국 세관 공무원들과 상원 안보위원회의 가증스런 행동이 없었다면 훨씬 전에 출간되었을 책이다. 그들은 힌턴의 자료들을 압수하고, 엄청난 비용을 쏟아부은 지루한 법정 투쟁이 있은 후에야 돌려주었다.

26 Douglas Pike, *Vietcong* (Cambridge, MA: MIT Press, 1966). 이 책은 프로파간다용이었기 때문에 처음부터 엉망진창이었다. 하지만 저자가 의도하지는 않았겠지만 이해관계를 떠난 주장을 강력하게 제기하고 있어 상당한 신뢰를 얻은 책이다.

27 예컨대 Katsuichi Honda 기자가 목격한 사건에 근거해 1967년에 『아사이 신문』에 게재한 기사들은 영어로 *The National Liberation Front,* in the series *Vietnam—A Voice from the Villages* (Room 506, Shinwa Building, Sakura-ga-oka-4, Shibuya-ku, Tokyo)라는 제목으로 번역되었다.

마든지 가능하고,[28] 지식인과 행동주의자가 대중 정치에 관계할 때 야기되는 문제에 대해 많은 것을 배울 수 있다는 게 내 생각이다.

제1차 세계 대전이 남긴 유물, 비(非)볼셰비키 좌파가 〈혁명 전위대〉에 대한 행동주의 지식인들의 비판을 반복하며 매섭게 다듬었다는 사실도 언급할 가치가 있다. 네덜란드의 마르크스주의자, 안톤 파네쿡Anton Pannekoek(1873~1960)은 〈공산당의 목표, 즉 공산당이 세계 혁명이라 일컫는 것〉을 〈노동자의 투쟁력을 이용해서 지도층에게 권력을 안겨 주면, 지도층은 국가 권력을 동원해서 계획 생산을 설립하는 것〉이라 규정한 후에 다음과 같이 덧붙였다.[29]

지식인 계급은 과학적이고 전문적인 지식을 지닌 전문가들의 지도하에 있는 질서가 잘 잡힌 생산 조직이기 때문에

---

28   이와 관련한 중요한 사례가 팔레스타인(훗날에는 이스라엘)의 키부츠 운동이다. 이에 대한 분석과 논의에 대해서는 Haim Darin-Drabkin, *The Other Society* (New York: Harcourt, Brace & World, 1962)를 참조하기 바란다. 이런 협력 공동체 형태의 중요성을 두 가지 이유에서 좌파는 제대로 인식하지 못했다. 첫째, 키부츠의 사회경제적인 성공이 〈급진적 중앙집권주의자들〉에게는 하찮게 여겨졌다. 그들의 생각에, 사회주의를 지향하는 운동은 혁명 전위대가 〈……의 이름으로〉 권력을 획득하는 게 중요하기 때문이다. 둘째, 사회 형태로서 키부츠와 무관한 변수, 즉 중동에서의 민족 갈등이란 문제로 상황이 복잡해졌다(기본적으로는 사회 형태로서의 키부츠와 무관했지만, 1947년까지 좌파적 성향의 키부츠 운동이 유대 국가라는 개념을 반대했다는 기억해둘 필요가 있다).

생산 과정에서 자신들의 중요성이 점점 증대된다고 생각하며, 지식인 계급이 마음속에서 서서히 키워 가는 사회적 이상은 볼셰비키 지도부의 이상과 별로 다르지 않다. 따라서 공산당은 지식인 계급을 자신들의 편으로 반드시 끌어들여야 할 당연한 협력자라 생각한다. 강력한 이론적 프로파간다를 통해 공산당은 인텔리겐치아를 민간 자본주의와 쇠락하는 부르주아 계급의 정신적인 영향권에서 떼어 놓고, 혁명 이후에 새로운 선도적 지배 계급으로서 적절한 지위를 차지하게 될 것이라며 혁명에 대해 그들의 지지를 얻으려고 애쓴다. (……) 인텔리겐치아는 혁명의 지도자로서 혁명에 은밀히 개입하고 끼어들 것이고, 혁명을 지원한다는 구실로

29 파네쿡은 레닌이 1920년에 발표한 소책자에서 다룬 〈유치한 극좌infan-tile ultra-leftists〉 중 한 명이었다. 국가 권력의 획득 전후에 대한 레닌의 관점을 비교하고 싶으면, Robert Daniels, "The State and Revolution: A Case Study in the Genesis and Transformation of Communist Ideology," *American Slavic and East European Review,* February 1953을 참조하기 바란다. 저자는 레닌이 〈1917년 혁명의 해〉에 좌파로 〈지적인 일탈〉을 범했다고 지적한다. Arthur Rosenberg의 *A History of Bolshevism: From Marx to the First Five-Years' Plan* [1932] (New York: Doubleday 1965)은 이 문제를 다룬 탁월한 연구서로 레닌의 정치적 현실주의를 인정하며 레닌에게 상대적으로 호의적인 입장을 보이지만, 레닌의 사상에는 기본적으로 권위주의적 냄새가 물씬 풍긴다고 지적한다. 이 주제에 대해 더 깊이 알고 싶으면, Robert Daniels, *The Conscience of the Revolution: Communist Opposition in Soviet Russia* (Cambridge, MA: Harvard University Press, 1960)과 Helmut Gruber가 편집한 *International Communism in the era of Lenin: A Documentary History* (Ithaca, NY: Cornell University Press, 1967)을 참조하기 바란다. 그 밖에도, 일일이 언급하기 힘들 정도로 많은 문헌이 있다.

투쟁에 참여하지만, 실제로는 당의 목표를 지향하는 방향으로 행동을 유도할 것이다. 쇠락한 부르주아 계급이 구할 수 있는 것을 자본주의로부터 구해 내려고 인텔리겐치아와 협력하든 않든 간에 어떤 경우이든 인텔리겐치아의 개입은 결국 노동자들을 속이고, 자유를 향한 노정에서 노동자들을 배제하게 된다. (……) 공산당은 노동자들의 지지를 상실하더라도 사회주의자들과 지식인 계급과 손잡고 공동 전선을 구축해서, 자본주의에 주된 위기가 닥치면 즉시 노동자를 지배하는 권력을 손에 넣으려고 할 것이다. (……) 따라서 마르크스주의에 입각해 투쟁하는 노동자 계급은 레닌의 철학이 농노 제도를 영속화하려는 계급 이론으로, 혁명의 장애물에 불과하다는 걸 깨닫게 될 것이다.[30]

전후 서구의 복지 국가에서도 전문 교육을 받은 인텔리겐치아는 신흥 국가 자본주의 사회에서 지배적 위치를 차지하기를 바란다. 이런 사회에서 강력한 정부는 점진적으로 국제화되는 기업들과 복잡하게 연계되어 있다. 인텔리겐치아는 〈후기 산

30   Anton Pannekoek, *Lenin as Philosopher.* 처음에는 암스테르담에서 John Harper라는 필명으로 발표되었고, 당시의 제목은 *Lenin als Philosoph. Kritische Betrachtung der philosophischen Grundlagen des Leninismus,* in Bibliothek der Rätekorrespondenz, No.1, Ausgabe der Gruppe Internationaler Kommunisten, 1938이었다. 이 날짜는 구체적으로 언급된 참고문헌을 이해하기 위해서도 무척 중요하다.

업 테크네트로닉 사회post-industrial technetronic society〉라 칭해지는 곳에서 〈과학적이고 전문적인 지식을 지닌 전문가들의 지도 하에 있는 질서가 잘 잡힌 생산 조직〉이 되기를 기대한다. 후기 산업 테크네트로닉 사회에서 〈금권 정치의 우월성은 정치 지도부로부터 끊임없이 도전받고, 전문 능력과 지적인 재능을 지닌 개인들이 정치권의 지도부에 계속 침투한다〉. 결국 후기 산업 테크네트로닉 사회는 〈지식이 권력의 도구가 되고, 재능의 효과적인 동원이 권력을 획득하는 중요한 방법이 되는 사회〉이다.[31]

지식인의 배반에 대한 랜돌프 본의 비판도 넓은 의미에서는 분석적인 틀에 들어간다. 게다가 전쟁을 위한 동원의 이념적인 역할에 대한 본의 인식은 여러 사건에서 정확한 것으로 입증되었다. 본이 앞에서 언급한 논문을 썼을 때 미국은 이미 세계의 주요 산업 국가였다. 1890년대 미국의 산업 생산은 이미 영국과 프랑스와 독일의 산업 생산을 모두 합한 규모와 엇비

---

31 Zbigniew Brzezinski, "America in the Technetronic Age," *Encounter,* January 1968. 유사한 내용을 띤 많은 구절이 Leonard S. Silk, "Business Power, Today and Tomorrow," *Daedalus,* Winter 1969에서 인용되었다. 『비즈니스 위크』의 편집위원회 의장인 Silk는 기업의 힘이 〈전문가 관료bureaucracy of technicians〉에게 이전될 가능성을 회의적으로 생각하며, 전문가 중심 조직 technostructure이 유용할 수 있지만 기업이 사회적으로 지배적인 역할을 유지할 것이라 예상한다. 미국 예술과학 아카데미American Academy of Arts and Sciences의 연구에서 쟁점화되는 문제는 소유자와 경영자와 전문가 중심 조직이 기업을 지배하는 상대적인 힘이다. 물론 경제 제도에 대한 민중의 지배는 전혀 논의되지 않았다.

숫했다.[32] 물론 제1차 세계 대전으로 미국의 우월한 경제적 지위는 한층 높아졌다. 제2차 세계 대전부터 미국은 세계를 지배하는 강대국으로 부상했고, 그 이후로 그 지위를 줄곧 유지했다. 전쟁을 위한 국가 동원은 1930년대의 경제 침체를 벗어나기 위한 다양한 수단을 제공했고, 심지어 경제학에 중요한 통찰을 제공하기도 했다. 경영 사상가 앨프리드 챈들러Alfred D. Chandler는 이렇게 말했다.

제2차 세계 대전을 통해 다른 교훈들도 배웠다. 정부는 뉴딜 정책을 가장 적극적으로 지지한 사람이 제안한 것보다 훨씬 더 많은 돈을 쏟아부었다. 정부 지출로 생산한 물건의 대부분이 유럽과 아시아의 전쟁터에서 파괴되거나 남겨졌다. 그러나 그 결과로 수요가 증가해 미국은 과거에 전혀 경험하지 못한 번영의 시대를 누렸다. 게다가 역사상 가장 큰 규모의 전쟁에 참전한 육군과 해군에 군비를 공급하려면 중앙에서 치밀하게 관리하는 국가 경제가 필수적이었다. 이 때문에 기업 관리자들이 인류의 역사에서 가장 복잡한 경제 계획의 한 부분을 수행하려고 워싱턴에 모여들었다. 이때의 경험으로, 경제의 안정화에 개입하는 정부의 역할에 대한

32　Alfred D. Chandler Jr., "The Role of Business in the United States: A Historical Survey," *Daedelus,* Winter 1969.

이념적 두려움이 크게 줄어들었다.[33]

표면적으로 생각하면, 이 교훈은 제대로 배운 것이었다. 정확히 말하면, 제2차 세계 대전 이후의 세계에서 〈군수 산업이 경제 전체를 자동적으로 안정시키는 역할을 했다〉라는 교훈이었다.[34] 따라서 똑똑한 기업 관리자는 정부의 경제 개입을 두려워하기는커녕 〈신경제New Econmics를 기업의 생존력을 향상하는 기법〉으로 보았다.[35]

뒤이은 냉전으로 미국 사회는 더욱더 탈정치화되었고, 정부가 작게는 재정정책과 공공사업을 통해 크게는 국방비를 통해 개입할 수 있는 심리적 환경도 조성되었다. 특히 국방비는 〈경

33   Chandler, "The Role of Business in the United States." 이런 경험을 근거로 Paul Samuelson은 〈지난 세계대전이 화학자의 전쟁이었다면, 이번 세계대전은 물리학자의 전쟁이었다고 말한다. 하지만 이번 전쟁은 경제학자의 전쟁이었다고도 말할 수 있을 것이다.〉라고 말했다. New Republic, 1944년 9월 11일. Robert Lekachman, The Age of Keynes (New York: Random House, 1966)에서 인용. 정부가 베트남 전쟁을 성공적으로 수행할 수 있도록 경제학자들이 국내 경제의 안정을 유지하는 데 큰 역할을 했다는 사실을 고려하면, 베트남 전쟁도 〈경제학자의 전쟁〉이었던 것으로 해석할 수 있을 것이다.

34   Jerome Wiesner, H. L. Nieburg, In the Name of Science (Chicago: Quadrangle, 1966)에서 인용. Nieburg는 〈일시적으로라도 군비 경쟁이 완화되자 (……) 정부는 우주과학 프로그램이란 새로운 수단을 도입해 높은 수준의 경제 활동률을 유지했다.〉라고 말했다.

35   B. Joseph Monsen, "The American Business View," Daedelus, Winter 1969. 이 문제에 대해 깊이 알고 싶으면 Galbraith, The New Industrial State를 참조하기 바란다.

영자들이 높은 수준의 총수요를 유지하지 못할 때 최후의 수단으로 동원할 수 있는 것〉이었다(챈들러). 냉전은 미국 자본이 지배하는 통합된 세계 경제를 건설하려는 야심 찬 계획을 미국 정부가 시행하는 데 필요한 재원과 심리적 환경을 보장해 주기도 했다. 조지 볼George Ball(1909~1994)에 따르면, 그 야심 찬 계획은 〈이상적인 몽상이 아니라 냉정한 예측이며, 우리 테크놀로지의 강력한 요청에 따라 우리에게 떠맡겨진 역할이다〉.[36] 이 계획을 달성하는 데 필요한 주된 수단은 다국적 기업이라며, 볼은 이렇게 설명을 덧붙였다. 〈다국적 기업은 현대적인 형태에서 세계적인 영업망과 시장을 지닌 기업으로, 미국의 발전을 보여 주는 명백한 증거이다. 이런 기업 덕분에, 세계의 자원을 최대한 효율적으로 사용하는 게 처음으로 가능해졌다. (……) 그러나 다국적 기업이 최대한으로 이익을 얻으려면 세계 경제가 더 크게 통합되어야 한다.〉[37]

다국적 기업은 정부의 자원 동원으로부터 이익을 얻는 수혜자이기도 하다. 궁극적으로 다국적 기업의 활동은 미국 군사력의 지원을 받는다. 정치적 삶에서 의회 제도가 쇠락함에 따라, 국내 경제를 통제하는 힘이 중앙 집중화되는 과정도 동시

36 Charles Pfizer and Co.의 사장, John J. Powers Jr.가 1967년 11월 21일 화학제조기업 협의회에서 행한 연설에서 인용. 이 연설은 North American Congress on Latin America (NACLA)의 *NewLetter*, 2, no. 7에 재수록되었다.
37 *New York Times*, 1967년 5월 6일. Paul Mattick의 논문, "The American Economy," *International Socialist Journal*, February 1968에서 인용.

에 진행된다. 실제로 의회 제도의 쇠락은 서구 산업 사회들에서 예외없이 눈에 띄는 현상이다.[38]

미국에 기반을 둔 다국적 기업을 통한 〈세계 경제의 통합〉은 자유에 심각한 위협을 제기하는 게 분명하다. 브라질의 정치 경제학자 엘리우 자구아리비Hélio Jaguaribe(1923~2018)는 급진주의자가 아님에도 이렇게 말했다.

선진 공업국, 특히 미국에 대한 의존도는 높아지는 반면에 국내적으로는 빈곤과 불안이 심화됨에 따라, 라틴 아메리카 사람들은 항구적인 외국 지배와 내적인 혁명 중 하나를 선택해야 할 입장에 처했다. 카리브 연안 지역의 국가들은 그런 선택을 이미 강요받고 있는 실정이다. 그 국가들은 개별적으로는 생존 능력을 상실했지만, 국내의 과두 정권과 미국의 개입으로 자율적인 지역 공동체를 구성하는 것도 가능하지 않다. 따라서 라틴 아메리카가 자립할 수 있는 최소한의 조건을 신속히 갖추지 못한다면, 카리브 지역에서 지금 벌어지고 있는 현상이 앞으로 20년이 지나지 않아 라틴 아메리카의 주된 국가들에도 닥칠 가능성이 크다.[39]

38 더 깊이 알고 싶으면, Kidron, *Western Capitalism since the War*을 참조할 것.
39 "A Brazilian View," in Raymond Vernon, ed., *How Latin America Views the American Investor* (New York: Praeger, 1966)을 참조할 것.

똑같은 불안감이 아시아에서, 심지어 서유럽에서도 꿈틀대고 있다는 건 비밀이 아니다. 아시아와 서유럽의 국민 자본은 정부 지원을 받는 미국 기업 시스템American Enterprise과 경쟁할 수 없기 때문이다. 미국 정치학자, 해럴드 니버그Harold L. Nieburg(1927~2001)는 미국 기업 시스템을 〈정부 보조를 받아 사적인 이익을 취하는 시스템〉이라 평가했다.[40]

경제 지배에는 문화의 예속이란 위협이 수반되기 마련이다. 물론 식민 지배자 혹은 미국 정치학자는 무력한 사회의 〈현대화〉를 주도하는 기회를 반가워하며, 경제 지배를 위협이 아니라 긍정적인 미덕이라 생각할 것이다. 극단적인 사례일 수 있겠지만, 〈이 나라는 어떤 형태로든 발전을 이루어 내려면 모든 것을 무너뜨려야 한다. 주민들을 완전히 몰아내고, 모든 것을 가로막는 전통적인 문화로부터 그들을 해방시켜야 한다〉라는 라오스 주재 미국 외교관의 발언이 그 증거이다.[41]

정도의 차이가 있지만, 라틴 아메리카에서도 똑같은 현

---

40 Nieburg, *In the Name of Science*. 유럽 자본은 미국이 추구하는 세계 시스템에 하위 동업자로 참여해 이익을 취하고 있다는 말하는 편이 더 정확할 것이다.
41 Jacques Decornoy가 *Le Monde hebdomadaire,* July 11~17, 1968년 7월 11~17일에서 인용. 미국 외교관의 발언을 인용한 Jacques Decornoy 기자의 기사는 라오스의 반군 조직, 파에트라오Pathet-Lao의 상세한 목격담 중 하나이며, 〈국가 건설〉과 발전을 위한 그들의 노력을 다루었다. 이 발언과 관련해서 Decornoy는 〈미국은 북베트남이 라오스에 군사적으로 개입했다고 비난한다. 하지만 라오스를 초토화시켜야 한다고 발언한 쪽은 미국이었고, 파에트라오는 국민 문화와 독립을 주창한다〉라고 말했다.

상이 확인된다. 프랑스 언론인, 클로드 쥘리앵Claude Julien (1925~2005)은 다음과 같이 말했다.

> 라틴 아메리카 학생들의 폭동은 부패하고 비효율적인 독재 정권, 또 그들 국가의 경제적 자원과 인적 자원을 착취하는 외국 기업을 향한 것이기도 하지만, 그들의 존재 자체에 심각한 영향을 미치는 문화적 식민 정책에 대한 반발이기도 하다. 이런 이유에서 그들의 폭동은 주로 경제 식민 정책에 대해 반발하는 노동자나 농민 조직의 폭동보다 훨씬 더 치명적일 수 있다.[42]

미국이 건설한 제국에서 이런 파국적인 결과를 보여 준 전형적인 사례가 필리핀이다.

장기적으로 보면, 국가의 독립과 문화적 생존력에는 물론이고 성공적이고 균형잡힌 경제 발전에도 큰 위협이다.[43] 여러 요인이 복잡하게 뒤얽힌다. 국내의 지배 집단은 미국이 지배하는 상황에서, 심지어 미국의 제국주의적 모험에서도 기득권을 누릴 것이고, 이런 현상은 극동에서 이미 분명히 확인된 사실

---

42   Claude Julien, *L'Empire americain* (Paris: Grasset, 1968).
43   이 문제에 대해서는 Andre Gunder Frank, *Capitalism and Underdevelopment in Latin America* (New York: Monthly Review Press, 1967)과 많은 다른 연구서를 참조하기 바란다.

이다. 과거의 한국 전쟁과 현재의 베트남 전쟁이 미국적 시스템에 점진적으로 〈통합〉되고 있는 국가들의 〈건강〉에 크게 기여했고, 때로는 괴물에 가까운 결과가 나타나기도 했다. 예컨대 일본은 미군의 시신을 고향에 보내는 데 사용할 플라스틱 관을 제작하고, 〈독일 강제 수용소의 가스실에서 사용한 치클론 B라는 독성 물질을 생산한 기업, 파르벤 복합 기업을 계승한 듯한 기업들은 (……) 남베트남에 파견된 미군이 사용할 독가스와 독성 화학물질을 생산하기 위한 공장을 남베트남에 세웠다〉.[44] 굳이 이런 사례를 언급하지 않더라도 일상의 현실도 섬뜩할 뿐이다.

뉴욕 타임스가 매년 발표하는 『아시아·태평양 경제 보고서 *Economic Survey of Asia and the Pacific*』에는 다음과 같은 기사가 실렸다.

〈태국인들은 평화를 은총이자 저주로 생각한다.〉 (……) 베트남 전쟁의 종전은 태국 경제에게 심각한 위협이 될 것이란 사실은 이론의 여지가 없다. 태국 투자 위원회Thailand Board of Investment가 지난 12월에 창간한 월간지 『더 인베스터』는 이 사건을 창간호의 표지 기사로 솔직히 다루었다. 이 월간지는 〈태국의 경제 발전은 베트남 전쟁과 밀접히 관

<hr>

44 Bertil Svahnstrom, ed., *Documents of the World Conference on Vietnam* (Stockholm, July 1967).

련되어 있기 때문에 미국이 동남아시아에서 향후의 역할에 대해 어떤 결정을 내리더라도 그 결정은 동남아시아에 엄청난 영향을 미칠 것이다〉라며 〈미국이 전쟁을 갑자기 끝낸다면 동남아시아는 경제적으로 상당한 고통을 감내해야 할 것〉이라고 덧붙였다. (……) 하지만 많은 사람이 생각하듯이 미군이 베트남에서 철수하더라도 결국에는 훨씬 더 많은 미군이 이곳에 주둔하게 된다면, 태국인들은 지속적인 경제 호황과 전통 사회의 몰락 사이에서 훨씬 더 어려운 선택에 직면하게 될 것이다.[45]

그 영향은 심대하고 누적되며, 식민 시대의 파괴적인 유산에 더해진다. 그 결과는 미국 국제 개발처USAID: United States Agency for International Development의 필리핀 책임자가 1967년 4월 25일 하원 소위원회에서 행한 증언에 명확히 집약되어 있는 듯하다.

농업은 (……) 의도적인 방치 — 부적절한 운송 체제, 제한된 관개 시설, 불충분한 농업 신용제도, 도시 지역에 저렴한 농산물을 공급하기 위한 가격 정책과 그로 인한 농업 생

---

45 *New York Times,* Bangkok, 1969년 1월 17일. 이 기사를 쓴 기자는 순진하게도 선택권이 태국에 있다고 말한다. 태국이 과거에 행한 선택에 대해서는 내가 쓴 *American Power and the New Mandarins,* 1장을 참조하기 바란다.

산의 의욕 좌절, 높은 소작 비율과 부재지주, 제대로 조직화 되지 않은 시장과 높은 이자율 — 의 결과물이다. 필리핀 중앙 루손 지역에서 6명의 가족으로 살아가는 보통 농부의 영농 소득은 약 800페소이다. 이런 조건은 지난 50년 동안 [더 정확히 말하면, 스페인이 점령하던 때부터] 변하지 않았다. 농촌 주민의 열악한 조건보다 훨씬 더 중요한 것이 (……) 도시 생활과 농촌 생활 간의 간격이 점점 더 커지는 현상이다. (……) 지난 10년 동안, 부자는 더 부자가 되었지만 가난한 사람은 더 가난해졌다.[46]

어쩌면 새로운 기술의 진보, 예컨대 〈기적의 벼miracle rice〉가 도움이 될 수 있다. 물론 누구나 그렇게 되기를 바라겠지만, 진보가 곧 행복이라는 등식에는 의문이 있는 듯하다.

포드와 록펠러가 지원한 조직들이 어느 정도 개발한 새로운 품종들로 높은 수확을 거두려면, 과학적 관리, 과거보다 두세 배나 많은 자금, 포괄적인 물 관리 등이 필요하다. (……) 필리핀에서 자급자족이 이루어지면, 상품의 시장 가격이 크게 떨어질 것이다. 다시 말하면, 지극히 효율적으로 운영되는 농가만이 기계화된 대규모 기업식 영농과 공존할

46 Hernando Abaya, *The Untold Philippine Story* (Quezon City: Malaya Books, 1967)에서 인용.

수 있다는 뜻이다. 또 지주가 직접 농사를 짓는 경우에는 소작농들을 쫓아내고 농지를 보유할 수 있다는 토지 개혁법의 허점에 과학적 영농법이 더해짐으로써, 필리핀에서 토지 개혁으로 시도하려던 모든 목표가 무산될 수 있다. (……) 마르코스 대통령은 거의 알려지지 않았지만 1965년에 발표된 보고서의 내용을 잘 알고 있다. 필리핀의 농촌 사회가 여전히 봉건적 상태에 머물고 있어 언제라도 분노가 폭발할 수 있다고 경고하는 보고서였다. 또한 그 보고서에 따르면, 18년 전에도 0.5퍼센트의 국민이 42퍼센트의 농지를 소유하고 있었다. 가장 큰 최대 지주, 가톨릭 교회를 포함해 221명의 최대 지주가 보유한 농지가 전체의 9퍼센트를 넘었다. 1958년에는 거의 50퍼센트의 농민이 소작농이었고, 추가로 20퍼센트의 농민이 소작농이었고, 다시 20퍼센트는 농장 노동자였다. 따라서 농업에 종사하는 농민의 90퍼센트가 농지를 소유하지 못한 셈이었다. (……) 1903년에는 농장 노동자를 제외할 때 소작 비율이 18퍼센트였고, 1948년에는 그 수치가 37퍼센트로 급등했다. 1961년에는 소작 비율이 50퍼센트를 넘어섰다. 이런 추세가 지난 8년 동안 변했다는 증거는 없다. 오히려 토지 개혁의 미미한 효과를 앞질렀을 가능성이 크다 (……) 마닐라의 의회는 농촌 금융 전문가들로 구성된 까닭에 농업 신용 관리국과 토지 은행과 협동조합들에 자금을 지원하라는 법안을 가결시킬 것인가?[47]

이 보고서가 계속되었더라면 당시 상황이 대체로 미국 식민 정책의 결과였다고 지적했을 것이고, 미국의 채소밭으로 묘사되던 국가에서 〈영농 합리화〉라는 명목하에 농지에서 쫓겨난 사람들의 운명에 대해서도 과감히 예측했을 것이다.

유사한 보고서가 인도에서도 발표되었다. 〈인도 농민이 새로운 테크놀로지를 활용하고 싶어하는 것은 분명하지만, 논농사에 새로운 테크놀로지를 극적으로 활용할 수 있을지는 분명하지 않다.〉[48] 이 보고서는 또 다른 문제도 제기한다. 즉 〈인도의 주정부들은 상대적으로 부유한 농민의 소득이 꾸준히 증가하는 경우에 그런 농민의 세금을 면제해 주었다. 정치인들은 어떤 당이든 그런 세금을 부활하라고 압력을 가하면 몹시 위험할 것이라고 확신한다. 그러나 농촌 지역의 새로운 소득 중 일부를 개발에 돌리기 위한 메커니즘이 없다면 성장은 지지부진할 것이다〉.

거듭 말하지만, 이런 상황은 식민주의의 유산이다. 따라서 이런 상황은 사회의 재건에 의해서만 해결될 수 있지만, 사회 재건을 위한 노력은 세계 도처에서 미국의 영향과 무력 사용에 의해 벽에 부딪칠 것이다. 특히 미국은 가능하면, 미국에서 훈련받고 미국의 무기로 무장한 당사국의 군대를 통해 압력을 가할 것이다. 브라질은 가장 최근에 가장 두드러지게 나타난

---

47 *Far East Economic Review, Atlas,* February 1969에 재수록.
48 *New York Times Economic Survey,* 1969년 1월 17일.

사례에 불과하다. 브라질에서 군부 엘리트는 〈국가 안전 보장을 위한 원칙에 따르면, 국가를 전복하려는 시도에 전면적으로 맞서며《저개발 국가들은 기독교 세계의 선두 국가에게 기초적인 재료를 제공함으로써 그 국가가 문명을 지킬 수 있도록 도와야 한다》라는 이데올로기를 전파한다.[49]

이리하여, 조지 볼의 표현을 빌리면 〈세계의 자원을 최대한 효율적으로 사용하는 것〉과 〈세계 경제를 더 크게 통합하는 것〉이 가능해졌다. 또 미국 역사학자 브룩스 애덤스Brooks Adams(1848~1927)가 오래전에 〈지리적 위치, 넉넉한 부와 풍부한 에너지 덕분에 우리는 동아시아의 발전에 개입해서 그들을 우리 경제 시스템의 일부로 끌어들일 것〉이라고 말했던 예측이 이런 식으로 현실화된다.[50] 하지만 이런 간섭이 왜 동아시아에만 국한되겠는가? 그 과정에서 우리 경제 시스템은 정부가 유발한 생산에 크게 의존하게 되고, 전문 능력을 지닌 인텔리겐치아가 깊이 개입함으로써 더욱더 〈정부 보조를 받아 사적인 이익을 취하는 시스템〉으로 변해 간다. 여론은 이런 경제 시스템은 용납하겠지만, 정작 그 여론은 헛된 환상에 사로

---

49   Marcel Niedergang, *Le Monde hebdomadaire*, 1968년 12월 12−18일. 〈동쪽의 공산주의자 대 서쪽의 기독교 세계로 세계를 이원화〉하며 존 포스터 덜레스, 딘 러스크, 멜빈 레어드 등 많은 권위자를 즐겁게 해주었던 군사학교 교수들의 발언을 인용한 것이다.

50   Akira Iriye, *Across the Pacific* (New York: Harcourt, Brace & World, 1967)에서 인용.

잡히고 매스 미디어의 조작에 얼이 빠진 여론이다.

이런 상황이 위험하다는 것은 자명하다. 자유주의적인 테크노크라트의 관점에서, 이 문제의 해법은 연방 정부의 강화에 있다. 〈급진적인 중앙 집권주의자〉는 한 걸음 더 나아가, 모든 권력이 중앙 정부와 〈전위 정당vanguard party〉에 귀속되어야 한다고 주장한다. 이렇게 해야만 군산 복합체military-industrial complex가 길들여지고 통제될 수 있다. 〈경제력의 집중과 소득 불평등을 조장하며 민간 경제를 활성화하겠다고 마중물 역할을 포기하고, 연방 정부에는 경제 지수의 등락을 관리하고 경제·사회 전 분야의 보전과 성장을 계획하는 책임이 있다고 솔직히 천명해야 한다.〉[51]

희망은 〈계약 국가Contract State를 개혁하고 통제하는 작전을 이끈 불굴의 영웅〉이었던 로버트 맥나마라Robert McNamara(1916~2009) 같은 노련한 관리자에게 있다.[52] 〈기업에서나 정부 정책에서나 중요한 의사 결정은 최고 책임자에게 맡겨져야 한다. 전부는 아니어도 부분적으로는 이 때문에 최고 책임자가 존재하는 것이다〉라고 사회 조직에 대한 자신의 의견을 명확히 설명한 맥나마라보다 더 큰 희망을 주는 테크노스트럭처는 없을 것이라는 가정이 틀린 것 같지는 않다.

궁극적인 권한은 관리진의 손에 귀속되어야 한다. 관리진은

51 Nieburg, *In the Name of Science.*
52 Nieburg, *In the Name of Science.*

〈따지고 보면, 가장 창의적인 집단이고, 창의력을 발휘하는 수단도 결국에는 인간의 재능이기 때문이다〉. 이것은 신의 명령이기도 한 듯하다. 〈신은 분명히 민주적이다. 신은 지적 능력을 누구에게나 나눠 주었다. 따라서 신이 우리에게 그 소중한 재능으로 효율적이고 건설적인 뭔가를 하기를 기대하는 것은 당연하다. 관리진에게 기대하는 것도 결국 그런 것이다.〉[53]

이런 생각은 엘리트 테크노크라트의 생각 중에서도 상대적으로 순수한 것이다. 과거의 기록을 면밀히 연구하면, 국가 자본주의 사회에서 연방 정부의 권한을 강화할 때 예상되는 결과를 한층 심중하게 판단할 수 있다. 미국 연방 정부는 연구 개발을 지원하고, 직접 구매와 결국 민간 자본으로 넘어가는 투자를 통해 군비 경쟁과 국내외에서 경제적 집중을 멈추지 않았다.[54] 역사학자 윌리엄 렛윈William Letwin(1922~2013)은 〈과거에 사업가들은 발명하고 홍보하는 역할을 도맡았지만, 주요 정책에서 정부 간섭의 유용성을 금세 깨달았다. 따라서

---

53 로버트 맥나마라가 1967년 2월 24일, 미시시피 잭슨의 밀삽스 칼리지에서 행한 연설. 그 밖에도 많은 학자가 관리자의 권한을 다른 식으로 합리화했다. 예컨대 역사학자 William Letwin은 〈관리자가 없는 공동체는 없다〉라며 관리자의 역할은 〈생산에서는 궁극적으로 자의적인 선택을 내리는 역할이 배제될 수 없기 때문에 민간 기업 내에서 자의적인 결정을 내리는 것〉이라 설명했다("The Past and Future of American Businessmen," *Daedalus*, Winter 1969). Letwin은 〈과거의 기업가들을 대담하게 도전하도록 자극했던 소득과 부에 대한 갈망을 오늘날의 관리자도 똑같이 보여주어서 다행〉이라고 생각했지만, 이런 관리 이론에서는 관리자가 난수표로 대체될 수 있다는 걸 지적하지 않았다.

자신들의 경제적 이득에 적합하도록 사회 정책을 유도하는 수단으로 정부를 이용할 것〉이라며 그럴듯한 예측을 내놓았다. 맥나마라가 탄도탄 요격 미사일ABM: anti-ballistic missile 시스템이 전자 공학 산업에 대한 지원을 제외하면 불합리하다는 정확히 알고 있었지만 결국 ABM 시스템을 승인했다는 사실은, 전문 지식을 갖춘 인텔리겐치아의 세계에서도 〈내부에서 일하는 경우〉에만 더 많은 인적 지원 세력을 확보할 수 있다는 걸 보여 주는 증거이다.

닉슨 시대로 옮겨가면, 맥나마라의 작은 저항마저도 저지될 것이라고 가정할 만한 근거가 넘쳐흐른다. 『워싱턴 포스트』 (1968년 12월)에 게재한 일련의 기사에서, 버나드 노시터Bernard Nossiter 기자는 〈무기와 우주에 대한 닉슨 씨의 모든 발언은 무척 긍정적이다. 내 생각에 닉슨 씨는 우리가 지금까지 백악관에서 만난 어떤 정치인보다 이 문제를 명확히 인식하고 있는 듯하다〉라는 노스아메리칸 록웰North American Rockwell 사장의 말을 인용했다. 노시터는 집중적으로 취재한 결과를

---

54 〈1950년대 말의 미국에서 항공기와 부품은 최종 수요의 90퍼센트 이상이 정부, 특히 군부였다. 또 비철금속의 수요는 거의 5분의 3, 화학 약품과 전자 상품의 수요는 절반 이상, 통신 장비와 과학 기기의 수요는 3분의 1 이상이었다. 18개 주된 산업에서도 최종 수요의 3분의 1 이상이 정부 조달과 관련된 것이었다.〉 Kidron, *Western Capitalism since the War.* Kidron은 〈군사와 우주 개척을 목적으로 개발된 기술과 산물이 민간 분야에 직접 이전된 경우는 무척 적다. (……) 이런 직접 이전의 가능성은 점차 줄어드는 추세일 것〉이라는 1963년 OECD 보고서도 인용했다.

근거로, 위의 전망을 이렇게 결론지었다.

산업계의 거물들은 군수 산업의 활성화를 위해 압력을 가하고, 펜타곤의 기획가들은 신무기 개발을 계속하기를 간절히 바라며, 의원들은 지역구가 확실한 계약을 통해 이익을 얻기 원하고, 항공 산업계에 일하는 블루칼라부터 대학의 물리학자까지 수백만 명의 미국인은 무기를 생산함으로써 급료를 받는다. 선거 운동 기간에 ABM 시스템과 그 밖의 무기 개발을 지원하지만 민간을 위한 지출을 긴축하겠다는 의향을 분명히 내비친 신임 대통령이 곧 백악관을 인수할 것이다. 이것이 1969년 군산 복합체의 실상이다.

물론 유능한 경제학자라면, 정부가 유발한 생산으로 경제를 순조롭게 돌아가게 할 수 있는 다른 방법들도 어렵지 않게 생각해 낼 수 있을 것이다. 〈그러나 자본주의 현실은 기획가들의 펜과 종이보다 더욱 다루기 힘들다. 일례로 정부가 주도하는 지나치게 많은 생산 비용 지출은 배제된다. 산업 자본가의 관점에서 보면, 그런 지출은 훨씬 막강한 영향력과 물질적 자원을 지닌 경쟁자가 자신의 전유물에 대한 직접적인 침략이기 때문에 맞서 싸워야 할 대상이 된다.〉[55]

55 Kidron, *Western Capitalism since the War.*

게다가 〈소득과 부에 대한 갈망〉(주 53을 참조)이 최고선으로 격찬되는 사회에서는 공공복지를 위한 재원의 사용에 대중의 지원을 받고, 필사적이기 그지없는 인간의 욕구를 충족시키기가 어렵다. 새뮤얼 F. 다우너Samuel F. Downer가 이 점을 명확히 설명해 주었다. 노시터는 항공 우주 기업 링템코보트LTV: Ling-Temco-Vought의 재무 담당 부사장, 다우너를 인용해서 〈전후 세계의 경제가 군부의 주문으로 부양되어야 하는 이유〉를 다음과 같이 설명했다. 〈기본적인 것이다. 군수품의 판매 이유는 조국의 방위이다. 조국의 방위는 정치인이 시스템을 조정하며 바로잡아야 하는 가장 큰 이유 중 하나이다. 예컨대 당신이 대통령이어서, 경제를 끌어가는 어떤 중추적인 요인이 필요하고 그 요인을 팔아야 한다면, 뉴욕과 로스앤젤레스를 팔 수는 없지만 새로운 환경을 팔아야 한다. 구체적으로 말하면, 자기 방어력을 키워야 한다. 따라서 러시아가 우리를 앞서는 한, 우리는 국방 예산을 계속 증액해야 한다. 미국 국민이라면 이런 상황을 이해할 것이다.〉

　미국 국민은 괴상망측한 우주 개발 경쟁의 필요성도 〈이해한다〉. 우주 개발 경쟁은 뉴욕 매디슨가의 홍보 기법에 크게 영향을 받지만, 전반적으로는 과학 기술 경쟁과 더불어 〈무한한 전략 무기 경쟁을 이론적으로 대신하는 변형된 대체물이며, 결국 다른 방식으로 계속된 군비 경쟁이다〉.[56] 하지만 이런 분석, 심지어 〈군산 복합체〉라는 단어의 언급조차 〈순진한 짓〉으로 매도되기 일쑤이다. 그런데 그 과정을 조작하고 그를 통해 직접적인 이득을 얻을 듯한 사람들이 그 문제에 대해 언급하지 않으려는 게 흥미롭지 않은가?

그래도 존 케네스 갤브레이스John Kenneth Galbraith (1908~2006)를 필두로 통찰력을 지닌 분석가들이 적잖게 있다. 그들의 주장에 따르면, 성장과 이익의 극대화에 대한 관심은 관리와 테크노스트럭처의 여러 동기 중 하나에 불과한 것이 되었고, 따라서 경제에서 기본적인 계획 단위로 기능하는 조직, 즉 기업의 요구를 확인해 그 요구에 적응하려는 시도가 더해지며 그 관심을 압도한다.[57] 어쩌면 이런 주장이 맞을 수 있지만, 기본적인 계획 단위로서 기업은 사회적 욕구의 충족보다 소비재 — 소비자가 국민 국가인 경우가 많다 — 를 생산하고,[58] 조직화된 국제 경제에서 지배력을 확대하는 데 맞추어지기 때문에 동기의 변화에 따른 결과는 경미할 수 있다.

아이젠하워 대통령은 군산 복합체에 대한 유명한 연설에

56　Nieburg, *In the Name of Science.*

57　Galbraith가 *New Industrial State*에서 다룬 주된 주제. 정치계에서는 유사한 분석이 Richard Barnet에 의해 시도되었다. Barnet은 외교 정책에서 국가 안전 보장국National Security Bureaucracy의 역할을 분석했다. 그가 공동 저자로 참여한 *No More Vietnams?*과 단독으로 쓴 *Intervention and Revolution* (New York: New American Library, 1969)를 참조하기 바란다. Barnet의 분석이 타당하다는 걸 부인하지 않는다면, 그 〈조직〉의 목표가 대체로 대기업의 목표와 일치한다는 걸 덧붙여야 마땅하다. 제국주의의 초기 단계에도 깃발과 총이 파운드나 프랑 혹은 달러를 뒤따르기는커녕 앞섰다는 건 주지의 사실이었다.

서 〈연방의 고용력과 사업 할당 및 돈의 힘이 국가의 학자들을 지배할 가능성은 항존하고 있으며 심각하게 고려되고 있습니다〉라고 말했다. 실제로 미국 정부는 오래전부터 〈마지막 수단의 고용주〉── 정확히 말하면, 지배적인 고용주 ── 였다. 따라서 현재 개발되고 있는 테크놀로지의 대부분이 없다면 세계가 더 좋은 곳이 된다는 게 의심의 여지가 없는 듯하다.

많은 유능한 평론가가 이런 사실을 명확히 인식하고 한탄하기도 했다. 예컨대 해럴드 L. 니버그는 위에서 인용한 저서에서 〈과학 기술 경쟁〉에 대한 배경을 다음과 같이 설명했다. 〈건강한 경제를 유지해야 할 필요성은 방정식의 상수항이 된다. 불경기에 대한 두려움, 엄청난 전쟁 비용의 습관적인 지출, 실질적으로 모든 집단을 포용하는 기득권, 선심정치 등 모든 것이 계획적인 정부 정책의 단면들로, 경제 부양책과 공공사업 프로젝트로서 《연구 개발》 제국에 귀속된다.〉

니버그는 〈과학을 중시하는 현재 상황〉과 〈혁신의 신비함에 대한 대중의 믿음〉이 〈산업 연구 개발과 시스템 공학적 관리를 미증유의 민간 경제력과 공공 의사 결정권으로 감추는

---

58 Galbraith의 지적대로 〈상품은 산업 시스템이 공급하는 것〉이다. 따라서 〈수요의 관리〉가 그 기능을 한다며 〈전체적으로 보면, 수요의 관리는 전반적인 상품을 위한 끝없는 프로파간다이고 (⋯⋯) 따라서 산업 시스템가 목표를 성취하는데 필요한 유형의 사람, 즉 항상 더 많은 것이 필요하기 때문에 자신의 소득을 믿음직하게 소비하며 믿음직하게 노동하는 사람을 양성하는 데도 도움을 준다〉라고 덧붙였다.

수단〉이 되었다며, 어떻게 정부 계약이 〈침체된 민간 경제〉로 부터의 〈탈출로〉가 되었는지를 보여 준다.

　거의 30년 동안 미국의 자원은 군부의 요구에 상당한 영향을 받았고, 정치 경제력은 국방을 우선시하는 상황에서 강화되었다. (……) 민간 기업의 살아 있는 신화들이 지금도 거대 산업체들을 사회 통제로부터 보호하고, 국내외의 현실에 대한 국민의 해석을 조종하며, 급속히 진행되는 기업 합병과 경제력 집중의 속도를 감추고, 사적인 이익의 준(準)공적인 지위를 보호한다. (……) 과학이라는 신성한 이름은 안보와 국위와 번영을 주장함으로써, 거의 합치된 의견처럼 미국 사회의 분열을 완화하고 연기하며 방지하는 수단으로 여겨진다. (……) 과학 기술 경쟁은 경기 부양 정책을 대체하는 수단으로, 일상생활에 필요한 물품을 늘리지도 않고, 더 나아가 국가 자원을 조직적으로 이용하는 구매력 구조에서 불평등을 심화하지 않으면서 개인 소득을 유지하게 해주었던 방법이었다.

이런 경제 발전에 대한 분석과, 경제 발전의 사악하고 비인간적인 면에 대한 격정적인 비판에서, 니버그는 전통적인 비판적인 지식인의 면모를 유감없이 보여 주었다. 하지만 로버트 맥나마라 같은 계몽된 관료들이 내부에서 일하며 연방 정부의 막강한 권력을 활용해 상황을 근본적으로 개선할 수 있을 것이란 그의 제안은 비현실적이다. 핵재앙을 두려워하는 과학자들이 군비 경쟁과 우주 개발 경쟁의 비합리성에 대해 정부 관료들에게 개인적으로 강의하면 국가의 우선 순위를 바꿀 수 있을 것이라 착각하는 것과 다를 바가 없다. 추상적으로 생각하면, 〈경제 부양과 안정을 위한 기법은 국민 소득을 다소 공정하게 분배하고, 노동조합이나 고용자의 상대적 처지를 개선하며, 경제에서 공공분야의 중요성을 확대하거나 축소하는 중립적인 행정 도구에 불과하다〉라는 주장이 맞을 수 있다.[59] 그러나 같은 저자가 지적하고 있듯이, 현실 세계에서 〈이런 중립적 행정 도구는 기업계가 범위를 규정한다는 합의 내에서 적용된다〉. 예컨대 〈신경제〉의 세제 개혁은 부자에게 유리하다.[60] 도시 재개발, 빈곤과의 전쟁, 과학과 교육을 위한 지출의

---

59 Lekachman, *Age of Keynes.*

60 〈1964년의 세수처럼, 1965년의 세수 개선도 호황을 누린 기업과 부유한 개인이 많은 세금을 납부한 덕분이었다〉(Lekachman, *Age of Keynes*). 미국 세금 구조의 역진적 성격은 간과되는 경우가 많다. Gabriel Kolko, *Wealth and Power in America: An Analysis of Social Class and Income Distribution* (New York: Praeger, 1962)를 참조할 것. 대통령 경제자문위원회가 의회에 제출한 보고서에 따르면, 〈세수의 구조를 보면, 6,000달러부터 15,000달러의 소득을 지닌 가구보다 더 낮은 소득의 가구가 더 높은 세금을 납부한다. 결국 저소득층 가구가 주세와 지방세에서 높은 세금을 부담한다는 뜻이다. (……) 연방세도 사회보장세로 저소득층에 부담을 지운다.〉 이 보고서에서는 고소득층의 세금 회피를 위한 수단도 자세히 다루어졌다. 감가상각 공제는 악명높은 사례의 하나에 불과하다.

상당 부분이 이미 혜택을 누리고 있는 계층을 위한 보조금인 것으로 밝혀졌다.

지식인이 이런 사실을 알게 되면 변화를 도모할 수 있는 많은 방법이 있다. 예컨대 능력을 중시하는 기업의 엘리트들이나, 그들과 밀접히 관련된 정부 관료들을 〈인간화〉하려고 노력할 수 있다. 또 많은 과학자와 사회학자에게는 그럴듯하게 보이는 계획을 인간화하고, 새로운 활력을 불어넣을 만한 개혁 정당을 조직해서 전통적인 정치권 내에서 활동하는 방법도 시도해 볼 수 있을 것이다.[61] 게다가 훨씬 더 급진적인 사회 변화를 위해 노력하는 대중 조직과 연대하거나, 그런 조직의 결성에 도움을 줄 수도 있을 것이다. 물론 기업계와, 기업계와 연대한 인텔리겐치아가 규정하는 범위를 받아들이면, 특권과 풍요를 약속하겠다며 사회가 그에게 제시하는 요구와 은밀히 주어지는 유혹에 개인적으로 저항할 수도 있다. 또 인텔리겐치아의 도움으로 조성된 악몽에 저항하는 대규모 조직을 결성하거나, 인텔리겐치아의 능력을 사회에 도움이 되는 건설적인 방향으로 활용할 수 있는 방법, 예컨대 새로운 사회 형태를 모색하는 민중 운동과 협력하는 방법을 찾아내려고 노력할 수도 있다.

61 합리적인 분석에 대해서는 Michael Harrington, *Toward a Democratic Left* (New York: Macmillan, 1968)을 참조할 것. *New York Review of Books,* 1968년 7월 11일에 실린 Christopher Lasch의 리뷰도 참조하기 바란다.

집단 행동의 중요성은 그 자체로도 명확하지만, 이 문제를 더 일반적인 관점에서 접근하면 집단 행동의 중요성은 훨씬 더 명확해진다.

개개인이 각자 외따로 경쟁을 벌이는 사회에서는 퇴행적인 제도와 고질적인 사회적 관습에 효과적으로 저항할 기회가 거의 없다. 갤브레이스는 수요 관리에 관련한 논평에서 이 점을 여러 형태로 강조했다.

모든 면에서 수요 관리는 사회 설계에서 무척 미묘한 작업이다. 수요 관리는 개인보다 대중을 설득하는 데 공을 들인다. 어떤 개인이든 수요 관리의 영향에 반발할 수 있다. 그렇게 할 때 어떤 상품의 구매에서 개인의 충동은 고려되지 않게 된다. 수요 관리에 반발하는 사람들에게는 〈원하면 언제라도 떠나라!〉라고 대응한다. 하지만 대중 행동의 관리를 방해하기에 충분할 정도로 많은 사람이 각자의 개성을 주장할 약간의 위험은 있다.[62]

과거 수년 동안 조직화된 저항은 〈대중 행동의 관리〉에 실질적인 위협을 제기했다. 우리가 집단적으로 행동하기로 각오한 경우에만 각자의 개성을 주장할 수 있는 상황이 있다. 집단

62   Harrington, *Toward a Democratic Left*.

적으로 행동할 때 우리는 실질적인 이해관계의 인지를 방해하는 사회의 파편화를 극복할 수 있고, 그런 이해관계를 지키는 방법도 알게 된다. 그러나 〈반발〉하는 개인들은 집단적으로 행동하려고 조직을 결성하지 않고, 자유주의적인 테크노크라트(위에서 언급한 맥나마라의 견해를 참조할 것)나 급진적인 중앙 집권주의자(볼셰비키 이데올로기 신봉자가 가장 대표적인 사례)에게 매력적인 노선을 따라 설계된 사회의 주된 특징, 즉 〈집단 행동의 관리〉를 방해하지 않는 경우에만 우리 사회에서 용납된다.

위에서 제시한 작은 저항과 노력이 시도되며 어느덧 중요한 발걸음을 떼었다. 예컨대 학생들과 젊은 교수들이 〈세상을 걱정하는 아시아 학자들의 모임Committee of Concerned Asian Scholars〉을 조직한 후, 더욱 객관적이고 더욱 인간적인 관점에서 아시아 연구를 재건하고, 그렇게 함으로써 억압과 전국적인 사회 관리, 결국 파괴에 몰두하는 국가 이데올로기를 적극적으로 뒷받침하는 토대를 뽑아내려고 노력하고 있다. 또 과학자와 공학자 모임은 엄청난 파괴력을 지닌 군부-산업-학계 복합체의 요구에 조직적으로 반대하는 활동을 시작했고, 대학의 교육과 연구가 특권 계급의 요구에 크게 영향을 받는다는 걸 알게 된 사람들은 연구와 행동, 교육와 연구 등에서 건설적인 대안 프로그램을 모색하고 있다. 또한 상대적으로 대수롭지 않은 문제인 대학의 형식적인 구조가 아니라, 대학에서 학생과 교수진이 실제로 행하는 것을 변경함으로써 지적이고 도덕적인 면에서 더 큰 설득력을 얻고 대학의 성격을 뒤바꾸고, 대학과 관련된 사람들의 삶을 새로운 방향을 돌리려는 시도도 있다. 한편 대학 밖에는 전쟁 기계인 정부에 직접 저항하며 궁극적으로는 완전히 다른 사회의 세포로 기능할 대안적 사회 제도를 만들어 가는 사람들, 공동체와 공장에서 열심히 공부하며 조직화에 열중하는 사람들, 국내적이고 국제적인 차원에서 그런 노력을 통합하는 정치 운동을 결성하려는 사람들도 있다.

물론 다른 사례들도 언급될 수 있다. 하지만 그런 노력들이 서로 충돌하고 갈등하는 이유가 나는 도무지 이해되지 않는다. 어떤 노력이 성공적이고, 어떤 노력이 성공에 얼마나 도움이 되고, 경험적으로 어떤 노력이 성과를 거둘지 판단하기 힘들다. 정확히 말하면, 이런 목적을 지향하는 생각과 행동에서 결국 어떤 모습의 새로운 사회가 생겨날지 예측하는 것도 불가능하다. 그러나 지식인들에게 예외 없이 내재된 엘리트주의적이고 권위주의적 성향에 과감히 맞서 싸우지 않으면, 이런 노력이 무산되고 말 것이란 예측은 충분히 가능하다. 또한 계획과 의사 결정, 사회 제도의 재건에 민중이 참여하는 경우, 즉 〈대다수 민중이 능동적이고 자유로우며 역동적인 정치적인 삶〉을 살아가는 경우에만 사회의 진화를 위한 전제 조건인 〈민중의 정신적 변화〉가 가능할 것이고, 그런 변화가 있을 때 사회의 재건과 관련된 무수한 문제들을 너그럽고 인간적인 방법으로 해결할 수 있을 것이다. 물론 그런 노력이 상당한 규모로 효과적으로 진행되면 무력적인 억압에 맞닥뜨릴 것이라는 예측도 가능하다. 그런 노력이 억압과 압박을 견뎌 낼 수 있느냐 없느냐는 그런 노력으로 형성된 결집력의 강도에 의해 결정된다. 그 결집력은 많은 사회 계층을 통합하는 운동이 민중의 지지를 받을 때 기대되는 결과이다. 또한 민중의 이상과 희망을 구체화하고, 바람직한 사회 형태를 만들어 낼 수 있는 일반적이고 통합적인 운동에서 비롯되는 것이 그런 결집력이다.

확고히 확립된 사회적 이해관계를 위협하는 효과적인 정치 행위는 대립과 억압으로 이어질 게 당연하다는 게 급진적 사상가들의 일관된 생각이고, 이런 생각은 상당히 타당하다. 따라서 좌파가 일부러 대립 상황을 조성하려고 애쓴다면 그것은 지적인 파산의 징후이고, 유의미한 사회적 활동을 조직하려는 노력이 실패했다는 명백한 증거이기도 하다. 조바심과 명백한 잔혹 행위에 대한 두려움에 좌파는 당국에 즉각적으로 맞서야 한다는 압박을 받을 수 있다. 이런 반응은 특정한 정책을 시행하는 사람들의 이익에 위협을 가할 수도 있고, 너무도 명확해서 누구도 잊을 수 없는 현실 상황을 다른 사람들의 의식에 심어줄 수도 있다는 점에서 무척 중요할 수 있다. 그러나 대립의 모색은 자칫하면 방종한 행동이 되어, 그 결과로 사회적 변화를 위한 운동이 무산되고 부적절한 재앙이란 비판을 받을 수 있다. 효과적인 정치 행위에서 비롯되는 대립은 불가피할 수 있지만, 자신의 주장을 진실로 받아들이는 사람은 대립을 뒤로 미루고, 좁은 의미에서는 성공한 사람으로 등장하기를 소망할 수 있을 때를 기다리고, 더 넓게는 그런 성공을 통해 상당한 제도적 변화를 유도할 수 있을 때를 기다릴 것이다. 특히 유의미한 경험, 즉 정확한 이해에서 비롯되지 않는 의견을 자기도 모르게 받아들이도록 참가자들을 조종할 목적에서 대립이 의도적으로 기획될 가능성 때문에도 대립은 바람직하지 않다. 결국 대립은 정치적으로 부적절한 무관하기도 하지만, 조작적이고 강압적이기 때문에도 대립을 멀리해야 한다. 대립은 엘리트주의적이고 권위주의적으로 조직을 유지하려는 운동에나 적절한 전술이다.

〈동화 co-optation〉는 정반대의 위험을 야기하며, 현실적으로도 문제이다. 가장 급진적인 프로그램도 이 위험을 피해 갈 수 없다. 예를 들어 노동자 평의회를 생각해 보자. 어떤 프로그램을 시행하려는 시도가 생산자에 의해 완전히 새로운 관리 방식으로 이어지기는커녕 오히려 복지 프로그램을 시행하거나 한층 개선된 방식으로 공장을 관리하는 결과를 낳았다고 해보자.[63] 효율적인 산업 관리에 몰두하는 사람이라면 이런 가능성을 잠재적 이익이라 생각할 것이고, 노동자 평의회의 생각도 마찬가지일 것이다. 산업 중재에서 상당한 명성을 얻은 하버드 경제학자, 존 토머스 던롭 John Thomas Dun-

lop(1914~2003)은 아돌프 스터름탈의 연구서를 추천하는 서
문에서 이렇게 말했다.

선진국에서나 개발 도상국에서나 모두 공장 차원에서는
노동자와 상관과 노동자 대표 간의 관계에 첨예한 이해관계
가 있다. 또 어디에서나 정부와 경영자와 노동조합은 업무
와 성과의 개선을 끌어내는 방법에 관심을 두고, 노동자를
훈련하고 감독하는 새로운 방법을 탐구하며, 기강을 똑바로
세우고 불만을 해결하거나 저항을 해소하는 새로운 절차를
찾아내려고 고민한다. 여러 노동자 평의회들과 함께한 경험
을 기록한 이 책은 산업 관계와 경제 제도를 정립하거나 수
정하려는 사람들의 전반적인 관심을 잘 보여 주고 있다.

노동자 평의회에 관련된 지적은 기존의 제도들을 급진적으
로 재구성하려는 다른 시도에도 그대로 적용된다. 실제로, 사
회 운동으로서 마르크스주의가 주로 프롤레타리아를 〈사회
화〉해서 산업 사회에 더 효과적으로 통합하는 데 도움을 준다

---

63 Priscilla Long, ed., *The New Left* (Boston: Porter Sargent, 1970)에 기고
한 Paul Mattick의 글을 참조할 것. 급진적인 바람을 견제한 유익한 연구로는
Adolf Sturmthal, *Workers' Councils: A Study of Workplace Organization on Both
Sides of the Iron Curtain* (Cambridge, MA: Harvard University Press, 1964)을
참조하기 바란다.

고 주장하는 학자도 적지 않다.[64] 동화의 (미약한) 가능성만을 근거로 어떤 계획을 반대하는 사람은 상상할 수 있는 모든 것을 반대하는 사람일 뿐이다.

전례가 없을 정도로, 대학은 지식인과 전문 지식을 갖춘 인텔리겐치아가 모이는 곳이 되었다. 따라서 자연 과학자와 인문학자만이 아니라 작가와 예술가 및 정치 운동가까지 대학에 모여들고 있는 실정이다. 그 원인과 결과를 두고 논란이 분분할 수 있지만, 그 현상만은 분명하다. 민주 사회를 위한 학생 연합SDS: Students for Democratic Society은 포트 휴런 선언에서, 대학이 〈사회 변화를 위한 운동의 잠재적 기반〉이 될 수 있다는 소망을 피력했다. 또 〈정치를 학문의 부속물로 삼고, 행동에 이성적 판단을 더함으로써〉 대학은 진정한 신좌파New Left, 즉 〈노동의 도구로서 신중하고 정직하게 사색하는 진정한 지적인 능력을 갖춘 좌파〉의 탄생에 기여할 수 있을 것이라고도 주

---

64   예컨대 Adam Ulam, *The Unfinished Revolution* (New York: Random House, 1960)을 참조할 것. Adam Ulam의 주장에 따르면 〈자본주의가 성장하면, 노동자 계급에서 마르크스주의적 사회주의가 성장하는 데도 도움이 된다. 그러나 마르크스주의로 인해 노동자 계급에서 생디칼리슴과 무정부주의적 감정이 급속히 소멸되면, 자본주의가 더욱더 발달할 수 있다. 노동자가 마르크스주의의 교훈을 받아들여 산업 노동의 필연성을 인정하고, 노동자는 그 시스템의 일부라는 현실을 이해한다면 더욱더 효율적으로 일할 것이다. 또 결국 물려받게 될 산업 시스템과 정치 시스템을 방해하고 파괴하는 방식으로 계급에 대한 적대감을 드러내지도 않을 것이다.〉 요컨대 혁명 운동은 원래의 목표와 정반대로, 〈인내하고 절제하는 노동자〉을 만들어내는 데 기여할 수 있다(Ulam, Arthur Redford를 인용).

장했다.[65] 하지만 요즘 신좌파를 표방하는 많은 지식인은 이런 주장을 〈낡은 자유주의liberal past〉라 생각하며, 그 이후로 이루어 낸 새로운 성취에 비추어 보면 폐기되어야 한다고 마땅하다고 생각한다. 하지만 나는 이런 판단에 동의하지 않는다. 현재의 좌파에게는 현 사회와 사회 변화의 장기적인 추세에 대한 정확한 이해, 대안적 형태의 사회 조직을 만들어 낼 가능성에 대한 판단, 사회 변화가 어떻게 일어날 수 있는지에 대한 합리적인 분석이 절실히 필요하다. 객관적인 연구가 이런 이해와 분석에 도움을 줄 수 있다. 그러나 대학이 폭넓은 범위에서 정직하게 진행되는 사회적 탐구, 즉 어디에도 구속받지 않고 진실한 마음과 열린 자세로 진행하면 십중팔구 급진적인 결론에 도달할 게 분명한 연구를 허락할 것인지도 분명하지 않다. 그런 시도가 거의 행해지지 않는 이유도 정확히 알 수 없다. 지금까지 주된 장애물은 사회의 요구에 부응하지 않은 학생들의 무관심과, 학계의 보편적인 길드 조직이 위협받을 수 있다는 교수진의 일반적인 두려움이었다. 적어도 지금까지 이사진과 행정직이 그런 시도를 마뜩잖게 여겼던 것이 문제였다는 주장은 편의주의적인 것이지, 잘못된 것이다. 억압의 사례는 얼마든지 찾아낼 수 있고, 개탄스럽기 그지없는 사례들이다. 하지만 여전히 억압이 문제의 핵심을 차지하지 못한다. 이런 이유

---

65 이 선언은 부분적으로 Mitchell Cohen and Dennis Hale, ed., *The New Student Left:An Anthology*, 2nd ed. (Boston: Beacon Press, 1967)에 소개되었다.

에서, 대학의 좌파 조직은 어떤 환상에 사로잡혀 있는 듯하다.

대학에서 저항의 목표는 〈대학 관리진을 주적으로 삼는 반제국주의적 투쟁〉을 구축하는 것이 되어야 한다는 한 정통한 행동주의자의 주장을 예로 들어보자.[66] 그 목표는 쉽게 이해된다. 조직표가 어떻게 이루어졌더라도 대학, 적어도 〈엘리트〉 대학은 권한이 상대적으로 분산된 조직이며, 교육과 연구에서 가장 중요한 결정은 주로 학과의 차원에서 교수진에 의해 이루어진다. 대학 내에서 대안을 마련하려는 진지하고 열정적인 시도들이 관리진의 결정이나 이사회의 간섭에 방해받는 경우에만 그런 판단이 적절하다. 현재로서 관리진과 이사회의 방해는 예외에 불과하다. 앞에서 지적했듯이, 이런 시도조차 진지하게 시도하지 못하는 게 예부터 큰 문제였다. 게다가 그런 시도가 행해지더라도 방해에 부딪친다고 크게 놀랄 일은 아니지만, 오히려 나는 교수진이 이사진과 관리진보다 더 큰 장애물이라고 생각하고 싶다. 이 때문에도 효과적이고 유의미하며 원칙에 입각한 행동이 있으면 그 결과로 대립이 발생할 수 있는 것이다. 대립은 추구할 필요도 없겠지만 반드시 피해야 할 이유도 없는 것이다.

하나의 사례만을 예로 들어보자. 학자들을 조직화해서 학과

---

66 *New Left Notes*, 1968년 12월 11일. 개인적인 판단에는, 하버드를 잘 아는 저자가 Nathan Pusey를 하버드 캠퍼스의 제국주의를 대표하는 인물로 진짜로 생각했다는 게 믿기지 않는다.

목의 문란에 대해 유의미한 대안을 찾아내려는 시도가 성공한다면, 그 시도는 앞에서 언급한 방식으로 〈국가의 건강〉을 위협한다는 이유로 〈불법적인 음모〉가 되고 말 것이다. 이때 그런 시도를 조직한 사람들은 저항의 필요성에 직면하게 될 것이다. 억압이 행해져야 할 정도로 그들의 행위가 확고한 사회적 구조를 실질적으로 위협한다면, 그런 억압과 맞서 싸울 만한 행동 방식을 고안해 내야 할 것이다.

지식인이 사회 변화를 위한 진정한 운동에 참여할 기회는 다양하고 많다. 내 생각에, 그와 관련된 일반적인 원칙은 명확하다. 지식인이라면, 현실을 직시하며 편의주의적 환상에 빠지는 걸 경계해야 한다.[67] 지식인이라면, 현실을 정확히 이해하기 위해서라도 힘들지만 진실한 지적인 작업에 충실해야 한다. 지식인이라면, 억압하는 엘리트와 한편이 되려는 유혹을 견뎌 내야 한다. 또한 뿌리 깊지만 불가피한 것은 아닌 권위주의와, 중앙 집권화하려는 강력한 경향에 저항하고, 궁극적으로 그런 경향을 통제하고 대체하는 대중 정치 조직을 결성하는 데 이바지해야 한다. 지식인이라면 억압에 정면으로 맞서고, 자신이 옹호하는 가치를 지키기 위해 싸워야 한다. 선진 산업 사회에는 민중이 주된 기관을 관리하고, 사회적 삶을 개건하는 데 적극

---

67 George Orwell의 가슴이 미어질 정도로 정확한 정의를 기억할 필요가 있다. 〈특히 좌파에게 정치 사상은 일종의 자위적 환상이어서 사실 자체는 거의 중요하지 않다.〉

적으로 참여할 기회가 많다. 기업 엘리트와 연대한 관계이든 그들에게 종속된 관계이든 간에 테크노크라트가 능력을 중시하는 법칙은 있음직하지 않은 것은 아니더라도 불가피한 것은 아니다. 이에 대한 이해가 거의 없는 까닭에 최소한의 수준을 넘는 예측은 거의 불가능하다. 그래도 사건의 흐름을 단순히 관찰하는 정도를 넘어 미래를 어느 정도까지 만들어 갈 수 있다. 현재의 상황을 고려하면, 실질적인 기회를 탐구하지 않고 흘려보낸다면 그야말로 범죄적 행위가 아닐 수 없다.

옮긴이의 글

시간과 공간을 초월하는 매서운 목소리

언젠가부터 〈기회는 평등하고 과정은 공정하고 결과는 정의로울 것〉이라는 말이 우리 사회의 화두가 되었다. 이 말이 인간 세계에서 실현 가능할 수 있는가는 차치하고, 이상적인 사회를 위한 조건인 것만은 분명하다. 달리 말하면, 인간 사회에 가장 필요한 기본적인 도덕률일 수 있다. 인간 관계에서, 조직 간 관계에서, 더 나아가 국가 간 관계에서 가장 필요한 도덕률은 무엇일까? 촘스키는 가장 기본적인 도덕률로 〈보편성 원칙〉을 꼽는다. 어떤 잘못을 범하면 누구나 똑같은 정도로 벌을 받아야 하고, 그 선행을 베풀면 누구나 똑같은 정도로 보상을 받아야 한다는 게 보편성 원칙이다. 하지만 강대국 혹은 권력자는 항상 〈나는 예외〉이기를 바라고, 그런 바람을 힘으로 밀어붙이며, 어떻게든 합리화한다. 보편성 원칙에 대한 이런 예외는 국제 관계에서는 물론, 국내 문제에서도 흔히 눈에 띈다. 국제 관계에서는 미국과 그 동맹들이 권력자로서 예외적 대우를 요구한다는 게 촘스키의 고발이다. 이를 우리 국내 문제에 적용하면 어떻게 될까? 좌우를 막론하고 〈나는 예외〉라고 주장한다. 왜 그럴까? 그들이 권력자이기 때문이다. 겉으로는 우리를 국민이라 추켜세우지만, 실제로 그들에게 국민은 없기 때문이다.

촘스키가 말하는 〈보편성 원칙〉은 결코 새로운 것이 아니다. 인간다운 사회를 유지할 수 있는 가장 기본적인 도덕률이라는 보편성 원칙이 권력자 앞에서 번번이 무시되는 이유는 무엇일까? 많은 사람이 프랑스의 〈톨레랑스〉를 칭송한다. 프랑스가 진정으로 〈톨레랑스〉를 실천하는 국가인지는 둘째로 하고, 〈톨레랑스〉를 쉬운 말로 풀이하면 무엇일까? 물론 우리말로 번역하면 〈관용〉이다. 하지만 그 안에 담긴 뜻까지 포함하려면 〈역지사지〉가 훨씬 더 가깝다. 약한 사람에게 강한 사람의 처지를 역지사지하라고 요구하는 것은 강요일 뿐이다. 역지사지는 강한 사람이 약한 사람을 위해 베푸는 최소한의 관용이다. 역지사지는 자신의 잘잘못을 돌이켜보며 반성하고, 그 반성을 통해 새로운 교훈을 얻고, 그 교훈을 삶에서 실천하는 것까지 기대한다. 그런 역지사지가 있을 때 사회는 발전한다. 그런데 왜 강한 사람과 강한 조직과 강한 국가는 역지사지하며, 보편성 원칙을 지키려고 하지 않을까? 그들은 자신들이 인류의 주인이라 착각하기 때문이다.

이 책의 첫 부분에 실린 두 강연에서 촘스키는 환경 문제를 다루었다. 기후 변화로 예상되는 재앙을 일반론적 관점에서 다루지만, 주된 초점은 압도적 다수를 차지하는 과학계의 의견보다 극소수에 불과한 의견에 더 무게를 두는 기업계와, 그들을 은밀히 펀드는 정치권과 언론계의 행태를 고발하는 데 있다. 물론 촘스키도 전체적으로 환경 재앙의 주된 원인이 조금이라도 편하게 살려는 인간의 욕망에 있다고 지적한다. 기업은 그런 인간의 욕망을 자극하고, 그런 자극을 발전이란 이름으로 미화하며 축재한다. 이 과정에서 환경 파괴는 언론과 정치의 침묵으로 감춰진다. 그들에게는 현재가 중요할 뿐, 미래 세대는 안중에 없다. 그들은 인류의 주인이기 때문에 어떻게든 살아남으리라 착각하겠지만, 환경은 권력의 유무를 가리지 않고 철퇴를 내린다는 점에서 국제 관계와 다르다. 폭력적 혁명을 제외할 때, 인류의 주인이라 착각하는 집단들에게 우리가 국민으로서 보낼 수 있는 경고가 무엇일까? 나는 소극적인 저항의 일환으로 외출할 때 항상 손수건을 갖고 다닌다.

이 책은 촘스키가 1969년부터 2103년까지 발표한 시론과 강연을 묶은 것이다. 상당한 시간이 지난 글이지만 여전히 우리 사회의 개선을 위해 유효한 채찍으로 받아들이기에 충분하다. 오래전에 쓰인 글이라는 선입견을 버리면 좌우의 진영 모두에게 훌륭한 교훈의 글로 읽혀질 것이다.

충주에서

강주헌

옮긴이 **강주헌** 한국외국어대학교 불어과를 졸업하고, 동 대학교 대학원에서 석사·박사 학위를 받았다. 프랑스 브장송대학교에서 수학한 후 한국외국어대학교와 건국대학교 등에서 언어학을 강의했으며, 2003년 〈올해의 출판인 특별상〉을 수상했다. 현재 전문 번역가로 활동하고 있으며, 뛰어난 영어와 불어 번역으로 정평이 나 있다. 〈펍헙 PUBHUB 번역 그룹〉을 설립해 후진 양성에도 힘쓰고 있다. 『습관의 힘』, 『문명의 붕괴』 등 100여 권이 넘는 책을 번역했고 『기획에는 국경도 없다』, 『번역은 내 운명』(공저)을 썼다.

문명은 지금의 자본주의를 견뎌 낼 수 있을까

발행일 **2019년 4월 30일 초판 1쇄**

지은이 **놈 촘스키**
옮긴이 **강주헌**
발행인 **홍지웅·홍예빈**
발행처 **주식회사 열린책들**

경기도 파주시 문발로 253 파주출판도시
전화 **031-955-4000** 팩스 **031-955-4004**
www.openbooks.co.kr

Copyright (C) 주식회사 열린책들, 2019, *Printed in Korea.*
ISBN 978-89-329-1959-1 03340

이 도서의 국립중앙도서관 출판예정도서목록(CIP)은 서지정보유통지원시스템 홈페이지(http://seoji.nl.go.kr)와 국가자료공동목록시스템(http://www.nl.go.kr/kolisnet)에서 이용하실 수 있습니다.(CIP제어번호 : CIP2019012931)